U0815676

总统建筑师：

托马斯·杰斐逊

黄运昇　董哲　熊庠楠　编著

江苏凤凰科学技术出版社

图书在版编目（CIP）数据

总统建筑师 ：托马斯·杰斐逊 / 黄运昇，董哲，熊庠楠编著. -- 南京 ：江苏凤凰科学技术出版社，2020.1

（大师解读系列丛书）

ISBN 978-7-5713-0620-5

Ⅰ. ①总… Ⅱ. ①黄… ②董… ③熊… Ⅲ. ①杰佛逊(Jefferson，Thomas 1743-1826)-人物研究 Ⅳ. ①K837.127=41

中国版本图书馆CIP数据核字(2019)第234773号

总统建筑师：托马斯·杰斐逊

编　　著	黄运昇　董　哲　熊庠楠
项目策划	凤凰空间／段建姣
责任编辑	刘屹立　赵　研
特约编辑	张爱萍　段建姣
出版发行	江苏凤凰科学技术出版社
出版社地址	南京市湖南路1号A楼，邮编：210009
出版社网址	http：//www.pspress.cn
总经销	天津凤凰空间文化传媒有限公司
总经销网址	http：//www.ifengspace.cn
印　　刷	天津久佳雅创印刷有限公司
开　　本	710 mm×1 000 mm　1／16
印　　张	19
版　　次	2020年1月第1版
印　　次	2020年1月第1次印刷
标准书号	ISBN 978-7-5713-0620-5
定　　价	88.00元

图书如有印装质量问题，可随时向销售部调换（电话：022-87893668）。

前言

托马斯·杰斐逊（Thomas Jefferson），美国第三任总统，被认为是一位多才多艺的文艺复兴式的历史人物。举世皆知，是他撰写了美国的独立宣言。他是政治家，是法律专家，同时也是一位卓有成就的建筑家。

这本书就是介绍杰斐逊作为建筑家的专业人生。对这位总统建筑师作出研究并编写这本书的作者们，正是在杰斐逊所创建的大学里工作和学习过的学术团队。

本书各章节的撰稿人，都曾在弗吉尼亚大学建筑学院学习并取得研究生学位。他们都实地体会过杰斐逊所设计的建筑环境，也熟知杰斐逊的建筑理念。这个团队有一项共识，就是想向自己的祖国——中国介绍这位总统建筑师。在中国改革开放、面向世界的历史大潮中，写出自己亲身体验过的文化和建筑感受，这是我们应尽的义务。

作者们各有所职，或是设计，或是研究。把各篇章汇集修订是颇费时日的工作，在两位主编——董哲和熊庠楠博士的努力下，最终完成了成书的准备。各章节的作者如下：

第一章：田阳

第二章：董哲

第三章：张丁

第四章：董哲、黄辰颖

第五章：胡迪

第六章：熊庠楠

第七章：熊庠楠

此项研究课题，经历了五年光阴。论述杰斐逊建筑才华的英文文献，可说是汗牛充栋。我们首选了最具权威性的学者金博尔（Fiske Kimball, 1888—1955），继而有尼可尔（Frederick Nichols, 1912—1995），他们都曾在此校任教，并且详尽地研究了杰斐逊绘制的图纸和手稿。威尔逊(Richard G. Wilson)教授多年担任弗吉尼亚大学建筑历史系主任，是我们编书的指导和顾问。

参与资料研究的学生有凯尔西·多特森（Kelsey Dootson）、兰德菲尔·哈钦斯（Landfair Hutchins），以及在课程内选写相关论文的多名学生。本科学生郑博雅撰写杰斐逊的设计对清华大学中心校区设计的影响，仔细地学习了清华大学教授刘亦师的研究。刘先生研究杰斐逊，是中国此项学术的专家和先行者。

近代政治家颜惠庆负笈留美，是1900年在弗吉尼亚大学毕业的第一位中国学生。颜惠庆归国曾任多种政府要职，又曾担任清华学校校长，留下沟通文化教育的历史佳话。弗吉尼亚大学的贾斯廷·奥杰克（Justin O'Jack）对此详尽研讨，扩展了我们的认知，丰富了本书的内容。

弗吉尼亚大学的多位相关领导，包括建筑学院的院长伊拉·伯曼（Ila Berman），都表达了对课题的支持。曾玲女士向学校捐资，支援了课题的最初启动和基础资料以及图片的搜集。我们衷心感谢关心和参与研究的师友们。

我们团队中的隋心，专门承担了出版工作的联络。感谢出版社段建姣编辑的细心工作，使本书得以顺利面世。

谨以此书献给杰斐逊所创建的弗吉尼亚大学建校二百周年。

黄运昇

2019年8月

目录

第一章

杰斐逊时代

“启蒙”是托马斯·杰斐逊所处的美国革命时期的关键词。当代思想家阐释，启蒙既是“一个人类集体参与的过程”，也是“一项在勇气鼓召之下由个人完成的行为”[1]。“启蒙”这一信念从 18 世纪就开始引导人们追求个人或民族的自我实现，并持续至今，成为已被广泛接受的现代性态度。回望那个时代——在“勇气鼓召之下”见证现代国家概念的萌发和建立的 18 世纪下半叶，我们发现直到今天，“启蒙”仍是一项在不同时期被不同人群不断诠释、实践并修正的核心任务。而对于其发轫之际的思考，有助于我们理解当代社会的现代性。

现代国家是一种对人类生活形态的新的想象。它不服从于既有政治的权威，不服从于传统宗教的桎梏，也不服从于已有知识的局限。从这个角度说，导致美国诞生的独立革命不只是一场美国与英国及欧洲强国之间的战争，也是一场思想革命。这场革命让控制这片土地不久的人们，从各自为政的英国殖民者转变为联合起来的愤怒的革命者，再演化成新的民主共和体制下信心满满的自由公民。它像人类文明的实验场，在历史进程的偶然与惊喜中，超越种种羁绊，实践着现代性的思考。

1 FOUCAULT, Michel, "What is Enlightenment?" in Rabinow, Paul, ed. *The Foucault reader*. (New York: Pantheon Books, 1984). pp. 32-50.

这就不难理解为何作为启蒙运动时代美国思想旗手的杰斐逊一生中最引以为傲的三项成就，就是《独立宣言》的起草者、《弗吉尼亚州宗教自由法令》（*Virginia Statute for Religious Freedom*）的执笔人，以及作为弗吉尼亚大学的奠基者，并被刻在其墓志铭上。也不难理解为何这三项成就所代表的精神都成为美国建构现代国家的核心价值，都成为在对权威的挑战中和对现代理性与自由的追求中最重要的檄文。作为《独立宣言》的起草者，杰斐逊揭示出宗主国和殖民地之间的不平等关系，为未来国家追求政治自由指引方向；作为《弗吉尼亚州宗教自由法令》的执笔人，他打破了个体和宗教机构之间的不平等关系，为未来社会追求信仰自由奠定基础；作为弗吉尼亚大学的奠基者，他提倡建构新的教育体系，为未来公民获取系统性知识的自由拓宽道路（图 1.1）。

然而，现代国家政治秩序的建造充满了不确定性，这令那个时代的参与者既兴奋又焦虑，有争论，也有妥协。杰斐逊的政治实践深刻映射出这一历史时期所酝酿的理想与现实间的冲突。新大陆的拓荒者没有太多的历史包袱，在严酷环境下他们也必须直面现实；同时，他们当中的社会精英必须创造性地运用启蒙思想，研究新的问题，建构新的知识，最终设计出一个可持续运作和发展的新现代国家体系。这可以说是一项运用研究性设计方法的人类工程。作为这个体系的全方位设计者与参与者，杰斐逊谙熟此道，且运用得最为灵活，贯彻得最为彻底。凭借研究获得的能力和对未来的洞察力，他被后世推崇为美国精神的象征。

· 图 1.1　杰斐逊的墓碑和墓志铭
拍摄者 Jacob Kurtz，摄于 2011 年

在这项建构自由国家的系统工程中，杰斐逊从不把自己的设计思考限制在局部。从抽象到实体，从政治到艺术，从概念到建造，他运用一整套独特的空间策略作为思考框架。在自传体式的蒙蒂塞洛（Monticello）自宅的选址与建造中，在独立战争时期弗吉尼亚州府的搬迁和营造中，在立宪后新都华盛顿的选址及规划中，在担任总统时对西部的探索和拓展中，以及在解甲归田后对弗吉尼亚大学的策划和设计中，他都以不同的角色敏锐地捕捉到空间纬度的价值，并将未来编织在对个人、州、联邦的构想中，赋予其清晰的秩序。因此要想理解作为“总统建筑师”的杰斐逊的建筑思想与具体实践，就要了解他在宏观政治想象中的空间策略。由于篇幅所限，想在此全面展现杰斐逊的一生是不可能的。因此，围绕本书主旨，这一章将在简述杰斐逊生平的主要时间轴线上，侧重于对他的新时空观的勾勒，借此为读者阅读后面相关章节提供背景。

- 开拓者的家庭 -

托马斯·杰斐逊出生于 1743 年 4 月 13 日。对其出生地的具体位置如今仍有争议，一个较为广泛接受的说法是他出生在弗吉尼亚州（Virginia）中部的沙德维尔（Shadwell），父亲彼得·杰斐逊（Peter Jefferson）的庄园。这个地区位于现在弗吉尼亚中部的阿尔伯马尔郡（Albemarle County），位于夏洛茨维尔市（Charlottesville）东南 10 千米处。彼得·杰斐逊于 1737 年搬到此处定居，并以杰斐逊母亲简·伦道夫·杰斐逊（Jane Randolph Jefferson）在伦敦出生地的教区名——“沙德维尔”来命名该庄园。从 1746 年到 1753 年，杰斐逊的父母为了照顾丧父的亲戚一家，举家沿着詹姆斯河（James River）而下，搬到离家不远处的靠近里士满（Richmond）的茯苓庄园（Tuckahoe plantation）。那时杰斐逊才 2 岁多。他的最初记忆是，他被一名亲信奴隶放在垫子上，一路抱到了新居。

一般而言，17 世纪初从英国来美国的移民是社会各类中下层阶级的混合，其成分主要是普通中低阶层、卑微的乡绅阶层以及英国社会的底层人群，甚至有流放的罪犯。这里既没有固定的社会阶层，也没有与生俱来的特权。很多移民来这片新大陆的动力都源于个人自我提升的需要，他们必须凭借自己的努力来赢得社会地位。这种上进心态在殖民地内陆的前沿地区尤为显著，而且随着领土的扩张不断向西推移。杰斐逊一家处在较封闭的弗吉尼亚中部，远离当时的州府威廉斯堡（Williamsburg）以及其他上流社会聚集的沿海地区。这种必须自力更生的环境让杰斐逊的成长经历有别于同时代的其他精英。

杰斐逊常以自学成才的父亲彼得为荣。父亲凭借着勤奋、实力和耐心，在年轻时就获得了当地人对他的认可，很受尊敬。他在地方为官，且乐于参与各类地方事务。在土地是一切资本起源的新大陆中，测绘是项重要的参政工作。为官的彼得也是一名资深的测绘师，他最得意的成就是他和威廉与玛丽学院的数学教授约叔亚·弗赖伊（Joshua Fry）一起勘察了弗吉尼亚全境，绘制出第一张准确的弗吉尼亚州地图。30 年后，杰斐逊在他的著作《弗吉尼亚州笔记》（Notes on the State of Virginia，1787，后简称《记事》）中自豪地重印了这张地图。相较而言，杰斐逊很少提及他的母亲简。简出身于当时极为富有、显赫的伦道夫家族，有苏格兰皇室的血统。虽然这成为杰斐逊日后重要的社交资源，但或许因为杰斐逊强调独立人格，他并不愿意渲染和特权阶层沾亲带故的出身。

1753 年，杰斐逊全家又搬回到沙德维尔。父亲彼得开始兴建自宅，一直到 4 年后去世。在这 4 年中，彼得沿着詹姆斯河的支流里万纳河（Rivanna River），聚拢了超过 607 公顷的土地。沙德维尔庄园和老宅留存了杰斐逊早年主要的记忆，可以说是他开始认知建筑和景观的起点。庄园正宅位于山顶之上，南朝里万纳河，北向群山，既是整个庄园的地域中心，也是形象中心。从庄园入口抵达正宅以及辅助用房的景观也规划有致，房屋布局主仆分离，有着明确区分社会等级的功能。正宅是一间典型的弗吉尼亚殖民时期的“豪宅”，在制砖尚未普及的条件下采用了石头基础。整栋建筑有一层半高，体量紧凑，一侧附有粗大的壁炉。正宅室内空间与装饰体现出杰斐逊父母的高雅品位，可以看出他们费了不少心思及财力、物力来筹备各类功能空间，布置精美家具，体现出上层社会的庄园生活。

父亲去世后，杰斐逊继承了整个沙德维尔庄园，他的母亲简一直住在老宅，直到1776年去世。不过杰斐逊却一心想“自立山头”。如果说父亲勘察地形、绘制地图的实践曾在年幼的杰斐逊心里留下了点滴印象，那么父亲留给他的地产，帮助杰斐逊打造了一个只属于他自己的领地。这领地既是实体上的，也是精神上的，其中心并不在沙德维尔，而是在附近的一片被他称之为“蒙蒂塞洛”（Monticello，来源于意大利语，意思是山丘）的高地上。1770年2月沙德维尔老宅失火，房屋以及杰斐逊的大部分藏书不幸被烧毁，他于是搬到了蒙蒂塞洛。从那时起，直到1826年杰斐逊去世，蒙蒂塞洛庄园成为他建了又拆、拆了又建的建筑试验场，也是他尝试和应用各种科学知识，实现自给自足生活的农业基地。更为重要的是，蒙蒂塞洛庄园也是他在出使海外以及位居高位时心系梦牵的故园乡居。

- 从传统到启蒙 -

杰斐逊的个人教育延续到18世纪中后期，教育方式经历了从传统绅士的培养到现代知识启蒙的巨大变迁。在这期间，4位老师的引领逐步让杰斐逊的思想演进到美国独立战争时期的最前沿。在杰斐逊的幼年时期，弗吉尼亚州内并没有公立学校。像多数重视子女教育的乡绅一样，杰斐逊的父亲雇用私人家教教他读书识字和社交礼仪。9 岁时，小杰斐逊已会欣赏音乐、演奏小提琴，在姐姐珍（Jane）唱歌时，他经常为她伴奏。父亲谦逊开朗的性格也成为他效仿的榜样。受父亲的影响，杰斐逊从小也喜欢野外活动，骑马打猎，亲近自然。9 岁这年，杰斐逊被送进威廉 · 道格拉斯（William Douglas）教士开办的私立学校。这是杰斐逊的第一位老师。他并不喜欢道格拉斯，觉得他才能平平。不过在这里杰斐逊学习了拉丁文、希腊文和法文，为他的绅士教育打下基础。

杰斐逊 14 岁时父亲去世。作为长子，他继承并管理所有家业，并秉承父亲的夙愿，努力成为一名受人尊敬的绅士。为此，他在监护人的许可下进入一间男校，开始师从第二位老师詹姆斯 · 莫里（James Maury）教士，进一步学习拉丁文、希腊文、数学和其他科目。莫里是英国殖民时期著名的弗吉尼亚教育家以及圣公会牧师。杰斐逊对莫里的学识赞赏有加，称其为“言行得体的古典学者”[2]。他在这里打下了扎实的文字功底，但传统的教学内容并不符合他的胃口。莫里坚定保守的圣公会（英国国教）立场也让杰斐逊觉出老师的思想局限，2 年后，他决定离开莫里的男校，去威廉与玛丽学院就读。

2 JEFFERSON, Thomas. *"Autobiography,"* in *The Works of Thomas Jefferson. Vol. 1* (New York: G.P. Putnam's Sons, 1904). p.5.

杰斐逊于1760年进入威廉与玛丽学院，认识了第三位重要的老师威廉·斯莫尔（William Small）。当时威廉与玛丽学院的老师绝大多数也是圣公会的成员，教学方式依然守旧。学院提供与神学相关的传统教育，着重死记硬背课本、实现道义上的教化，并不关注广泛的阅读。威廉·斯莫尔是个例外，他既非圣公会教会成员，也对保守的教学方式甚为不满。他在威廉与玛丽学院执教自然哲学[3]和数学的6年中(1758—1764),向学生介绍现代的教学思想、物理演示，并倡导学生提出问题。他还增加了伦理学、修辞学和现代文学课程。在威廉与玛丽学院学习的2年是杰斐逊接受现代启蒙思想的关键时期。据说，他每日读书15小时，随身携带希腊文法书，喜好科尔涅里乌斯·塔西佗（Cornelius Tacitus）与荷马的著作。在传统课堂之外，杰斐逊也紧紧追随这位导师。因为他们年纪相仿，对知识有同样的渴望和追求，杰斐逊和斯莫尔最后成为了挚友。

建立百科全书式的理性化的知识系统是启蒙时代人物的一个共同特点。从杰斐逊一生对书籍的酷爱和收藏来看，斯莫尔对杰斐逊思想的影响深远，杰斐逊自叹这“很大程度上确定我的天命”。杰斐逊在自传中回忆道：“他精通大多数有用的科学学科，具有良好的沟通能力、得体的绅士风度，以及宽容而自由的思想……从他的谈话中，我第一次获得了对于科学的广泛性，以及

3　自然哲学是现代自然科学以及自然历史的前身，是19世纪前对自然界研究的统称。

世界万物共处一个系统的看法。”[4] 斯莫尔主授数学，而杰斐逊天生就对数学着迷。善于将抽象数理应用到实际日常生活问题的斯莫尔，为杰斐逊建立了解决现实问题的逻辑思维。这对他的“业余”建筑实践——设计以及施工等有直接的帮助。此外，斯莫尔让杰斐逊接触到广泛的自然与人文科学（包括建筑学），促使他开始大量阅读欧洲哲学家的作品，特别是苏格兰启蒙思想家实证主义者们的作品。

斯莫尔不仅为杰斐逊开启了启蒙思想的崭新窗口，同时也帮助他积累了日后从事律师职业及参政的重要人脉。在威廉与玛丽学院期间，斯莫尔引荐这位明星学生结识了弗吉尼亚副总督弗朗西斯·福基尔（Francis Fauquier）以及律师乔治·威思（Geroge Wythe），使他成了总督府的常客。杰斐逊回忆道，我们“形成了一个 4 人组（partie quarree）……让我获益良多”[5]。在 1762 年返回欧洲前，斯莫尔正式把杰斐逊推荐给威思学习法律。

威思是杰斐逊第四位重要的导师。他既是一名名声显赫的律师，也是一位出色的学者。在师从威思的 5 年间，杰斐逊接受了当时流行的司法专业学习。在 18 世纪的北美殖民地，教授法律专业的学院尚未设立，法律通常是由从业律师来教授。这一时期的经典教科书是 17 世纪英国法学家爱德华·柯克

4、5 JEFFERSON, Thomas, *"Autobiography,"* in *The Works of Thomas Jefferson. Vol. 1* (New York: G.P. Putnam's Sons, 1904). p.6.

（Edward Coke）爵士所著的多卷《英国法总论》与《柯克报告》。作为英美法律“普通法”体系的代表作，这些著作浓缩了英国多年的司法判例，学生通过熟读它们来学会各种法律文书的书写及用语。不过，书中17世纪典型的、晦涩繁复的文风让杰斐逊和他的同龄人深感乏味。在全面研习柯克著作的同时，杰斐逊戏称作者为“一个又老又蠢的恶棍”。

威思发现这位学生和他一样更喜欢律师工作中思考性的一面，而不是技术性的一面。于是他引导杰斐逊在更广泛的人文学科环境中学习法律，并通过了解历史、哲学及伦理，以系统的方式理解法律相关知识。作为威思最得意的门生，年轻的杰斐逊从老师那里学到了灵活且细致的思考方式，甚至习得一些生活习惯。杰斐逊“模仿了老师细小整齐的书写特点，并且与威思一样，反对句子首字母大写”。晚年的杰斐逊对恩师如此评价：“禁酒和规律的生活使他身体健康，他的率真、谦虚和温和让他赢得了每个人的喜欢……这就是乔治·威思，他是那个时代的光荣，后世的模范。”[6] 毕业后，师徒二人一直关系亲近，同时也是坚定的政治盟友。正是在这几位老师的影响下，杰斐逊“形成了自己独特的政治风格——以朋友的姿态赢得比他年长人的支持，亲切和蔼地对待同龄人，凭借他的笔杆子和智慧在政治争论里锁定胜局”[7]。

6 *Thomas Jefferson to John Sanderson, August 31, 1820.*

7 MEACHAM, Jon. *Thomas Jefferson: The Art of Power* (New York: Random House Trade Paperbacks, 2013). p.85.

- 新生活的营造 -

1766 年，23 岁的杰斐逊获得律师资格，次年进入弗吉尼亚律师界，同时他政治生涯的大幕也缓缓拉开。一方面，杰斐逊的律师业务繁忙，需处理大量案件，其中大部分涉及房地产和遗产[8]。另一方面，美国南方的庄园精英阶层大都把官职看作是自己的“私有财产”。作为乡绅，杰斐逊很自然地进入当地政坛。1768 年，杰斐逊当选弗吉尼亚城镇自治议会代表，次年被选为弗吉尼亚州议员。

和大多数人想象不同的是，杰斐逊早年曾是英国乔治三世国王的拥护者。当时北美各殖民地和英国的关系是一个复杂的矛盾体。一方面，远离英国的各殖民地彼此竞争，都渴望与母国建立更为亲密的关系。效忠英王是当时普遍的社会认同。与此同时，各殖民地也在追求最大化的自治，尤其是在 18 世纪中叶，随着宗主国与殖民地之间愈演愈烈的债务问题，彼此间的矛盾不断被激化，殖民地民众开始用更积极的方式思考本土自治甚至独立的问题。杰斐逊的年轻时代正处在这一巨大的社会思想转型期。

北美的独立思潮既存在观念的延续，也存在现实的诱因。观念上，政治自由的概念并非北美殖民者新创，而是传承了英国的主流思想。当时政治自由、立法代表、遵循法律等观念早已在宗主国英国深入人心，北美殖民者们也深

8　在殖民时期的弗吉尼亚，种植园主对房地产和遗产问题十分关心，把这方面的大部分事务都交给律师打理。

以为然，并以“我是一个生来自由的英国人”为荣。这些殖民者们认为所有的英国子民，不论居住在帝国何处，也不论他们是否投票，都应该能被议会代表。原因在于议会成员不光代表选民的利益，而且应该代表全部日不落帝国子民的利益。

在现实中，宗主国英国从北美殖民地建立起，基本对其采取放任的态度，新大陆一直处于相对自治的状态。但到了 18 世纪 60 年代，为了扩张殖民地，英法 7 年战争导致了英国的巨额赤字，皇家开始越来越密集地向殖民地人民征税，并施加限制。此时，殖民地和宗主国对自由的不同理解越来越形成对抗。

杰斐逊所在的弗吉尼亚州是反英政治潮流的策源地，另一中心是北方的马萨诸塞州（Massachusetts）。1765 年 3 月，英国政府向北美殖民地颁布了《印花条例》（*The Stamp Act*），用对纸质产品增加税收的方式来偿还战争遗留下的债务，这导致殖民地人民极为不满。民众提出“没有代表就没有税收”，抗议英国议会内没有代表殖民地人民利益的议员，认为这些税收是强加的。在弗吉尼亚议会厅里，议员帕特里克 · 亨利（Patrick Henry）发表了反印花条例的讲演，提出弗吉尼亚议会应自行决定税收。当时尚未涉足政界的杰斐逊被亨利的言辞深深吸引，“亨利先生公共演说的才能确实十分了不起，我从未在别处听过这样的演讲。听他演讲就像读荷马的著作一样”[9]。不过，

9 Jefferson, *"Autobiography,"* in *The Works, Vol 1,* p.8.

与亨利利用个人演讲能力获取显赫政治地位不同，杰斐逊更擅长通过写作参与到政治运动中。他虽不擅演讲，但有很强的领袖魅力，在没有广播、电视、互联网的年代，他的文字显然比任何演讲都更能广为流传，且影响深远。

在这段期间，青年杰斐逊的个人生活也有重大转变，在经历几次不成功的情感后，他最终与新近丧夫的玛莎·韦莱斯·斯凯尔顿（Martha Wayles Skelton）一见钟情。玛莎出生于当地庄园主家庭，其美貌和才华闻名当地。玛莎和杰斐逊有很多共同的业余爱好、相似的读书趣味，并能一起演奏乐器，更重要的是玛莎持家有方。在1772年与杰斐逊结婚后，玛莎开始打理庄园事务。杰斐逊也开始营造他们在蒙蒂塞洛的新家，这是他作为“建筑师”的首次实践。杰斐逊当时可用的建筑资源极少，此时北美殖民地既无专门的建筑教育机构，也无从事建造活动的职业建筑师，绝大多数的建造均以实用为主。当时有个别致的称谓“绅士建筑师”，特指18世纪那些直接拷贝各类《图样手册》（*pattern books*）为自己建造住宅的富裕阶层。

杰斐逊对设计与营造的投入超出了“绅士建筑师”的范畴，展现出不凡的品位。他的建筑启蒙教育包括从小对建筑的兴趣、上学期间对威廉斯堡建筑的耳濡目染，以及1766年游历北美殖民地时在各处看到的建筑实例。他是当时游历最广的美国人之一，但他对北美各地的英国建筑风格并不感兴趣，也不喜欢威廉斯堡那些带有英国乔治亚风格的建筑。因此在游览安纳波利斯（Annapolis）、费城、纽约等殖民城市的笔记里，很少提及当地的建筑。

对于寻求自己理想建筑风格的杰斐逊来说，这些乔治亚建筑是被英国本土化的帕拉迪奥风格，过于保守，他更乐意直接学习文艺复兴时期帕拉迪奥本人对古典建筑样式的运用。例如，在开始设计蒙蒂塞洛庄园时，他就曾指出“山花的高度应该是跨度的 2/9”[10]，这个比例规定不同于熟知英国建筑手册的本土工匠们所习惯的吉布斯比例，而仅出现在帕拉迪奥的《建筑四书》（*The Architecture of A. Palladio on Four Books*）中。杰斐逊对英式建筑风格的摒弃和对帕拉迪奥原型的追寻，也显示出一种政治姿态的微妙转变。

杰斐逊对实际建造的知识一开始仅是从书本中获得的。在他沙德韦尔的第一个藏书馆里，建筑类书籍是必备品。在他建筑生涯早期参观过的建筑实例中，可能只有里士满县内的阿瑞山庄园，这是一幢较正宗的帕拉迪奥风格住宅，杰斐逊在 18 世纪 60 年代中期曾到此一游。随着游历的增多，特别是日后到法国出任大使并游历欧洲、亲身体验名家建筑实例及收集第一手资料，杰斐逊逐渐形成完整的建筑理念，并将蒙蒂塞洛庄园当作试验场。从设计、演变过程及其象征意义上看，蒙蒂塞洛庄园是一栋自传式房屋的典范。杰斐逊在政治舞台上失意时就转向庄园，营造自己理想的家，对建筑投入永无止境的激情。从建造蒙蒂塞洛庄园开始，杰斐逊也有意识地理解建筑的现代象征作

10　这一注解出现在杰斐逊早期设计蒙蒂塞洛的平面草图上。

用，称之为“优雅和实用的艺术”。他呼吁新大陆建筑需要具备应有的艺术原则，但此原则也绝不仅限制于传统的艺术观念。建筑可以用来体现一整套新的政治、社会和文化价值。然而，庄园并非田园，因为资金和农作本身的难度，庄园农场的经营变得越来越困难，债务成为农场以及精英生活方式重要的一部分。这是那个时代社会身份的典型特征，杰斐逊在债台高筑的同时，一直过着奢华的生活直到去世。

- 两份《独立宣言》-

美国革命改变了杰斐逊的人生轨迹，他渴望将知识运用到人类事务上，而人类事务的很大一部分是政治。1774 年是杰斐逊职业生涯的分水岭。在此之前，他的关注点在律师事务以及个人生活上，而这之后他放弃律师职业开始专心从政，构想新政治哲学。凭借以前在广泛阅读中获得的政治知识，他为殖民地摆脱英国统治做了理论上的辩护。第一部展现杰斐逊文字力量的政治代表作是他在 1774 年起草的《英属美洲民权概观》（*A Summary View of the Rights of British America*）（以下简称《概观》），它被学者们称为杰斐逊的第一份《独立宣言》。《概观》本来是杰斐逊为参加第一次大陆会议的弗吉尼亚代表们准备的行动宣言手册[11]。在杰斐逊的回忆文章中说，"被成员们广泛阅读，受到很多人的认可，但是被认为对当时形势而言太过大胆，不过它还是被印刷成为《英属美洲民权概观》的宣传册"[12]。《概观》体现了杰斐逊高超的文字能力和善于修辞讲故事的天赋。他从传统、英国议会以及国王三方面，逐步递进地论述英国无权统治北美民众这一观点。《概观》广泛流传于殖民地，甚至传到伦敦，为这位政治新星积累了重要的资本。

次年 6 月，杰斐逊被选为弗吉尼亚州代表参与第二次大陆会议。会议上，他负责重新起草《必须采用武力宣言》（*Declaration of the Causes and Necessities of Taking Arms*），解释殖民地被迫武装自己的原因。1776 年，也就是第二次大陆会议的第二年，弗吉尼亚代表正式提议，各殖民地宣布从英国脱离而独立，并成立委员会来准备宣告独立以及制定政府计划。这一提议

11 大陆会议为美国国会的前身，仅存于美国独立革命的早期，是由 13 个殖民地州组成的联合议会，各州派选代表出席。第一次大陆会议开始于 1774 年，第二次大陆会议从 1775 开始一共延续了 6 年。之后，它被 1781 年建立的联邦议会取代，直到 1789 年宪法制定后，最终才确立了延续至今的美国国会。

12 1774 年 7 月，杰斐逊在赶往威廉斯堡参加弗吉尼亚第一次州议会大会的途中生病，无法按期到达，因而派人将抄录的手稿送达威廉斯堡。大会主席佩顿 · 伦道夫向大会提交了这份手稿。

引起了各州代表的广泛争议。在自传中，杰斐逊用大量篇幅描述并解释了各类观点与争论。在各方争吵期间，大陆会议任命了起草《独立宣言》的5人小组——约翰·亚当斯（John Adams）、本杰明·富兰克林（Benjamin Franklin）、罗杰·谢尔曼（Roger Sherman）、罗伯特·利文斯顿（Robert Livingston）以及杰斐逊。与其他4人相比，当时32岁的杰斐逊资历最浅。杰斐逊把自己关在砖瓦匠雅各布·格拉夫的房间里，在17天内起草出《独立宣言》。

最初，大家所期待的仅是一份关于北美殖民地独立的声明，但在杰斐逊起草的《独立宣言》里，他的政治视野和想象力却超出了国会甚至起草委员会的期待。《独立宣言》已成为200年来美国现代民主思想的基石，并广为人知。这一起源于启蒙运动的独立思想并非杰斐逊首创。例如托马斯·潘恩（Thomas Paine）在1776年初发表了在独立战争时期影响深远的《常识》（*Common Sense*）。书中指出统治者的权利来自于被统治者们，并对殖民地的独立思潮有鲜明表述。不过，在杰斐逊起草的过程中，他大量参考了自己此前所写的弗吉尼亚宪法序言，并列举了英国国王27条罪状。因此，杰斐逊的《独立宣言》是根据美国本土法律的实践，是对独立思潮进行的总结与提升。不仅如此，他在宣言中所推崇的“天赋人权”的价值超越了任一国家或民族的界限。其最直接的影响就是十几年后发生的、杰斐逊本人也卷入其中的法国大革命。

- 出使法国 -

1783 年 6 月，杰斐逊当选国会议员，不久后被大陆议会选定作为巴黎特别外交使团的成员出使法国，并进而接替富兰克林成为美国驻法公使[13]。在欧洲的 5 年，是他人生中最富创造性、对个人而言最重要的时期。杰斐逊的工作远远超越一般性外交事务。在各式各样的公共与私人场合中，杰斐逊扮演着“分内”与“分外”的不同角色——外交官、政治家、学者甚至是葡萄酒鉴赏家，来想尽办法提升美国的实力和影响。他既是一位促进商业条约签订的谈判者和扩大美国商业影响的拓展者，也是一位为美国争取与欧洲各国政治及外交平等关系的实践者；既是一位为美国赢得国际社会尊敬而献计献策的宣传者，也是一位对欧洲各国社会文化进行分析和研究的探索者；既是一位轰轰烈烈的法国大革命的目击者及参与者，也是一位对国内事务尤其是美国立宪进行远程参与的谏言者。

杰斐逊对任何事物都颇感兴趣，是位充满好奇心的观察家。作为文化的外来者，他广泛涉猎欧洲艺术、农业、科学、饮食，购买大量书籍，参观各地古迹，还和有夫之妇的肖像画家玛丽亚 · 科斯韦（Maria Cosway）有过一段热烈难舍的感情纠葛。杰斐逊在欧洲有过 2 次重要的长途旅行。一次是 1787 年 2 月 28 日从巴黎出发，至法国东南部的普罗旺斯，然后向东进入意大利西北部，

13　在妻子去世不到 2 个月后，国会就曾再次任命他出使法国，进行和平谈判。陷于悲痛之中的杰斐逊觉得一个新的环境会对自己有所帮助，于是接受任命，于 1782 年 12 月离开蒙蒂塞洛，到达费城。在费城等船出海的日子里，大洋彼岸传来消息，临时和平协议已经在三个月前签署。因此，杰斐逊已没必要再去法国，于 1783 年 5 月回到蒙蒂塞洛。紧接着和平协议之后，美国开始与欧洲各国进行商业谈判，进而派杰斐逊出使。

再返回到普罗旺斯并继续向西，经法国大西洋沿岸，至6月10日返回巴黎。据说这次旅行并不是为了外交事务，而是为了排解与玛丽亚分手的痛苦。他在途中记录了很多关于本地生活情况的笔记，绘制了大量的图画。杰斐逊对农业特别是葡萄酒颇感兴趣，可以说葡萄园是这次行程的主题。

此次旅行无疑也是一次欧洲建筑之旅。2年前他为里士满新州府大厦做设计时，以尼姆方殿——一座欧洲保存最好的罗马神庙为设计原型。这次旅行中他终于到尼姆方殿的现场亲身体验。杰斐逊在当时给友人的信里写道："我在这里盯着尼姆方殿已经好几个小时了，就像是一个爱人盯着他的情人。"从中可以看出他作为建筑师在对照印证原型和自己的设计时的喜悦之情。在这之前，杰斐逊被委托远程设计里士满州府大厦，他希望找到合适的公共建筑风格来表达新成立的州政府形象。不必说，代表宗主国的保守殖民地风格是不予考虑的，而代表皇权的凡尔赛或者维也纳宫殿，或代表宗教的哥特建筑也被排除在外。像同时代的启蒙运动思想者一样，他把目光转向历史更久远的罗马共和国时代，研究古罗马建筑。他以尼姆方殿为原型，根据美国本土现状，因地制宜地加以简化，并设计出更适合州府功能需求的建筑平面[14]。不过有趣的是，尼姆方殿并非罗马共和国时代的建筑，而是罗马帝国

14 他让克莱斯特罗特（Clerissault）帮他做了一个尼姆方殿的模型，把外墙材料从石材换成了灰泥，把复杂的柯林斯柱式换成了爱奥尼柱式，以便于建造。而室内部分则截然不同。杰斐逊画了一个平面图，议会大厦容纳了所需要的立法、行政及司法机构的用途。这些图纸与模型在1786年被送到弗吉尼亚，并得以实现。

的开国皇帝奥古斯都·凯撒所建，可以说是一栋用来礼拜皇族的神殿。

杰斐逊的第二次旅行是在 1788 年。这次出行与上次的旅行有所不同，是出于需要处理外交事务的临时决定。1787—1788 年，美国国内对于新宪法的激烈辩论让欧洲各国政府对新成立的美利坚合众国感到怀疑。处理美国债务的阿姆斯特丹银行，在美国政府信用得到保证之前，拒绝在欧洲支付款项。就在亚当斯回美之前，杰斐逊匆忙去了海牙与他见面，共同处理此事。事情办好后，在返回巴黎的路上，他走访了荷兰、德国以及法国的多个地区。这次旅行中，关于葡萄酒和葡萄的记录变少了，更多文字被放在建筑及物件上，比如工具、家具和建筑大门等。

- 磨砺时代 -

1789 年底，杰斐逊从法国归来。他本打算在老家蒙蒂塞洛休整一段时间后再重返法国，继续其外交使命，并投身到法国的革命浪潮中。此时美国宪法已制定完成，国家秩序开始趋于稳定。华盛顿也被推选为首任总统，正在筹备内阁。华盛顿明确表示希望杰斐逊可以出任国务卿，这让杰斐逊在去留之间犹豫不决。不少杰斐逊的支持者希望他能留在美国参政，权衡 2 个月后，他终于接受提名，并于次年 3 月在当时的首都纽约就任，成为首任国务卿。

当时的美国政坛可谓风云变幻。在国际上，美国作为新兴国家必须在英、法、西等大国间的对抗以及对美国的觊觎中夹缝求生。在国内，新建立的中央政府力量薄弱，各州又各自为政、相对独立，而且保守与新兴势力之间的对峙也在独立战争尘埃落定后开始凸显。在如何治国以及国家将何去何从的问题上，当时的政治人物们颇有不同见解。

从进入内阁开始，杰斐逊就与时任财政部长的汉密尔顿之间矛盾不断，且冲突愈演愈烈。汉密尔顿支持以工业为本的更强硬的中央政府，认为可以对宪法做较宽松的诠释，而且他认同英国，希望效法英国的立宪体制。而杰斐逊支持以农业为本的和谐平等的小政府，强调保持各州州权，坚持严格遵守宪法，深受法国革命理念影响的他，更认同法国的共和传统。华盛顿权衡之后最终采纳了汉密尔顿的提议。除此之外，杰斐逊与汉密尔顿在国税法、大联邦政策等众多问题上争执不下，最后以二人为代表的意见团体形成两个对立的政党。华盛顿政府的支持者称自己是联邦党人，而杰斐逊和麦迪逊的支持者被称作民主共和党人（简称“共和党”，但与当今的共和党并不相同）。

对政治争端心灰意冷的杰斐逊早在 1792 年初便提出辞职，但他实际一直担任政府“闲职”，到 1793 年底才正式离开。杰斐逊的退出让美国党派分裂变得更加明显和公开，此间华盛顿再度当选总统，而杰斐逊与华盛顿的政见裂隙早已昭然若揭。

回到蒙蒂塞洛的杰斐逊再次和家人与书籍相伴。在隐退的 3 年间，杰斐逊有意把活动范围限定在以庄园为中心约 10 千米的范围之内，此举对于喜爱旅行的他极不寻常。他还刻意减少与外界的书信往来，让这 3 年成为他生命里最不为人知的一段岁月。在蒙蒂塞洛庄园这片全心全意打造的私人王国里，杰斐逊以极大的热诚投入到自己所信奉的农耕理念的实践中。他一面进行系统化的耕作，尝试源自欧洲的农作物轮种方法，并发明了机械设备来帮助耕种；一面整修破败不堪的蒙蒂塞洛庄园，逐渐将其扩建成我们今天所看到的样子。

1796 年在美国历史上意义重大，已任两届总统的华盛顿坚持不再继续连任，他的卸任在当时是个非常重要的姿态。按照当时的规定，如果华盛顿愿意，他可终身连任总统。要知道当时美国的政府组织结构尚处于雏形，联邦党甚至提出和君权如出一辙的总统终身制，甚至世袭制。或许华盛顿已厌倦了在党派竞争下的压力，或许法国大革命中路易十六被砍头让他有所顾忌。无论如何，华盛顿坚决卸任。与此同时，新一任总统选战的序幕也拉开了。

其实，退隐的杰斐逊从未间断过对时事的追踪与关注。作为共和党的精神领袖，他甚至在“遥控”党内的行动。1796 年，杰斐逊被推选为共和党候选人，与以亚当斯为代表的联邦党角逐总统之位，最终仅以 3 票之差落败，当选为副总统。

联邦党与共和党之间的分裂在 1799 年华盛顿去世后日趋严重，加之法国大革命的结束以及拿破仑称帝，美国或者说两党对法国的想象也已转变。由杰斐逊率领的共和党在 1800 年总统竞选中击败了联邦党。但这次竞选异常激烈，两党间不断互相指控。杰斐逊提倡小政府的民主主张最终为他赢得了草根民众的广泛支持。最终在投票结果接近的情况下，共和党以 73 票对 65 票的优势获胜。然而一波三折的是，杰斐逊和他的竞选搭档伯尔（Aaron Burr）居然获得相同票数而形成僵局，最后还是败选的联邦党借助其在众议院的势力打破僵局，在二位“恶人”中选出了不那么“邪恶”的杰斐逊。至此，杰斐逊终于登上了权力巅峰，成为美国第三任总统。后来他把这次选举自诩为“1800 年革命”，希望它代表着一场真正的政体革命。

– 新派总统 –

19 世纪初的美国被称为“杰斐逊时代”或“弗吉尼亚时代”并不为过。杰斐逊凭借更为本土的政治视野，奠定了美国演变成为大国的格局。在他 8 年任期内，其内阁各成员关系和谐融洽，政见彼此认同。杰斐逊之后，其国务卿麦迪逊，以及麦迪逊的国务卿门罗相继各任期 8 年，因此在 19 世纪初的连续 24 年间共和党可谓一统天下。这三位总统都来自于弗吉尼亚州，私交甚好，执政理念也一脉相承，门罗的任期甚至被人们称为“感觉良好的时代”。

“简朴共和”是杰斐逊一心想要树立的执政形象。从就职起杰斐逊就与前任们的作风大相径庭。例如在就职典礼前，他以一贯朴素的作风在朋友的陪同下步行到国会大厦；在就职典礼后，他也没有安排欢庆晚宴。杰斐逊也是美国定都华盛顿后当选的首届总统。此时的首都只完成了国会大厦以及总统府这两栋主要建筑，离法国建筑师规划的宏图伟志的首都构想相去尚远。波托马克河畔四周仍杂草丛生，甚至有野兽出没。不过，这种乡村氛围更符合喜欢田园生活的杰斐逊的偏好，就像蒙蒂塞洛庄园一样，总统府邸成了民众的社交场所。他的家门向亲朋好友甚至陌生人敞开着，这里有平等的礼节、风趣的谈话、精致的装饰和可口的酒食。杰斐逊通常穿着随便，甚至在接待地位很高的外交使节时也是如此。他取消了沿袭欧洲传统的鞠躬礼节，改用握手。在他家的餐桌上没有座次之分，大家可以不论等级，随便就座。总统自掏腰包来宴请宾客，这导致他在 8 年后卸任时欠下了不少债务。这些开放的社交活动让人们开始对这位总统感到亲切，缓和了他和不少政见对立的官员间的关系。

在杰斐逊的政绩中，对美国未来有至关重要影响的有两项：第一是从法国人手里购得路易斯安那地区，从而将美国版图扩大了一倍；第二是派出了著名的李维斯和克拉克远征队（Lewis and Clark expedition），一路向西到达太平洋沿岸，探索属于美国的未知领土。这彰显出杰斐逊更为关注本土的政治视野，以及不同于其他政治人物的对地理空间的高度敏感。路易斯安那的购买让新建的合众国开始在实质上具有成为真正大国的潜力，基本消解了欧洲各国在北美腹地长期相互角逐的威胁，让美国日后横跨大陆、连接两洋的愿望成为可能。

然而，杰斐逊在第 2 个任期内过得并不愉快，原因之一是他的个人生活在这段时期内充满了变故。先是他的小女儿波莉年仅 24 岁就因难产而死，紧接着，他一生的导师与挚友乔治 · 威思也去世。更让杰斐逊困扰的是，他所坚持的理念和具体的操作之间出现越来越大的差距。他向西开拓的政治视野在第一任期内带来的巨大成功，在第二任期内反而导致了重大的政策失误。一心把欧洲的旧世界抛在后面、关注建立理想国度的杰斐逊，在回应与欧洲各国的外交事件时显得偏执和不周，其中最具争议的是 1807 年颁布的《禁运法案》。

此外，杰斐逊糅合了共和党与联邦党政策的实用主义也招来强烈的反对声音。但杰斐逊在第二任期内的失措并未过多影响到民众对他的爱戴。在他卸任之际，大家的失落感远大于之前对其政策失误的抱怨。大量的感谢信纷至沓来，政府内部也请他继续留任。不过，杰斐逊对此毫无留恋，“我卸下权力枷锁的解脱感是任何卸下枷锁的囚徒所无法想象的”[15]。1809 年 3 月，麦迪逊就职总统之后，杰斐逊立刻离开了华盛顿，至死也未再踏进华盛顿一步。或者更准确地说，他从此再未离开过家乡弗吉尼亚。除了卸任后的解脱心情外，杰斐逊带回家的还有上万美元的个人债务。他在任期间为了给来访者提供精致而有品位的款待导致入不敷出，个人不得不大量借款。

- 从未隐退 -

杰斐逊生命中最后的 17 年是他“追求个人幸福”的一段时光。首先是可以享受家人、好友的陪伴。杰斐逊回到蒙蒂塞洛后，已是 8 个孩子母亲的大女儿玛莎也搬过来，为他掌管蒙蒂塞洛庄园的家务。在儿孙陪伴下，杰斐逊自诩为“像个老祖宗”。

15　出自 1809 年 3 月杰斐逊写给皮埃尔内穆尔的一封信中。

读书和写作成为杰斐逊日常生活的一部分，这也是他有意塑造自己退休后“国父”公众形象的手段。对知识的热爱让退休后的杰斐逊继续涉猎广泛。他一直担任着美国哲学学会会长的职位，一有时间时就学习外语和古代语言、阅读先哲的书籍以及文学著作、收集化石，并详细记录每天的天气情况及其对植物群的影响。他的个人图书馆被人们认为是美国当时最大、最好的图书馆。

通信和访客当然必不可少。在朋友调解下，杰斐逊重新和前任总统约翰·亚当斯建立联系，彼此在通信中几乎无所不谈。这些来往信件日后非常出名。同时，他也保持与当时总统的通信，给相关人士提供针对当下事务的建议。此外，蒙蒂塞洛庄园经常有客人造访，杰斐逊一如既往地礼貌好客，但同时也增加了他的财务负担。

热爱实践的杰斐逊最喜欢的消遣是继续改造蒙蒂塞洛庄园。在将近12年间，他不间断地工作，终将梦想变成现实。同时，他还在贝德福德（Bedford）建造了白杨林宅（Poplar Forest），这是一处以八角形为平面的度假场所。在这两处，他热衷于不断地试验建造、工艺、园艺以及耕种收割的新方法，组织制钉、织布以及磨坊等的生产，给手下奴隶培养技能。然而天公不作美，这些土地的产量有限，其他各类生产也几乎无利可图，他每年的债务只增不减。为解决债务问题，他开始卖掉土地以及部分奴隶，但依然无法找到根本的出路。1812年当英军入侵时，华盛顿特区包括图书馆在内的许多建筑物被烧毁。杰斐逊为还债，以半捐赠的形式把他的个人图书馆卖给了政府，从而形成了美国国会图书馆的雏形。

弗吉尼亚大学的建立无疑是杰斐逊生前主持的最重要的工程，也是他最引以为豪的成就之一。他一直在思考如何建立共和国的公共教育体系，让所有人都有接受教育的机会。早在 18 世纪 70 年代末，杰斐逊就已向弗吉尼亚议会提出了诸多关于改变教育组织方法的法案，来谋求创建一个具有 3 个层级的教育体系。如今他终于可以将其办大学的理念贯彻实施。杰斐逊把晚年精力集中在完成三层教育系统中的顶层部分，即建立一所远离宗教的 “中央学院”。但学校的筹办过程颇费周折，他动用了自己所有的社会关系，并亲力亲为，事无巨细，密切参与编写课标、校规等活动。此外，他投入了巨大心血在校园规划布局与建设上，不仅绘制设计草图，还常常亲自巡视施工现场。弗吉尼亚大学校园体现了杰斐逊建筑观念的成熟。他在寻找适合这个国家建筑语言的同时，甚至超越了同时代在欧洲的大部分作品。然而直到 19 世纪末，历史学家才开始关注到杰斐逊的建筑作品。

1826 年 7 月 4 日，在《独立宣言》公布的第 50 周年纪念日那天，83 岁的杰斐逊溘然长逝。几个小时后，在马萨诸塞州的约翰 · 亚当斯倚靠在书房的椅子上，喃喃低语：“托马斯 · 杰斐逊……”呼吸困难的他未能完成临终遗言。后来亚当斯家人公布他想说的是：“托马斯 · 杰斐逊还活着。”作为开国之父的杰斐逊已成为新共和国的精神代表。其精神理念在之后的 200 年间，被美国民众以不同诉求的方式“抑或支持—抑或反对”不断地演化。他遗留下来的有关“启蒙”的巨大遗产被诸多领域（包括建筑界）不断重新阅读和学习、作为向未来展望时必不可少的参考。

本章内容由田阳[16]撰写。

16 田阳，美国GARC建筑事务所创始人，自由撰稿人，东南大学建筑学学士，弗吉尼亚大学建筑历史学硕士，美国注册建筑师，美国建筑历史学会会员。研究兴趣为中国建筑教育与历史、美国大学校园建筑以及设计思维研究。现在美国从事建筑设计工作。

第二章

社会性和自主性的交织：杰斐逊的建筑思想

“建筑是我的所爱，搬上搬下是我最喜欢的娱乐之一。”[1]

——托马斯·杰斐逊

在 1962 年，时任美国总统的约翰·肯尼迪邀请 49 位诺贝尔奖得主前来白宫赴宴，总统府一时群贤毕至。面对满堂站在人类知识最高峰的诺奖得主，肯尼迪想起了逝世已 136 年的托马斯·杰斐逊。他在致辞中说：“今晚的白宫聚集了世界上最丰盛的知识和天资，但或许仍比不上当年杰斐逊独自在此用餐时的盛景。”[2] 肯尼迪的话或许过于夸张了，但杰斐逊对知识的涉猎之广、所学之精，确实让后人难以望其项背。除了作为美国第三任总统、《独立宣言》主要起草人的政治功绩，他在许多知识领域有着常人难以企及的修养与贡献。生活在 18 世纪末的杰斐逊沐浴着文艺复兴的最后一缕光辉，他多才多艺，对人类文明的万事万物都持着求索之心，甚至被称作“文艺复兴的最后一代中的一员”[3]。

1 SMITH, Margaret Bayard. *A Winter in Washington II* [M]. New York:E. Bliss & E. White, 1824: 261.

2 PETERSON, Merrill. *ThomasJefferson:A Reference Biography* [M]. New York: Scribner Book Company, 1986: xi.

3 MUMFORD, Lewis, WILSON Richard Guy. *Thomas Jefferson, Architect* [EB/OL]. [2018-03-26]. http://www.arch.virginia.edu/architectural-history/tj.

- 建筑师杰斐逊的一些基本数据 -

毫无疑问，拿今天的标准来衡量，杰斐逊并非一个标准的职业建筑师，他没受过专业的建筑学培训。在 18 世纪末 19 世纪初，美国并没有现代的建筑学教育。他对建筑的认识类似画图匠和手工匠，因为美国当时也还没有工业化的设计和建造体系。他不把建筑活动当成养家糊口的营生，作为“绅士建筑师”（gentleman architect），杰斐逊不接受任何项目佣金。除了咨询几位好友之外，杰斐逊的身边没有任何建筑师的群体，他也没获得任何建筑学的正式头衔。如果拿现代的职业分工标准来寻找美国第一代的建筑师，那么“文艺复兴者”杰斐逊必定名落孙山。当时只有欧洲有成熟的建筑师职业培训，而美国第一代职业建筑师都来源于此，比如来自法国的本杰明·亨利·拉特罗布（Benjamin Henry Latrobe），或是来自英国的彼得·哈里森（Peter Harrison）。

尽管如此，杰斐逊仍是讨论美国建筑发展时绕不开的大人物。从青年时期开始，他对建筑的学习和设计贯穿一生，达 60 余年。他主持或参与设计了大量举足轻重的建筑、规划、景观作品。他指导了诸如华盛顿纪念碑的作者罗伯特·米尔斯（Robert Mills）等一批建筑师和营造匠人。他几乎凭一己之力扭转了美国人的建筑品位，使之从殖民式逐渐转变为古典复兴式，进而确立了合众国在建筑艺术上的民族形式。他所坚持的帕拉迪奥式建筑样式，和大洋彼岸由克劳德·尼古拉斯·勒杜（Claude Nicolas Ledoux）、伊托尼－路易·布雷（Etienne-Louis Boullée）、英尼戈·琼斯（Inigo Jones）等人推动的新古典主义（Neoclassicism）思潮遥相呼应，和他们共同掀起了西方建筑学在 18 世纪重觅理性之启蒙的绚烂篇章。这一切，让无比自矜的美国建筑师劳埃德·赖特都曾坦诚自己对杰斐逊的赞誉："如果托马斯·杰斐逊现在和我们在一起，他应该坐在桌子这一端的首席，就是我现在坐的位置。"[4]

今天，杰斐逊在弗吉尼亚大学中心布卜的大草坪仍绿树成荫，草坪一端矗立着庄重威严的大礼堂，四周环绕着白柱红墙的走廊，廊下学子们来去匆匆（图 2.1）。当年，这片莘莘学子的圣地，尽收于隐居在几千米外蒙蒂塞洛庄园的杰斐逊的视线之下。府邸两翼是长廊，杰斐逊和他的客人常常推门而出，一边漫步在露天长廊上，一边眺望远方的"学术村"（Academic Village），正如现在每个来此观光的游客一样（图 2.2）。在 1987 年，弗吉尼亚大学和蒙蒂塞洛庄园一并被列为世界文化遗产，是美国唯一有此殊荣的建筑作品。而在此前的 1976 年，美国建筑师协会会刊在调查中发现弗吉尼亚大学是美国建国 200 年来被讨论和引用最多的作品。学会还专门设立了一年一届的"托马斯·杰斐逊公共建筑奖"（Thomas Jefferson Award for Public Architecture），用以表彰那些促进公众鉴赏力的建筑师们。杰斐逊的建筑精神也因此而代代相传。

4 引自 JONES, Cranston, *"Pride and Prejudices of theMaster,"* LifeAB (April 27,1959), 56. [A] 英文原文是"If Thomas Jefferson were with us, he would be sitting where I am now, at the head of the table."

· 图 2.1　弗吉尼亚大学的大礼堂、大草坪和柱廊
拍摄者 Daniel Latorre，摄于 2009 年

· 图 2.2　蒙蒂塞洛庄园里的步道
拍摄者 AgnosticPreachersKid，摄于 2013 年

然而，杰斐逊作为建筑师的成就，很长一段时间被他作为政治家的光辉所掩盖。他的建筑作品都完成于 18 世纪末、19 世纪初，缺少相应的历史记载。除了蒙蒂塞洛庄园、弗吉尼亚大学、弗吉尼亚州议会大楼这些声名远扬的个案，杰斐逊很多作品已经难于追索和辨识。即使是他著名的作品，也大多经历过各种各样的改造，以至于很多原初设计已面目全非。直到 1916 年，建筑史学者弗斯克 · 金波（Fiske Kimball）出版《建筑师托马斯 · 杰斐逊》一书，杰斐逊才以建筑师的身份出现在人们的目光中。这之后，伴随着弗雷德里克 · D. 尼科尔斯（Frederick.D.Nichols）、理查德 · 盖伊 · 威尔逊（Richard Guy Wilson）等一代代建筑史学者的钻研，杰斐逊的建筑生涯才逐渐清晰地展示在世人面前。

根据这些学者的研究，杰斐逊对建筑活动的投入是惊人的。譬如，弗雷德里克 · D. 尼科尔斯在《托马斯 · 杰斐逊的建筑绘图》一书中编录了 531 份原始的建筑绘图，这个数字对于杰斐逊来说，是难以想象的。至于杰斐逊主导和参与的实际建筑项目，其数量也达到了一定规模。从 18 世纪 60 年代参与蒙蒂塞洛庄园的设计和施工开始，直到 1826 年杰斐逊去世时弗吉尼亚大学完工截止，他的建筑实践横跨 60 余年。其作品中很大一部分是私人府邸，不但包括他自己的蒙蒂塞洛庄园和白杨林庄园，还有詹姆斯 · 麦迪逊夫妇（James Madison）的蒙彼利埃（Montpelier）住宅、州长詹姆斯 · 巴尔布尔（James Barbour）私宅等至少 7 个朋友的宅院。设计内容则多种多样，包括种植园规划、建筑设计、花园布局、内部装修、家具设计，乃至磨坊和农房的营造等。除了私人府邸，杰斐逊还参与了诸多公共建筑项目。他和法国建筑师查尔斯·路易斯·克莱尔索（Charles-Louis Clerisseau）合作设计了弗吉尼亚州议会大楼。他在作为美国第一任国务卿的任上督导了华盛顿特区的规划，指定了白宫和国会大厦的位置，并促成了皮埃尔·查尔斯·朗方（Pierre Charles L'Enfant）所规划的特区平面。他甚至为总统府、国会大厦和其他政务大楼提供了自己的建筑方案。卸任总统职务后，杰斐逊在家乡弗吉尼亚州参与了几栋法院和监狱的设计，并主导了弗吉尼亚大学的设计和建造。正如杰斐逊老年时谦虚而诙谐的总结那样："建筑是我的所爱，搬上搬下是我最喜欢的娱乐之一。"终其一生，杰斐逊不断地浸润在建筑实践中。事实证明，他不但从事一砖一瓦的建筑设计，甚至孜孜不倦地对美国社会乃至整个人类进行着设计师般的思考和经营。

正因为杰斐逊的建筑生涯历时之久、着眼之广、所思之深，囿于当代专业分工的眼光是难以触及其灵魂的。要了解这位总统建筑师，要洞察他在设计中对社会、历史和人类的思考，我们需要进行一场时间旅行，穿越重重的时空距离和文化隔阂，回到杰斐逊当时所处的环境中，设身处地地观察他建筑生涯的历程。如果不清楚当时美国建筑营造的一般情况，而用今天高度专业化、工业化、系统化的行业水准来一概而论，是无法理解杰斐逊作品的复杂性和先锋性的。同样，如果不了解当时美国乃至西方的政治和文化背景，也很难公允地品评杰斐逊的建筑思想[5]。

- 杰斐逊建筑活动的历史脉络之一 -

历史学家美里奥 · D · 彼得森（Merrill D. Peterson）曾写道：“托马斯 · 杰斐逊是启蒙时代的儿子，脱离了启蒙思想的背景是没法理解他的。”[6]在杰斐逊生活的时代，欧洲诸国及其殖民地在一系列科技、政治、社会、文化巨变下，正经历着对“现代性”的执着追求，这构成了杰斐逊建筑生涯的大背

5 一个很重要的例子，是今天人们的史观和杰斐逊时代的史观有着巨大的不同。在 21 世纪谈到“现代”建筑，人们通常会把它粗略地放在这样一个脉络里：史前史（公元前一万年之前）、古代史（公元前一万年到公元前 600 年）、古典时期（古希腊、古罗马时期，即公元前 600 年到 500 年）、中世纪（500—1400 年）、文艺复兴和巴洛克时期（1400—1750 年）、古典复兴或新古典主义时期（1750—1920 年）和现代及当代时期（1920 年之后）。在杰斐逊的年代（也即是 18 世纪末 19 世纪初），西方公认的却是另外一个史观：古代史（公元前 6000 年到公元前 600 年）、古典时期（古希腊、古罗马时期，公元前 600 年到 500 年），黑暗的野蛮时期（500—1500 年）和现代时期（1500 年后）。对于杰斐逊和与他同时代的西方人而言，他们和文艺复兴的彼得拉克、康德、帕拉迪奥等人所处的是同一个时代，是攀登“现代”“理性”“人文”山峰的同侪。

6 McDONALD Jr, Travis C. “Poplar Forest: Synthesis of a Lifetime.” *Notes on the State of Poplar Forest* 2 (1994): 1. [A].

景。正如本书第一章所描述的那样，对于杰斐逊这一批“现代”同侪而言，“启蒙”是整个时代的关键词。曾经在漫长的中世纪里，基督教廷对宇宙、历史、人类的存在具有至高无上的话语权。到了 14—15 世纪，西人逐渐不再认为上帝永远处于遥遥无期的彼岸，也开始质疑教廷对知识的垄断。这一启蒙思潮从反抗天主教教廷的神学教条、世俗权威开始，到探索和反思个人的能动性为终点，人们不再觉得人世间的所作所为只是水中花、镜中月，转而相信自己的一思一言都是通往开解的道路。譬如，被称作“文艺复兴人文主义先锋”的弗朗西斯科 · 彼得拉克（Francesco Petrarch），在《登冯度山记》（*The Ascent of Mount Ventoux*）中引用圣奥古斯丁（Saint Augustine）的话说：“我早应该发现，‘没有比思想更值得敬畏的了，与之相比没有什么更伟大。’我已经看够了群山，我把沉思的目光回转，聚焦到自己身上……我沉默地想着，我们凡人缺少好的向导，而忘了自己拥有的最高贵的东西，却把精力四散在各处，无谓的炫耀，浪费着自我，不曾意识到我们找寻的恰恰在内里。”[7]

彼得拉克吹响了文艺复兴中追求觉醒与启蒙的号角，鼓舞着人们挖掘自己的理性和力量，去认识世界、改造世界。这一振聋发聩的号召在之后的三四百

7 RETRARCA, Francesco. Letter to Dionigi di Borgo San Sepolcro (26 April 1336) [Z]. ROBINSON James Harvey 译 // ROBINSON James Harvey. Petrarch; the First Modern Scholar and Man of Letters. New York: Putnam: 1898. 在西方学界，文艺复兴早期的彼得拉克被普遍认为是第一个“现代人”。

年间响彻欧洲大陆，并传至包括美洲殖民地在内的世界其他角落，引发了一系列的革命。在对知识的追求上，哥白尼、伽利略等人驳斥了神学对宇宙的传统解释，展现了人类理性的无尽潜能；这份对万事万物的不倦追问，是包括杰斐逊在内的"文艺复兴者"的烙印。在宗教信条上，马丁·路德、约翰·加尔文等人引领的宗教改革否定教皇权威，强调普通信众"因信称义"；"自然神论"更认为上帝不过是"理性""智慧"的非人格意志，为杰斐逊开放的宗教思想奠定了基础[8]。在政治理念上，由约翰·洛克等一批启蒙思想家所发展的社会契约论认为民众拥有天生的"自然权益"，他们与统治者的契约是后者执政合法性的来源，这成为杰斐逊起草美国《独立宣言》的核心论点。可以说，杰斐逊秉承了"文艺复兴""思想启蒙"中对个人的价值、理性的潜在追求，他的思想和现代科学、进步、民主的思想一脉相承。

在建筑设计上，杰斐逊也处于当时"现代启蒙"的脉络之中，是文艺复兴的建筑艺术在北美洲的传承。在15—16世纪的意大利，建筑被视为"以空间为单元的数学科学"，人们相信建筑中的数学和几何关系反映了和谐的美感和理性的胜利，是人类智慧的标杆，更是上帝圆满与伟大的表现。[9]在为建

8　自然神论是17—18世纪在英、法等国出现的一个哲学观点，其推崇者包括约翰·洛克、牛顿、伏尔泰、孟德斯鸠、卢梭等人，是自然科学发展后人文思想家对传统神学的再解释。它有一定的唯物主义倾向，认为上帝是非人格的"世界理性"或"智慧意志"，它在创世之后不再干预世俗事务，而令其按照自己的理性规律发展，世间万物和人类的生存应合乎理性。自然神论者反对"预言""神迹"、制度性的教会等级等观念。

9　WITTKOWER, Rudolf. *Architectural principles in the age of humanism* [M]. New York: WW Norton & Company, 1971: 29.

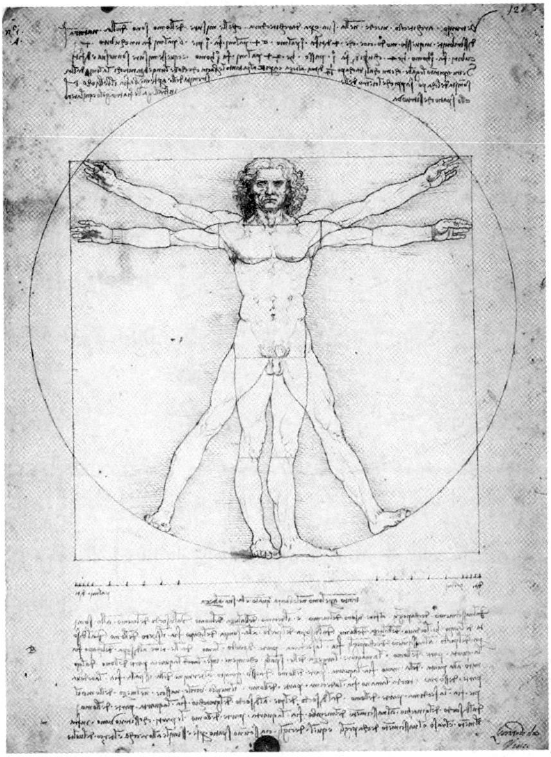

图 2.3　达·芬奇绘制的“维特鲁维人”，1490 年

筑设计寻找和谐的数学比例时，人们的目光像彼得拉克那样，逐渐回转到具有“高贵的理性”“伟大的力量”的人类身上。其中一个典型的例子是大名鼎鼎的达·芬奇。在达·芬奇大约 1490 年的一份手稿中，参照古罗马建筑师维特鲁维（Vitruvius）的经典著作《建筑十书》（*De Architectura*），绘制了一幅分析人体比例的图画（图 2.3）。在图中，一名男子张开双手双脚，摆出“十”和“火”字形的两个姿势，并分别完美地嵌入到一个方形和一个圆形中，男子的肚脐正处于方形和圆形的中心。在图画旁边，是达·芬奇特有的反向书写的文字：“建筑师维特鲁维在他关于建筑的著作里写道，人体

天然保持着如下比例：……这些比例蕴含在他的建筑之中。”[10] 除了达·芬奇外，探索维特鲁维对人体比例论述的文艺复兴者还包括达·芬奇的朋友贾科莫·费拉雷（Giacomo Andrea de Ferrara）和锡耶纳建筑师弗朗西斯·乔治奥（Francesco di Giorgio）等人。

达·芬奇的维特鲁维人体比例图还印证了当时的文艺复兴运动者多是托古而行，通过挖掘和诠释古希腊、古罗马的建筑遗产来探索他们自己建筑设计的原理，这一以古鉴今的气氛在当时蔚然成风。当时，借海上贸易迅速崛起西欧诸国，希望在文化上找回古典时代的光辉。一代代学者争相前往意大利等地的古典遗址学习，由此开启了延续几百年的“壮游”传统，发掘了一批批像庞贝（Pompeii）、赫库兰尼姆（Herculaneum）那样的遗迹，也书写了类似弗莱彻爵士（Sir Banister Fletcher）所绘制的“建筑之树”那样几千年不断的西方建筑史（图 2.4）。钻研远古之遗产，探索不变之真知，也正是文艺复兴建筑的内涵所在，其代表者如安德烈亚·帕拉迪奥（Andrea Palladio），在杰斐逊的作品中留下了深刻的印记。然而，杰斐逊所处的北美洲，无论在时间还是空间上，离欧洲大陆在现代启蒙思想下的文艺复兴建筑，都有着难以跨越的距离。像我们今天尝试了解杰斐逊一样，杰斐逊在当年和帕拉迪奥的邂逅，也有着曲折而动人的故事。

10 Da VINCI, Leonardo, Le proporzioni del corpo umano secondo Vitruvio.

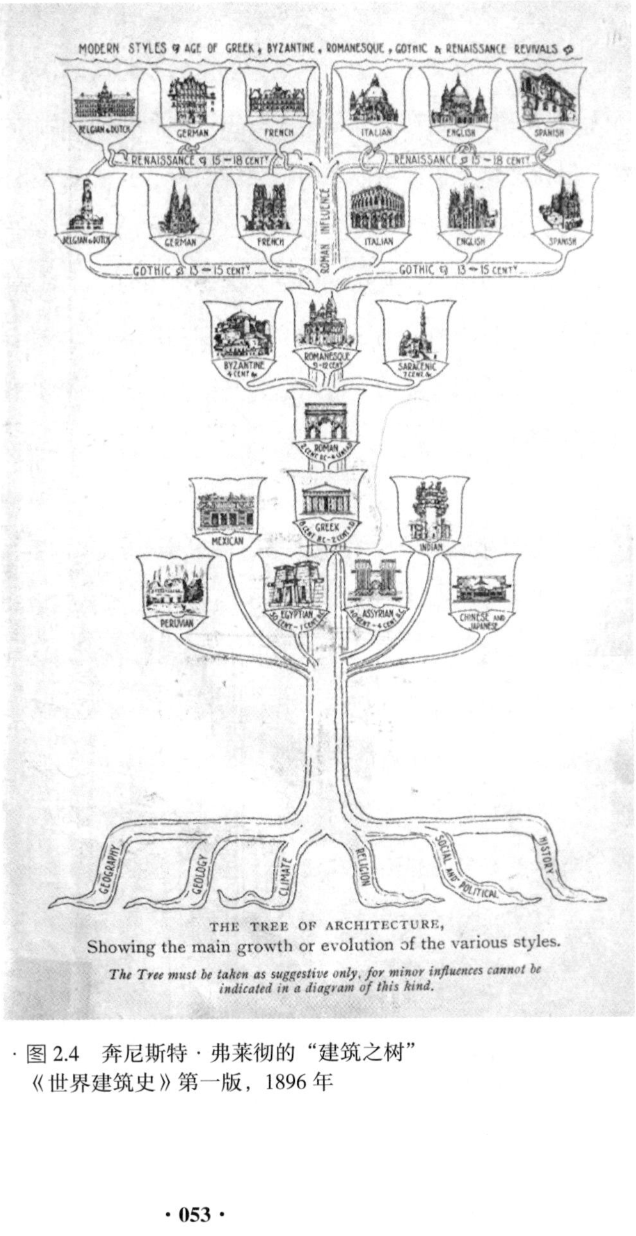

· 图 2.4　奔尼斯特 · 弗莱彻的“建筑之树”
《世界建筑史》第一版，1896 年

- 杰斐逊建筑活动的历史脉络之二 -

在18世纪，欧洲建筑界的文艺复兴之风刚刚吹到杰斐逊生活的美洲殖民地，但殖民地居民似乎还未能消化这一舶来的艺术风格。尽管在华盛顿、杰斐逊等人领导下，美国在独立战争中取得了胜利，在政治和军事上同英国分道扬镳，但在文化上仍亦步亦趋跟随英国的发展，缺乏成熟的国家民族意识和文化身份。如历史学家诺曼·李思敬（Norman K. Risjord）所言，独立后的一段时间内，美国“在文化上仍是英国的殖民地”，对欧陆传来的时尚多是被动接受、盲目跟风，而没有独立的认识和取舍[11]。不但普通居民生活的方方面面沿袭了欧洲大陆舶来的风俗，甚至连总统华盛顿的仪仗也借鉴的是欧洲贵族的传统。

这种文化殖民的另一个典型例子，是从英国舶来的乔治亚式建筑。伴随着1715年贾科莫·莱奥尼（Giacomo Leoni）把帕拉迪奥的《建筑四书》翻译成英语，英国和爱尔兰出现了一批帕拉迪奥式的建筑，并随当时英王乔治之名，被后人称为乔治亚风格（Georgian Style）。这些建筑遵循古希腊和古罗马的古典比例，运用古典建筑的元素和对称的立面布局，使用简朴节制的装饰，其优雅的形式，尤以奇斯威克宫（Chiswick House）为代表（图2.5）。这一流行于英国的乔治亚式建筑，也受到了北美大陆上层人士的追捧。人们但凡有一定的经济实力，无论是邀请英国籍建筑师来进行设计，还是按照舶

11 RISJORD, Norman K. *Jefferson's America, 1760-1815*（第二版）[M]. New York: Rowman & Littlefield, 2002:301.

· 图 2.5　伯灵顿爵士，奇斯威克宫
拍摄者 Patche99z，摄于 2004 年

来的图书有样学样，一定要住进多少有些乔治亚式味道的“大宅子”（Big Mansion）里（图 2.6）。类似风格的建筑风靡英国的 13 个美洲殖民地，北边有位于费城的独立宫（Independent Palace）和基督教堂（Christ Church），中部有里士满的爱丽山庄种植园（Airy Hall，1758）和威廉斯堡的威廉与玛丽学院（Williams and Mary College，1695）（图 2.7），南方有位于查尔斯顿的德雷顿宫（Drayton Hall，1758）。杰斐逊在他的建筑生涯里，曾参观、品评了其中很多作品。

· 图 2.6 “大宅子”的维斯宅（Wythe House）
拍摄者 Kristopher Grubbs，摄于 2016 年

· 图 2.7 威廉与玛丽学院的雷恩大楼（Wren Building）
拍摄者 Smash the Iron Cage，摄于 2015 年

· 图 2.8　位于马萨诸塞州 Concord 市外的"盐屋"
拍摄者 Fcb981，摄于 2007 年

然而，放眼当时的美洲殖民地，经过整体规划、精心设计的建筑仍少得可怜。对于广大生活拮据的殖民者来说，建筑是"生活所迫而非奢侈的艺术消费"[12]。他们的房子多是就地取材的砖木结构，内部仅分隔出几个房间，外部样式随生活需要而变化，并无统一规制，有条件的仅仅在檐口、门廊等处稍做装饰。在北方，城市中往往是多民族混居，各社区遵循着自己造房子的传统，表现出的风格多种多样。城外广袤的土地上，星星点点分布着"盐屋"（Saltbox）样式的小房子，这是一种前面两层、后面一层的坡顶小屋（图 2.8）。在南方，

12　KIMBALL, Fiske. *Jefferson's Development as an Architect* [M] // JEFFERSON Thomas. Thomas Jefferson, Architect: Original Designs in the Collection of Thomas Jefferson Coolidge, Junior. KIMBALLFiske. Boston: Printed for private distribution at the Riverside Press, Cambridge, 1916. 本书部分电子版可见：JEFFERSON Thomas. Thomas Jefferson, Architect [EB/OL] University of Virginia. [2018-04-01]. www2.iath.virginia.edu/wilson/TJA/tja.home.html.

种植园地广人稀，缺乏专门从事建筑行业的匠师。除非是大地主，居民一般生活在由自己搭建、乡土风格的小木屋里。杰斐逊出生和结婚的场所，便是这样的小木屋。

这种原始建筑营造水平的背后，是北美殖民地落后的建筑职业体系和教育系统。在当时，建筑设计的工作大都是由外来建筑师负责，或者由居民和工匠按图书自己琢磨着进行。美国本土的建筑业人士大致分为两类，一类人有着相当的经济实力和社会地位，他们从青年即享有贵族式的传统教育，得以广泛阅读各个门类的图书，培养对建筑、艺术、文学的品位，以成长为一位绅士。我们或许可以想象一位叼着烟斗、系着领结的绅士，看他在烟雾缭绕中对建筑高谈阔论，把它当作修身养性的闲暇爱好，甚至为此赢得了“绅士建筑师”的雅号。另一类人则是从事实际建造、大多目不识丁的匠人。对此，法国建筑师拉特罗布总结当时的美国建筑“掌握在两类人手里……一类人从游历和书本上获得了一些建筑理论的知识，却对它们的具体操作一无所知……另一类人困于每日的劳作中，却没有任何机会能够学习建筑艺术的理论”[13]。

13 LATROBE, Benjamin Henry, FAZIO Michael W, SNADON Patrick A. *The Domestic Architecture of Benjamin Henry Latrobe* [M]. Baltimore: Johns Hopkins University Press, 2006: 192.

– 建筑师杰斐逊的成长 –

托马斯 · 杰斐逊的建筑师生涯始于“绅士建筑师”的传统，却在之后因为自己的努力和难得的际遇，一步一步走出了独特的建筑之路，并最终获得了远超“绅士建筑师”所能达到的成就。和他的同侪一样，杰斐逊自青少年便接受了良好教育，积累了丰富的建筑知识。身为农场主的儿子，他对南方殖民地的风土建筑十分了解。作为广泛游历威廉斯堡、费城、纽约等地的学者，杰斐逊对乔治亚式建筑也相当熟稔。他早年求学时，经常在导师乔治 · 威思的“大宅子”里逗留，和著名的“绅士建筑师”理查德 · 塔里法罗（Richard Taliaferro）谈笑风生。日后他更是结交了许多的职业建筑师朋友。在《弗吉尼亚笔记》里，杰斐逊集中展现了他对美洲殖民时期建筑的丰富知识。他品评弗州首府威廉斯堡的老议会大楼（Old Virginia State Capitol，建于 1705 年）“从整体上看，它是我们目前所有建筑中最令人满意的作品”，但仍对它的门廊、柱子、比例等细节有所批判[14]。实际上，除州议会大楼、威廉与玛丽学院、弗州州长宅邸、爱丽山庄等几个作品之外，杰斐逊终生对乔治亚式建筑有着严苛的评价。

随着年龄的增长，杰斐逊对建筑投入的兴趣和精力开始远多于一般的“绅士建筑师”，这首先体现在他对建筑书籍的涉猎和收藏上。据学者考证，杰斐逊最早的建筑类藏书，很有可能就是在威廉与玛丽学院求学时购入的

14 JEFFERSON. *Notes on the State of Virginia.*

帕拉迪奥所著、贾科莫·莱奥尼翻译的英文版《建筑四书》（*I Quattro Libri dell'Architettura*）。从此，杰斐逊不断收集建筑书籍，并很快拥有了当时美洲殖民地中最大的建筑类图书的收藏。他的图书馆囊括了学界诸多最重要的英文建筑书，比如维特鲁维的《建筑十书》、罗伯特·莫里斯（Robert Morris）的《精选建筑》（*Select Architecture*）、詹姆斯·吉布斯（James Gibbs）的《建筑若干局部的绘图法则》（*Rules for Drawing the Several Parts of Architecture*），和威廉·钱伯斯（Williams Chambers）的《中国设计》（*Chinese Designs*）等。在这些藏书中，杰斐逊最喜爱的仍是帕拉迪奥的《建筑四书》，他称其为自己的"圣经"。

除了藏书之外，杰斐逊也有着当时"绅士建筑师"所少有的建筑绘图技能。杰斐逊的父亲除了当农场主外，还是出色的土地测量员，杰斐逊受父亲熏陶，也拥有一手精美的绘图能力，且继承了他父亲图画的精确度和完整度。但当时的杰斐逊和职业建筑师不同，他并未将绘图当成揣摩灵感和表现想法的工具，而是将它当成探索几何比例关系的数学游戏，所绘线条都需经过精密演算后才落笔。这一方面可能是因为当时的铅笔、橡皮等工具尚未传播到美洲，杰斐逊只能使用墨水在昂贵的绘图纸上作画的缘故。另一方面，这也反映了在启蒙思想影响下，杰斐逊对建筑的定位。按文艺复兴的理论家莱昂·巴蒂斯塔·阿尔伯蒂（Leon Battista Alberti）、帕拉迪奥等人的论述，建筑这门艺术需通过精巧的数学比例来代表自然的美和人的理性。对熟习数学和法律的杰斐逊来说，建筑技艺也当立足于精密的几何绘图之上。

在建筑师杰斐逊成长的过程中，出使法国是一份至关重要的际遇。1784—1789 年在法国任职大使的期间，杰斐逊游历了欧洲多个地区，大大增长了建筑学素养，他参观过的许多作品在日后自己的设计中都留下了痕迹。在巴黎，他不但亲身陶醉于让 · 查尔格林（Jean-Francois-Th é r é se Chalgrin）、皮埃尔 · 鲁索（Pierre Rousseau）等人晚景的新古典主义作品中，而且和先驱设计师克劳德 · 尼古拉斯 · 勒杜、伊托尼 - 路易 · 布雷等人私交甚笃。在法国南部和荷兰，他游览古迹，并记录了很多工程做法。在英国，他参观了奇斯威克宫和邱园（Kew Gardens），还对英国的花园设计十分倾心。他曾这样描述他在异乡的见闻："言语已无法表达我有多么享受他们的建筑、雕塑、绘画和音乐。"[15]

出使法国期间，杰斐逊对建筑的热忱，从他游历巴黎的一处细节就能看出来。当时他住在香榭里大街和贝里路交叉口的兰芝宅邸（Hôtel Langeac），在工作之余，常常漫步城中，探索巴黎这座大都市。他所钟情的线路之一，是顺香榭里大街而下，一边远眺卢浮宫和巴黎圣母院的盛景，一边行至塞纳河畔、卢浮宫前的杜乐丽花园（Thuileries Gardens）。这座花园几乎是杰斐逊每日必经之处，他常常在这里停留数个小时，像热恋一般盯着河对岸即将竣工的荣勋宫（Palais de la Légion d'Honneur）（图 2.9、图 2.10）。这是建筑师皮埃尔 · 鲁

15 McDONALD Jr, Travis C. "Poplar Forest: Synthesis of a Lifetime" : 3.

· 图 2.9　巴黎荣勋宫的沿街正面
拍摄者 Jeublon，摄于 2011 年

· 图 2.10　巴黎荣勋宫临河背面
拍摄者 JLPC，摄于 2014 年

索为德意志皇室的王子设计的宅府，又称萨利姆宅邸（Hôtel de Salm）。宅院正面沿街，有着爱奥尼柱廊和万神庙般的入口，背面毗邻塞纳河，正中是半圆形体量，饰有科林斯式的壁柱。杰斐逊在给友人的信中坦承："我被萨利姆宅邸狂乱地吸引着，曾每天都去杜乐丽花园，只是为了去看着它。"[16]而"只是为了去看看"，他需要长时间坐在河沿上，扭转躯体，勾着头，以此向后眺望河对岸的房子，甚至为此脖子僵硬难忍。

杰斐逊的寓所兰芝宅邸和他所仰慕的萨利姆宅邸，代表了当时巴黎新出现的一批贵族宅邸建筑。这些作品多由新古典主义建筑师设计，在遵循和谐比例的同时，探索了新的平、立面的组合形式，运用诸多古罗马建筑的元素，在保持恢弘气象的同时保证了居住者的实用和舒适。杰斐逊在法国期间参观了很多贵族宅邸，他深深着迷于这一类型的建筑，并在日后自己的设计中借鉴了很多相关的元素。比如，在设计蒙蒂塞洛庄园Ⅱ期的时候，杰斐逊借用了萨利姆宅邸的匠意，在门厅内布置夹层步道，且将建筑外立面设计成只有一层的模样。兰芝宅邸等巴黎贵族宅邸用开天窗、落地窗等方式将自然光线引入室内，这样的设计也在杰斐逊的作品里大量出现。

16 JEFFERSON, Thomas. *Jefferson to Madame de Tessé, March 20, 1787* [Z] // JEFFERSON Thomas, BOYD Julian P, BUTTERFIELF L H, CULLEN Charles T, CATANZARITI John, OBERG Barbara. Papers,: 第 11 卷 . BOYD Julian P. Princeton: Princeton University Press 1950: 226.

· 图 2.11　尼斯的方形神庙
拍摄者 La-tete-ailleurs，摄于 2011 年

除了贵族宅邸以外，杰斐逊也精心研究了欧洲许多神庙、宫殿、议会、公园等公共建筑的设计元素，并将其在自己的作品里加以运用。譬如法国南部尼姆（Nîmes）的古罗马方形神殿（Maison Carrée）就被杰斐逊称为“古典时期留给我们最美丽和珍贵的建筑作品之一”，并拿它作为设计弗州议会大楼的原型[17]（图 2.11）。在巴黎，杰斐逊会经常光顾伊托尼 – 路易 · 布雷设计的丽兹沙漠园林（Desert de Retz），参观令人讶异的圆柱废墟（Column

17　JEFFERSON, Thomas. *Autobiography* [M] // JEFFERSON Thomas. Thomas Jefferson: Writings: Autobiography/Notes on the State of Virginia/Public and Private Papers/Addresses. PETERSON Merrill D. New York: Library of America. 1984.

· 图 2.12　马尔利城堡花园
绘制者 Peirre-Denis Martin，绘于 1724 年

House）、方尖碑式的冰宫（Ice House）和中国风的亭楼。其中，圆柱废墟的外形模仿一个远古时代遗留下的巨型圆柱残骸，里面却开辟了平面各异的房间，并布置有环形楼梯，引导游人拾阶而上。圆柱废墟的流线设计和椭圆形的房间，都被杰斐逊借鉴，用在弗吉尼亚大学大礼堂的设计中。弗吉尼亚大学大草坪两旁的景观，也很可能受到了马尔利城堡花园（Chateau de Marly，1686）内 12 个对称分布的园圃和亭楼的影响（图 2.12）。

除了对建筑实例的现场学习，杰斐逊在法国还有一个看似微小、实则关键的收获，那就是建筑绘图的工具和技术的更新。他经好友克莱丽西索

（Charles-Louis Clerisseau）介绍，开始抛弃墨水笔，而尝试用铅笔作图。尽管早在1560年英国即已开采石墨，但直到一个世纪后，德国人弗里德里希·施德楼（Friedrich Staedtler）才将石墨置于2块木签之间，发明了第一根铅笔。到18世纪20年代，铅笔已经是建筑师的寻常工具了。当初看似微不足道的小事，从设计的角度来讲，却是革命性的技术进步。和拘谨的尺规作图不同，铅笔便于建筑师迅速徒手绘制草图，鼓励他们去追寻尚未成形的想法，和自己的灵感对话，呈现天马行空的狂想，进而极大地展现了建筑师的创造力和表现力。除了铅笔之外，杰斐逊还对网格纸这种罕见的绘图用纸非常珍视，认为它让建筑设计“免于必须用尺规绘制方形草图”[18]。除铅笔和网格纸之外，杰斐逊还从欧洲带回了许多其他建筑绘图的工具。

如果说观察、阅读、制图、游历仍不足以将杰斐逊同其他“绅士建筑师”区分开来，那么他长达60多年的实践经历，毫无疑问足以让他成长为一名称职的建筑师。对建造实践的不懈投入，让杰斐逊了解了一个工程需要多少砖、木材、玻璃、铁器等，怎样获得、运输、加工和使用这些建材，怎样招募和调配工匠，以及怎样从一无所有的场地开始“搬上搬下”，直到建起和维护一个建筑结构。杰斐逊的建筑知识一方面来源于书本和思考，另一方面也来自实践经历。他的建筑思想往往是理想化的，但这份理想又扎根于现实。

---

18 WILLS, Chuck. *Thomas Jefferson Architect: The Interactive Portfolio* [M]. Philadelphia: Running Press, 2008: 48.

- 作为人民圣殿的弗州议会大楼 -

作为英国在北美洲最早的殖民地之一，弗吉尼亚州的州府最开始坐落于詹姆斯镇（Jamestown），后来迁往威廉斯堡。威廉斯堡的第一栋州议会大楼在1747年毁于火灾，之后由“绅士建筑师”理查德·塔里法罗负责重新设计建造，成果是一座乔治亚式大宅子。1780年，在州长杰斐逊的倡议下，弗州议会决定将州府迁往交通和商贸更为方便的里士满。为了继续给革命者们提供适当的活动场所，州议会成立了以杰斐逊为首的5人小组“公共建筑指导处”（Directors of the Public Buildings），监督和设计里士满的城镇规划和公共设施。

对这个新州府的建筑，杰斐逊有着宏伟的设想。他提议把未来的州议会大楼分为3个部分，分别容纳并代表立法、执法、司法3个权力机关。对于大楼的位置，杰斐逊按照帕拉迪奥为神庙选址的原则，提议寻找一块山顶开阔处。在论述神庙建筑时，帕拉迪奥写道：“应该为神庙选址在城市中最尊贵和显著的地方……这样无论谁来参观，都可以看到神庙每一个角落，从而感受到完全的庄严、仰慕、敬畏……神庙的正立面应该面对城市里最宏伟的地方，这样可以把宗教像保护者那样放置在市民中间。如果神庙建在城外，应选址在街道或河流旁边，让正立面面对公共街道或水域，这样行人可以看到它，并在立面旁致敬。”[19] 对杰斐逊等人来说，启蒙思想下“以人为本”的政治理念就是新时代人民的保护神，议会大楼同帕拉迪奥笔下的神庙一样，应该

19 PALLADIO, Andrea. *Four Books ofArchitecture* [M]. WARE Isaac 译 . NewYork: Dover Publications, 1965: 81.

处于城市最显著的位置。议会制度确立了所有民众得以参政议政的权利，容纳议会的大楼也理应让所有民众可以游览、发言、致意，正像远古时的神庙那样。他日后规划华盛顿特区的国会建筑时，秉承着同样的选址原则。

最终，弗州议会大楼选址在里士满甘伯斯山（Gambles Hill）的山坡上，面朝詹姆斯河（James River），位于城市景观的中心。但大楼的建筑设计则背离了杰斐逊最初的想法。一来，像杰斐逊提议的“一分为三”那样将政府机关分散布局的构思在当时实在过于前卫；二来，1784 年，杰斐逊辞任州长出使法国，繁忙的公务导致他无法及时完成议会大楼的设计图纸。杰斐逊远走欧陆之后，弗州议会迫于拮据的预算和紧迫的时限，决定将议会部门放在一个大房子里。“公共建筑指导处”则在未咨询杰斐逊的情况下，采用本地建筑师塞缪尔·多比（Samuel Dobie）的设计并开始了工程。

远在法国的杰斐逊得知这个消息之后，立即联络作为弗州议会成员的好友麦迪逊，请他向议会要求相关人员暂停施工。在给麦迪逊的信中，杰斐逊解释道，建造议会大楼是一个“将古典时代的典范介绍给弗州的绝佳机会，能够满足用公共资源营造一些能带来荣光的项目的热望”。如果放任大楼的设计落入平庸者的手中，那结果会是“随着建筑一同长久站立的，满载着我们的哀怨、代表了我们的野蛮的纪念物，和随之而来的屈辱与悔恨”[20]。这些语

20 JEFFERSON, Thomas. Letter to James Madison, September 20, 1785 [Z]. // JEFFERSON Thomas. The Writings of Thomas Jefferson, 10. New York: GP Putnam's Sons, 1892-99: 829-830.

句听来沉重无比，但也表明杰斐逊十分看重公共建筑的社会功能，也对议会大楼的设计给予了极高的期望。在麦迪逊的协调下，公共建筑指导处很快向杰斐逊发信，为草率动工道歉，并请杰斐逊负责建筑的设计。

在1780年州府搬迁到里士满的时候，杰斐逊就绘制过议会大楼的平面草图。这个平面图参照帕拉迪奥在《建筑四书》中的记载，模仿了法国尼姆的古罗马遗址方形神庙。但和方形神庙的一个门廊不同，杰斐逊在建筑首尾两端都布置了门廊作为入口。正如前文所述，杰斐逊自从在《建筑四书》中看到方形神庙，就推崇它是“古罗马时期留给我们最美丽和珍贵的建筑作品之一”[21]。他在给麦迪逊的信中写道：“方形神庙非常简单，但却尊贵得难以言表。它会给来我们国家的人展示我们含苞待放、即将成熟的建筑品位，会给国家带来光荣……如果我们不抓紧每一次建造公共建筑的机会，给我们的国人展现值得鉴赏和追随的典范，又怎么能令他们培养出好的艺术品位呢？你知道我是一个建筑艺术的爱好者，但我丝毫不为此害羞。因为这是一项增加我的国人的品位、增进他们的声誉、令他们迈向世界，并为他们带来盛名的艺术。”[22]

然而，要将古典案例拿来使用，不光照抄照搬那样简单，还需要予以慎重的选择和变通。在为“指导处” 绘制的最终设计中，杰斐逊延续了方形神庙的主题，但他为了在一栋建筑里容纳议会不同的分支而改进了神庙的平立

21 JEFFERSON, *Thomas. Autobiography*: 41.
22 JEFFERSON, *Thomas. Autobiography* . Letter to James Madison, September 20, 1785.

面。他将整个方形体量分为两层，每层隔出多个房间，均配以舒适的自然照明。为了达到这一设计目的，杰斐逊取消了神庙周遭的方形壁柱。在大楼平面的中央，他设计了一个巨大的会议室来容纳议会活动。这一举措反映了他设计这座现代神庙的核心理念——在现代启蒙思想下，国家权力为人民所有。在象征意义和现实生活的双重层面，人民行使权力的议会都将处于政府大楼的中心。

为了保证设计的科学性，杰斐逊邀请建筑师好友克莱丽西索协助工作。克莱丽西索曾游历罗马多年，并绘制了大量古罗马建筑遗迹的图纸。他为杰斐逊的设计带来了更加周全和专业的标准。他除了为杰斐逊绘制了一系列细致准确的图纸外，还建议杰斐逊考虑可能形成的体验，将议会大楼门廊的纵深从 3 个柱距缩减为 2 个柱距，并把柱头从科林斯式（Corinthian Order）替换成斯卡莫兹式（Scamozzi Order）[23]。除了请克莱丽西索协助设计外，杰斐逊考虑到殖民地落后的匠作水平，担心工人们无法准确地按古典比例和细部来施工，因此还请克莱丽西索监督并委托建筑模型制作专家让 · 皮埃尔 · 富凯（Jean-Pierre Fouquet）制作了一个 1 ： 60 比例的建筑模型，来向弗州议会和施工方展示设计的成果与细节。

23 文森佐·斯卡莫兹(Vincenzo Scamozzi，1552—1616)是意大利文艺复兴的建筑大师之一，他师从于帕拉迪奥，在其专著《建筑理念综述》（*L'Idea della Architettura Universale*）中提出了和帕拉迪奥不同的爱奥尼柱式，后人称这种爱奥尼柱式的变体为斯卡莫兹式。

杰斐逊于1786年初完成了弗州议会大楼的平面、正立面和侧立面的设计（图2.13）。除了更大的规模以及为功能所做的变化外，基本保持了方形神庙的古典形式和比例。在提供给“公共建筑指导处”的设计图纸里，杰斐逊附上了文字说明:“我在此寄去议会大楼的设计，它简单而崇高。其他的不必多言，它不是那种人们会吹嘘的、从来没人见过的小聪明式的设计，而是仿照了世上存留的古典建筑中最珍贵和完美的、一栋已屹立近2000年并令所有游人震撼的作品。”“议会大楼由砖建成，长约41米，宽约21米，不包括基座约14米高。长度中有8.5米是全面阔的门廊。门廊正面有6根柱子，侧面2根，用爱奥尼柱式，柱子直径1.3米。建筑有环绕的檐口，在门廊上用三角山墙，山墙宽是高的4.5倍。”[24] 图纸从法国寄往美国2个月后，建筑模型制作完成。二者于年底分批到达弗州。

尽管杰斐逊为“公共建筑指导处”提供了精密的绘图和模型，但他和克莱丽西索都无法在现场监督施工，导致设计落实的过程充满变数。实际上，在杰斐逊请麦迪逊叫停“公共建筑指导处”的前期工作时，议会大楼的基座已经按塞缪尔·多比的设计完工了。这个基座和杰斐逊预想的不同，它足足有一

24　前一处引言来源于 JEFFERSON, Thomas. Letter to William Buchanan and James Hay, Paris January 26,1786 [Z]. // JEFFERSON Thomas. The Writings of Thomas Jefferson, 10. New York: GP Putnam's Sons, 1892-99: 845-848. 后一处引言来源于 WILLS, Chuck. Thomas Jefferson Architect:50.

· 图 2.13　1865 年的弗州议会大楼

层楼高，因而拉长了立面的整体比例。台基中容纳了办公场所，因此须在墙面开窗透亮，于是施工方取消了杰斐逊模仿方形神庙的大台阶。因为基座的体量过大，建筑的体量也须随之增大，因此影响了整个设计的古典构图。施工方还擅自添加了杰斐逊已经取消了的方形壁柱，并对另外一些门窗细部做了变动。但无论如何，杰斐逊“屹立在山上的神庙”的计划大体上实现了。当杰斐逊在 1789 年回到弗州的时候，大楼还未完工。对于设计的意外变动，杰斐逊表示“最重要是可在未来做出更正”[25]。1798 年，最后的灰泥石膏铺

25　Library of Virginia Exhibition. Beyond Jefferson: Changes to Virginia’s StateCapitol [EB/OL]. [2018-04-01]. http://www.lva.virginia.gov/exhibits/capitol/beyond/.

面完成，弗州议会大楼完全竣工。在之后的日子里，杰斐逊预期的“更正”却并没有按计划发生。在整个 19 世纪，弗州政府都忽视了议会大楼的基本维护，直到近 100 年后，州议会才通过了一项拨款，于 1904—1906 年对其进行维修。这次维修给大楼添加了正面的大台阶，并新增了建筑的两翼，来容纳新的政府机关。虽然这次维修呼应了杰斐逊“3 个建筑体量分别容纳立法、执法、司法部门”的想法，但大楼整体的样式，已经离他最初的设计越行越远了。

- 弗州议会大楼所反映的建筑的社会性 -

作为杰斐逊设计的第一个公共建筑，弗州议会大楼的建筑学价值在当时并未受到州政府的足够重视。但现如今，它已是学界公认的美国建筑史上里程碑式的作品，甚至有人认为它超越了蒙蒂塞洛庄园和弗吉尼亚大学，是杰斐逊一生中最重要的建筑作品。它是美国建国后第一栋由本土建筑师为新政府设计的大楼，也因此代表着初生的合众国的形象，有非凡之意义。杰斐逊在设计中为改朝换代后的州政府树立了崭新、雄浑、亲民的新面目（图 2.14）。他摒弃了当时的潮流，拒绝使用英国殖民者的乔治亚式，而力图忠实地重现

· 图 2.14　如今的弗州议会大楼
拍摄者 Doug Kerr，摄于 2012 年

古罗马神庙营造的样式，这是西方建筑史上第一次将古典神庙形式应用在公民建筑的案例。通过借鉴方形神庙的样式和活用帕拉迪奥的经典，杰斐逊为美国国父们的革命姿态找到了具体而鲜明的形象。

可以说，杰斐逊凭一己之力，拉开了美国建筑史中民族风格的新篇章。在这之后的几十年间，杰斐逊为合众国开辟的古典形象不但引领了一时的建筑风潮，它所树立的文化诉求也深入人心。在大楼建成后，很多人开始跟随杰斐逊，将新生的美国和古罗马共和国类比。人们按照古罗马的地名，将美国新的城镇命名为罗马、斯巴达、尤蒂卡。人们热衷的建筑样式逐渐从殖民式转变成古典复兴式。一大批政府建筑开始使用古罗马式的外观，典型的例子包括由杰斐逊友人查尔斯 · 布尔芬奇（Charles Bullfinch）在波士顿设计的多个

· 图 2.15　肯塔基州州议会大楼
拍摄者 RXUYDC，摄于 2002 年

市政建筑、肯塔基州州议会大楼（图 2.15）、田纳西州州议会大楼等。建筑史家理查德 · 盖伊 · 威尔逊对此总结说："议会大楼是独立战争后建造的第一座主要的公共建筑。和诸如费城的独立宫、威廉斯堡的议会大楼、纽波特的殖民地宫、波士顿的老的州立法大楼这些更早的例子相比，它有着鲜明的革命的气质……在克莱丽西索的帮助下，杰弗逊创立了一种新的公共建筑形式，它在未来的很多年里将成为我们国家的建筑形式，而且直到今天仍是代表了很多人眼中美国民族主义精神的建筑。"[26]

26　WILSON, Richard Guy. *Thomas Jefferson and the creation of the American architectural image* [M] : 122.

如果我们把眼光投向美国之外，会发现杰斐逊在弗州的创举，正呼应了欧洲诸多新成立国家中的民族主义艺术思潮，典型人物是德国艺术史家约翰·约阿辛·温克尔曼（Johann Joachim Winckelmann）。温克尔曼一方面将艺术品置于出生、成长、繁盛、衰落的风格演变之中，另一方面把它们和相应的地理、气候、民族性格等宏观因素联系起来，将其作为社会发展的有机部分。温氏的理论为西方近现代艺术史的写作奠定了基调。在18—19世纪，它被艺术家和建筑师用来解释艺术在现代民族国家发展中的作用。他们视自己为古典价值的继承者，通过古典复兴运动，扯起西方文明的大旗，为当时蓬勃扩张的欧洲国家做文化上的辩护者和代言人。今天，学者们已经对温克尔曼及其追随者的艺术理论进行了详细剖析，尤其批判了其中的欧洲中心主义（Eurocentrism）的倾向，但类似的思想仍深深烙印在艺术史和建筑史理论写作的骨子里。[27]

显然，杰斐逊的民族主义倾向是由当时美国独立运动所决定的，但在另一方面，也反映了杰斐逊对建筑社会性的认知。在弗州议会大楼的设计中，杰斐逊舍乔治亚风格而借用罗马神庙样式，凭借这样的艺术形象，他尝试将新生的美国塑造为西方文明的薪火传人，进而重释古希腊、古罗马的意识形态。从建筑学的角度，该如何评判杰斐逊建筑思想里这份浓浓的民族主义气息，

27 国内有的建筑史学者认为，这种思想对梁思成等中国建筑史大师也产生了一定影响。例子之一可见朱涛的《梁思成和他的时代》，以及中国建筑界由此展开的讨论。

学者们众说纷纭。但毫无疑问的是，杰斐逊深刻认识到了建筑设计所具有的社会功能和社会责任。建筑艺术和整个社会文化息息相关，它不但为人们遮风避雨，更有着促进交流、启蒙众智、熏陶人心的意义。正是因为建筑有这样的社会性，弗州议会大楼、华盛顿特区规划、弗吉尼亚大学校园等公共建筑的设计，才会对杰斐逊来说如此重要。建筑所发挥的社会功能，并不像宣传口号那么简单，也不像化学反应那么直观，而是如涓涓细流，通过视觉形象、空间体验、日常生活等多个方面，长年累月地对人们如切如磋，产生影响。公共建筑的设计，也更需仰仗设计者对历史的熟习、对民众的了解和对构思孜孜不倦的琢磨。可以说，在杰斐逊的建筑生涯中，一直铭记和实践着这些道理。

从建筑的社会性这个维度出发，我们可以透过杰斐逊的民族主义诉求，看到他建筑思想里穿越时空的深邃之处。从他对整个项目所具有的社会性、教育性、历史性的认知，到他为初生的美国社会树立的建筑形象，以及具体设计中一点一滴的取舍，过程值得后人细细品味。类似的滋味，想来在大楼完工17 年之后让 · 夏格伦（Jean Chalgrin）为拿破仑设计巴黎凯旋门时曾体会过，127 年之后徐敬直、梁思成讨论南京国立中央博物院时也体会过，乃至无论何时何地，但凡为国效力的建筑师，都将刻骨铭心地品味。对杰斐逊建筑的社会意义，建筑史家小威廉 · 皮尔森（William H Pierson Jr）总结说："杰斐逊在美国建筑史中的决定性作用，不差于他在民主政治里发挥的角色，二者是密不可分的……只有同时从文化象征和实际功能的双重角度来看杰斐逊建筑的社会和政治性，才能理解它的全部内涵。杰斐逊是美国领导人里首个不但从政治，更从文化的层面来思考美国独立的身份的。对于他来说，这独立身份在建筑中获得了最好的表达。”[28]

-“恰到好处”的白杨林庄园-

杰斐逊的建筑思想不但探讨了建筑所肩负的社会意义，还拥有另一分脱离了社会维度、讨论建筑自身价值的内涵。对于前者，建筑史家称呼其为“建筑宣传主义者”，对于后者，人们则称他为“建筑理想主义者”[29]。前者让他的建筑设计扎根在现实社会中，后者令其茁壮成长，枝叶直达理想世界的彼岸。像本章开始时介绍的那样，身处“文艺复兴”“现代启蒙”大潮中的杰斐逊，和帕拉迪奥等人一样，相信在自然界万事万物的和谐比例里，蕴藏着

28 PIERSON Jr, William H. *American Buildings andTheir Architects* [M]. New York: Garden City: 287.

29 “建筑宣传主义者”英文名称是 architectural propagandist，出自 WILSON, Richard Guy. Thomas Jefferson and the creation of the American architectural image: 4.“建筑理想主义者”英文名称是 architectural idealist，出自 PIERSON Jr William H. American Buildings andTheir Architects: 287.

一套终极的理性设计原则。这份包含在形式比例里的理性原则，曾被杰斐逊称作“第一原则”，是他在建筑生涯里所苦苦追求的理想典范。对于杰斐逊来说，建筑的自身意义，正是通过完美的数学关系来表达这一理性原则的。他的建筑知识、游历和实践，一直以探索完美的几何关系为中心。比如说，他曾称尼姆的方形神庙为完美的“立方体建筑”，并将其用在弗州议会大楼的设计里。在谋划弗吉尼亚大学大礼堂的时候，杰斐逊又借鉴了他称为完美的“球体建筑”的罗马万神庙[30]。而最能反应杰斐逊建筑设计里对理性原则追求的，是他在晚年完成的白杨林庄园。

从古罗马时期开始，西方的权贵阶层就流行在主宅之外修建位于乡间的庄园别墅，供主人和宾友们在此畅饮美酒、品评文章、感怀天地，杰斐逊对建造庄园别墅的传统也心向往之。传记作者杜马斯·梅隆（Dumas Malone）描述杰斐逊向往“像西塞罗（Cicero）、贺拉斯（Horace）、浦林尼（Pliny）的古代学者那样的生活”[31]。杰斐逊珍藏有 1728 年罗伯特·卡斯特尔（Robert Castell）所著的《古代庄园图释》（*The Villas of the Ancients Illustrated*），钻研过帕拉迪奥的庄园建筑设计，造访了包括奇斯威克庄园等一批实际案例，并孜孜不倦地为自己营造着古代学者所拥有的庄园环境。白杨林庄园

30 JEFFERSON, Thomas. An Account of the Capitol in Virginia, 1785 [M] // KIMBALL Fiske, KUKLA Jon, VICK Martha C, DRIGGS Sarah Shields 编 . TheCapitol of Virginia. Richmond: Library of Virginia, 2002: 7.

31 MALONE, Dumas. *Jefferson theVirginian* (Boston: Little, Brown, 1948), pp. 161-163,442. [M].

是他漫长探索里的最后一程，它被学者称为杰斐逊“建筑生涯里个人真谛的显现”[32]。

白杨林庄园所处的地界在弗吉尼亚州中西部的平原边上，向西可以遥望蓝岭山脉（Blue Ridge Mountains），原是一片郁郁葱葱的树林，骑马到蒙蒂塞洛庄园要2~3天时间，位置相当偏僻。1773年，杰斐逊从岳父那里继承了白杨林周遭面积约20平方千米的种植园。1806年，身为总统的杰斐逊苦于身边不断来往的人流和事务，开始计划在此建造一栋庄园别墅，以便日后可以偶尔独自隐居。他写道，这将会是“州内仅次于蒙蒂塞洛的宅邸，考虑到它更能迎合公民的个人喜好，甚至更为出色”[33]。然而，白杨林庄园的偏僻位置也为建筑师杰斐逊增添了很多不便。建造庄园的大部分时间里，这位工作一丝不苟的设计师都被迫身处异地，只得通过信件来远程指导建造活动，施工质量因此受到了影响。杰斐逊为庄园罗列的很多建筑材料都需要从纽约、费城、华盛顿采购，转道里士满送到蒙蒂塞洛，再运往白杨林。工匠也需要从外地聘请。

无论如何，白杨林庄园的建造仍在缓慢而坚定地进行着。到了1809年杰斐逊卸任总统一职之时，庄园已初具规模。1811年，杰斐逊在给友人的信中提道:

32 McDONALD Jr, Travis C. “Poplar Forest: Synthesis of a Lifetime”: 5-6.
33 JEFFERSON, Thomas. Jefferson to John Wayles Eppes, 18 September 1812. The Henry E. Huntington Library and Art Gallery, San Marino, California.[Z].

“我每年去白杨林 3~4 次，每次住两星期到 1 个月的时间……我有着隐士一般的独处时光，并因此而悠闲自得。”[34]1816 年，白杨林庄园完全竣工，杰斐逊却逐渐年老体弱，难以再奔波于白杨林庄园和蒙蒂塞洛庄园之间。他把庄园留给了孙女和孙女婿，后者在杰斐逊去世 2 年之后将其售出。之后白杨林庄园辗转他手，杰斐逊的原初设计逐渐消逝。1984 年，非营利性组织“杰斐逊白杨林宅邸保护机构”（Corporation for Jefferson's Poplar Forest）将这一产业买下，并通过专业考古和博物馆学运营来保护、研究、展示这一建筑遗产。到今天，白杨林宅邸已基本恢复了杰斐逊时期的原貌。

作为供杰斐逊短期居住的场所，白杨林庄园的布局融入了严谨的几何关系。今天，根据长期的档案和考古研究，学者们已经大致研究出了庄园几何布局的原貌。它由正八边形的场地和放射状的路网相叠而成，白杨林庄园的中心是一栋平面呈正八边形、直径约 46 米的别墅。以别墅为中点，以 457 米为直径，再向外取正八边形，即规划出庄园的核心场地，杰斐逊的后人曾称它为“游乐场”（playground）[35]。“游乐场”外沿，一圈道路环绕成圆形，环路以北，一条正南北向道路从别墅北门延展约 400 米，继而折向林奇堡（Lynchburg），是往来庄园的主路。环路以南，东西斜向 45° 另辟 2 条道路，呈放射状向外延伸（图 2.16）。“游乐场”外，其他房屋的选址也呼应了放射状的几何

34 JEFFERSON to Benjamin Rush, 17 August 1811, The Library of Congress. [Z].

35 杰斐逊的孙女婿一家曾在 1823—1828 年在白杨林庄园居住。他们在书信里曾称这片场地为“游乐场”。

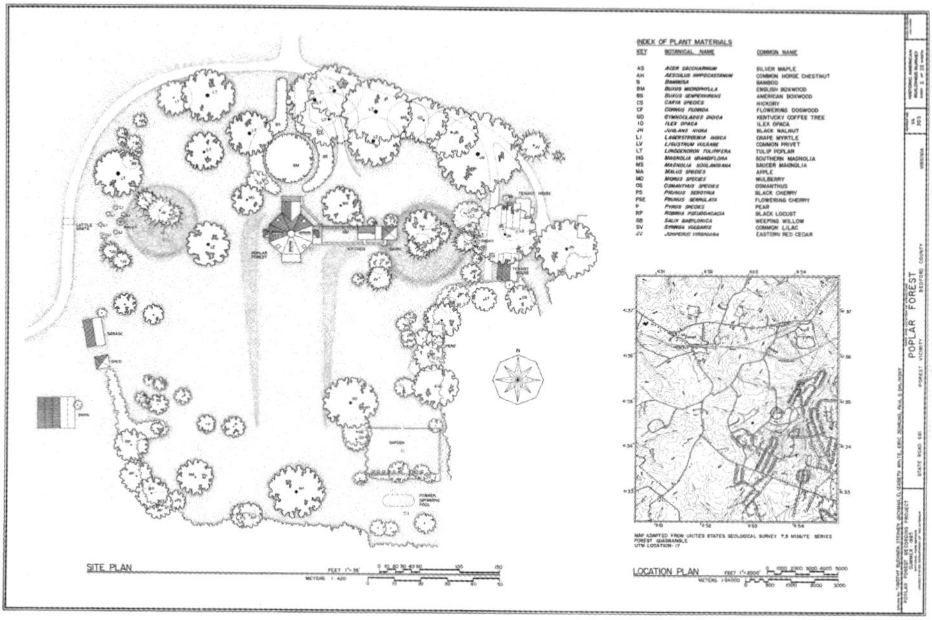

· 图 2.16　白杨林庄园总平面和“游乐场”一带的平面图
绘制者 Ruth DeBoer，Scott Morris, National Park Service，绘于 1985 年

构图。整个庄园形成了一个秩序明晰、关系和谐的轴线对称几何构图。

在“游乐场”内，建筑和景观也严格按照几何关系布置。别墅以北，南北主路在屋前回转，供马车折返。别墅以南，按照当时造园的潮流，开辟了一块方方正正的大草坪（bowling green），草坪两边栽着紫丁香花、蜀葵、蔷薇、腊梅，一年四季争奇斗艳。别墅东西面是对称的两个土丘，它们和别墅形成一排，丘上有柳树，供客人遮荫乘凉。除柳树外，高大的楮树像卫兵一样守护在土丘、草坪、环路四周，别墅的 4 个角落也种植有香白杨（图 2.17）。据学者推测，杰斐逊在“游乐场”里选择这些植物，是考虑了它们规整的树

· 图 2.17　白杨林别墅远景
拍摄者 Jack Boucher, National Park Service，拍摄于 1986 年

冠形状，楮树的树冠呈球形，柳树树冠呈半圆形，杨树树冠呈圆柱形。这样一来，通过景观、建筑、土方设计、植物栽培，几何关系不但统领了庄园的二维平面，而且也蔓延到了三维空间。

在“游乐场”中央的别墅，杰斐逊的“几何游戏”达到了巅峰，别墅设计的手法简约流畅。整栋建筑用砖结构分上下两层，上层容纳主要的使用空间。在正八边形的建筑中央，是一个长、宽、高均是 6 米的餐厅（图 2.18），这个完美的立方体空间是别墅乃至整个庄园的中心。餐厅顶面开有一道天窗，屋顶四周有一圈中国风栏杆，令这个藏在房子内部的正方体空间在屋外也可

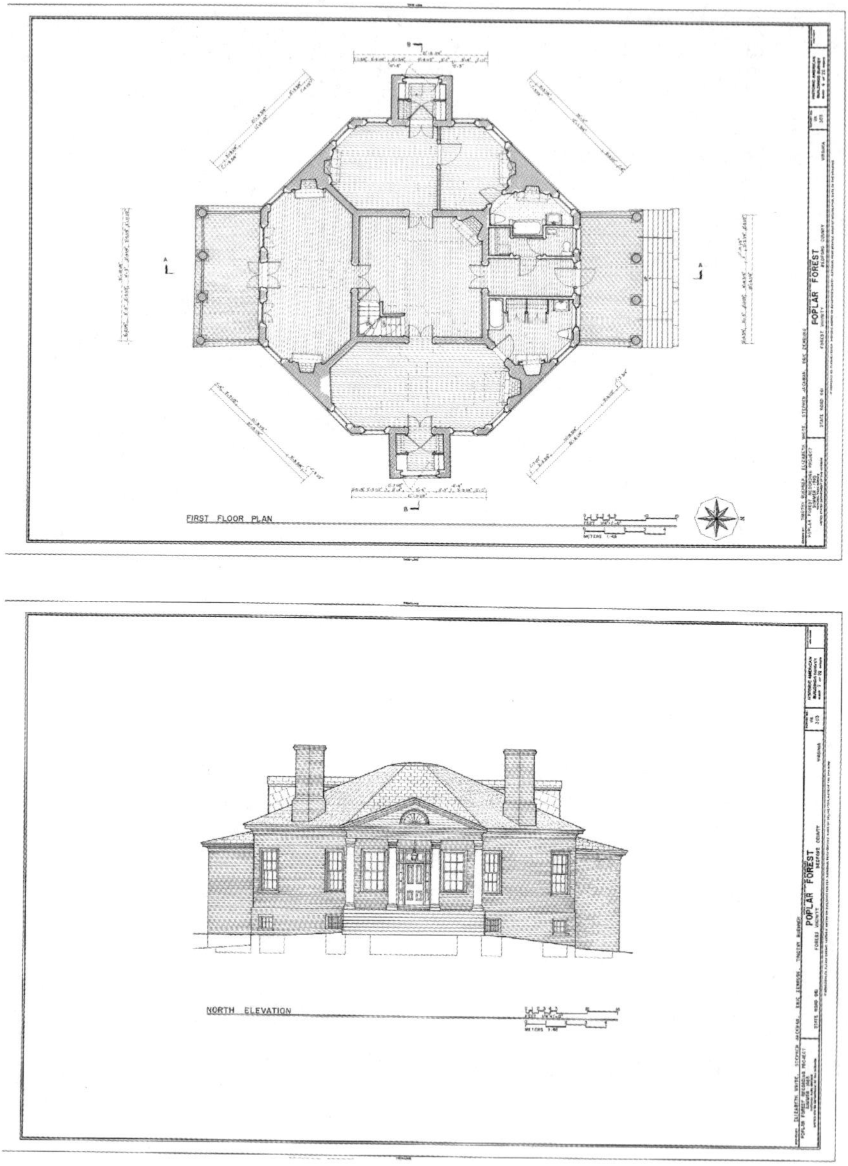

· 图 2.18　白杨林别墅二层平面图和立面图
绘制者 Ruth DeBoer，Scott Morris, National Park Service，绘于 1985 年

以一目了然。餐厅外面是4个形状相同的长八边形房间，分别作为卧室、储藏室、阅读与绘图室，它们和餐厅一起拼成别墅正八边形的平面。南北2个房间外设柱廊，北柱廊作为正入口。房间相接处设壁炉，屋顶烟囱耸立，营造活泼而庄重的视觉效果。因为“游乐场”是个缓坡，别墅南面呈两层，北面一层，都用了四柱三间的塔司干柱（Tuscan Order）和三角山墙（图2.19）。

· 图2.19　白杨林别墅入口立面
拍摄者 Jack Boucher, National Park Service，拍摄于1986年

建筑外观是典型的“杰斐逊式”，红砖墙面，白框门窗，门廊立柱用白沙色的石料，屋顶一圈白色栏杆，显得典雅而亲切。杰斐逊十分钟爱这处小巧而庄重的隐居地，他曾描述自己对退休生活的期望：“我一只脚已经踏进坟墓……我努力对抗衰老生命里的疲态，转而从阅读古典和钻研数学中获得快乐，从思考哲学里感到慰藉，它们让我无惧于忧虑和希望。”[36] 在精心设计之下，白杨林别墅为他提供了实现这一期望的完美处所。

- 白杨林庄园设计思想探源 -

白杨林别墅是杰斐逊将数学原理和现实生活相融的成熟作品，它的设计，展现了作为“文艺复兴者”的杰斐逊如何从现实世界里的经验，提取理想典范之理性原则。他娴熟地游走于抽象的几何关系和具象的日常生活中，这可以说是杰斐逊作为建筑师最显著的特点。拿白杨林庄园来说，从几何关系上来看，建筑的平面、立面设计延续着庄园的规整布局，遵循了严谨的几何图案，是和谐数学关系的忠实写照。用建筑史家韦恩 · 菲尔兹（Wayne Fields）的

36 JEFFERSON,, Thomas. Jefferson to William Short, 31 October 1819. [Z] 由国会图书馆收藏。

话来说，“从房子的形状来看，每一处都位于它应该在的位置，每个细节都恰到好处地遵守着数学逻辑而布置。窗户、烟囱、门廊、柱子全部都按八边形所规定的、必需的形式来呈现”[37]。从现实生活出发，杰斐逊又根据自己的居住需求对房子做了很多周到的计划。对称的建筑平面原本会对日常生活造成不便，却适用于白杨林这样一处偶尔使用的隐居场所。杰斐逊为自己的隐居地借用了他在法国享有的天窗照明，令埋在建筑中央的餐厅沐浴在饱满而神圣的天光之中。他仔细考察各个房间的朝向，规划窗口所能见到的景观，并留下了“白杨林庄园可以逐次看到的山脉之列表”（Mountains in the order in which they are seen from Poplar Forest）等文件。他借用蒙蒂塞洛庄园的设计经验，把服务层设置在居住层的楼下，将其隐蔽在视线之外。

和美国南部其他庄园相似，白杨林庄园是个活跃的种植园，承担了杰斐逊将近一半的经济来源。在“游乐场”四周的田野里，常年种植着烟草、麦子、玉米和饲料作物，还分布着牛奶场、猪圈、纺纱作坊。但是，白杨林庄园放射状的布局迥异于美洲殖民地一般种植园的平面，而和大洋彼岸、帕拉迪奥在意大利设计的庄园类似。实际上，大部分白杨林庄园的设计都取自帕拉迪奥式庄园别墅的意匠。杰斐逊的思想脉络源于古希腊和古罗马，经15—16世纪文艺复兴洗练，到18世纪古典复兴而止。在这条脉络中，帕拉迪奥处于承上启下的位置。

---

37 FIELDS, Wayne. Jefferson’s Second Home [J]. American Heritage Magazine, April 1993, Vol. 4: 2.http://www.americanheritage.com/articles/magazine/ah/1993/2/1993_2_104.shtml.

帕拉迪奥被认为是西方有史以来最重要的建筑师之一，最出名的作品包括一系列庄园别墅设计，如巴巴罗别墅（Villa Barbaro）、佛斯卡利别墅（Villa Foscari）、巴多尔别墅（Villa Badoer）等。这些作品多是为经营大片土地的商绅阶层设计，既要实用，又需满足崛起的资产阶级绅士们对文化品位的苛求。在设计中，帕拉迪奥采取的策略一反常规，他把分散的庄园屋舍集中到一个建筑里，并将一个宏伟体量布置在建筑的中心，作为庄园的制高点。这个宏伟体量往往屹立在大台基上，周边对称伸出低矮的辅助用房，立面运用罗马神庙的布局和装饰，形成一个统一、和谐、古雅、庄重的整体形象。帕拉迪奥演绎古典样式的手法被后人总结成一套有章可循的风格，并冠名为帕拉迪奥式。到17—18世纪，英国、爱尔兰、英属北美殖民地出现了许多帕拉迪奥式的乡间别墅，除之前提到的奇斯威克宫外，还包括约翰·万布鲁（John Vanbrugh）的布莱尼姆宫（Blenheim Palace）、罗伯特·沃波尔（Robert Walpole）的霍顿宫（Houghton Hall）、威廉·布兰克（William Buckland）的哈蒙德哈伍德住宅（Hammond-Harwood House）等作品。

很多学者将杰斐逊的白杨林别墅同帕拉迪奥的卡普拉别墅(Villa Capra)对比。卡普拉别墅又称圆厅别墅（La Rotunda），位于维琴察（Vicenza）的城郊，始建于1552年，是帕拉迪奥晚期的作品（图2.20、图2.21）。整栋建筑对称布局，平面是以圆厅为核心的正方形构图，四面伸出柱廊，柱廊外沿的中心和正方形构图的四角正好形成一个正八边形。别墅坐落于大台基上，柱廊用爱奥尼式，柱廊的山墙上立有人像。无论是平面抑或立面，这栋建筑都有

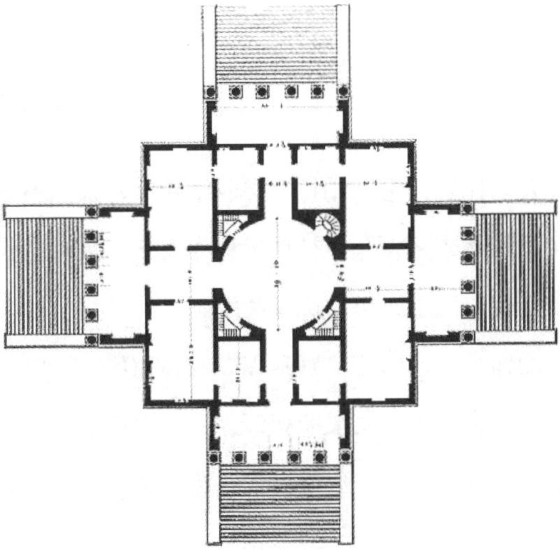

· 图 2.20　卡普拉别墅平面图

· 图 2.21　卡普拉别墅正面
拍摄者 Nicomilano，摄于 2014 年

着和谐而完美的几何比例，它被帕拉迪奥收录在《建筑四书》里，是他阐明建筑设计里数学关系的代表案例，也被后世称为文艺复兴时期人文主义建筑的高峰。杰斐逊熟习《建筑四书》里的文字和图画，也曾拜访过奇斯威克宫等一批模仿卡普拉别墅的作品。拿卡普拉别墅和白杨林相比，可以看出二者无论在平面布局还是立面构图上，都有明显的相似。后者继承了前者设计中圆满的几何形式和数学关系，二者都是西方启蒙时代理性主义建筑传统中的明珠。

除了从帕拉迪奥的原典汲取养分，杰斐逊还在白杨林庄园的设计里，大量地运用了他钻研同时代欧陆新兴建筑运动的成果。许多学者已经指出，白杨林别墅中有着17—18世纪英国、法国、普鲁士等地新古典主义建筑（Neoclassical architecture）风格的影子。无论是杰斐逊经常阅读的《精选建筑》等藏书，还是他结交的克劳德·尼古拉·勒杜、查尔斯·路易斯·克莱丽西索等建筑师好友，抑或是他实地参观的荣勋宫、奇斯威克宫、丽兹沙漠园林等作品，都处于继帕拉迪奥之后再度重释古典传统的脉络里，它们反映了当时建筑学者解读古希腊、古罗马传统的新动向。在它们的影响下，杰斐逊的设计除了发掘帕拉迪奥传统之外，更浸润在一种将传统阐释、重塑、再造的风格运动中。譬如说，白杨林别墅在运用传统对称平面的同时，也采用了更加纯粹的几何体量和细部装饰、未经修饰的建筑外立面等手法。这和当时方兴未艾的新古典主义建筑风格同气枝连。

杰斐逊作品里呈现出来的18世纪新古典主义建筑的风骨，既有他借鉴当时欧洲范例的原因，也有他自己对古典、对建筑、对设计活动的理念和独自摸索的成果。因为他在建筑界里的独特位置，其作品里的知识体系与思想渊源很难清楚辨析，但他的建筑历程也展现了建筑风格是如何跨越时空、跨越文化、跨越行业而兴起的，在很大程度上具有代表性。这一曲折和包容的非典型性进程，过去常常被学者们打上“不专业”的标签，但它其实是我们生活中的普遍现象，甚至比“专业”的知识更能解释建筑长久不衰的魅力。

面对杰斐逊繁杂的建筑知识，学者们投入了很多精力去探索他作品里的思想渊源。拿白杨林庄园来说，学者们最感兴趣的，是它的八边形平面和园林景观设计。杰斐逊终生保持着对八边形的执迷，他的一个友人甚至抱怨说，如果向杰斐逊咨询造房子的问题，“像预期的那样，他会给你八边形（的设计）”[38]。早在 1770 年，在威廉斯堡的时候，杰斐逊就从英国的建筑图书里摘出了八边形的元素，尝试将它和其他形式融合。在 1804 年，他绘制了有着八边形主厅的“贝德福德（Bedford）的平面图”，据说这是白杨林别墅最早期的设计稿[39]。别墅最终的平面则是多个案例融汇的成果。譬如，先后有学者提议别墅的平面布局可能来源于杰斐逊所藏的《精选建筑》第 30 幅图片、《英尼戈 · 琼斯的建筑》（Designs of Inigo Jones）第 17 幅图片、

38 COLES, Isaac A., Isaac A. Cole to John Hartwell Cocke, 23 February 1816, Cocke Family Papers,The Alderman Library ofthe University ofVirginia. [Z].

39 JEFFERSIN, “Plan for Bedford,”1804. Massachusetts Historical Society. 如果扩展一下视野，考虑杰斐逊以八边形或圆形中厅为主题的设计，则有更多例子。杰斐逊曾在他为里士满的州长宅邸、华盛顿的总统宅邸设计的建筑草图里，都使用了八边形或圆形中厅。

《新园林和景观建筑》（Neue Garten-und Landschafts-Geba ü de）第 20b 幅图片所记录的建筑作品。其中，最后一幅图片所展现的普鲁士莱茵斯贝格（Rheinsberg）一座神庙的平面，是学者目前找到的和白杨林别墅“血缘关系”最接近的例子。这个神庙平面尺寸约为“13 米 ×15 米”，几近于正八边形，中央有一个长宽为 6 米的正方形中厅，中厅被 4 个扁长的房间环绕，入口门厅被走廊一分为二（图 2.22）。无论平面布局或尺寸，白杨林别墅都和这座神庙非常相似。除相似之处，杰斐逊为自己的别墅设计了独特的采光设施、功能系统、立面布局，并通过在墙壁间设置背靠背的壁炉，实现了更为纯粹的几何形式。就像学者总结的那样：“白杨林别墅的平面设计并不是对任何一个建筑的模仿，而是根据形势对它们所作的优化，是对它们包含的普遍原理做出的睿智表达。”[40]

除了八边形的别墅平面，白杨林庄园的园林设计也展现了杰斐逊建筑思想的复杂和统一，这在他对于英法两国园林传统“拿来主义”式的运用中十分明显。他在出使欧陆期间，曾游览并详细品鉴了很多英国和法国的园林。对于以皇家庭院为代表的法式园林，杰斐逊觉得它们规整过度而近于死板、控制力过强而几近皇权的代言。用他在游记里的话说，法国的园林“过时了”[41]。与之相反，杰斐逊一直对英国园林比较认可，喜欢它们自然而不拘束的风格。

40 BROWN, C. Allan. “Thomas Jefferson's Poplar Forest: The mathematics of an ideal villa” :120.

41 *The Papersof Thomas Jifferson*, Vol. 9 (Princeton:Princeton University Press, 1954), p. 369. [M].

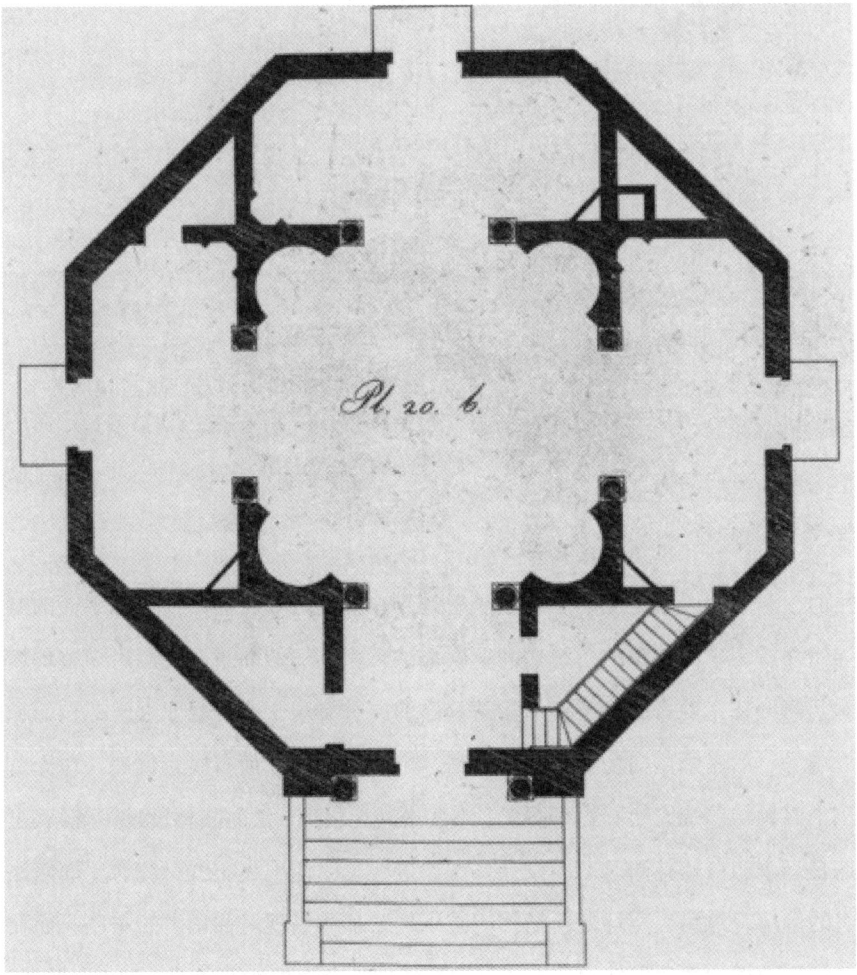

· 图 2.22 《新园林和景观建筑》第 20b 幅图片，神庙平面图
杰斐逊于 1805 年购得此书

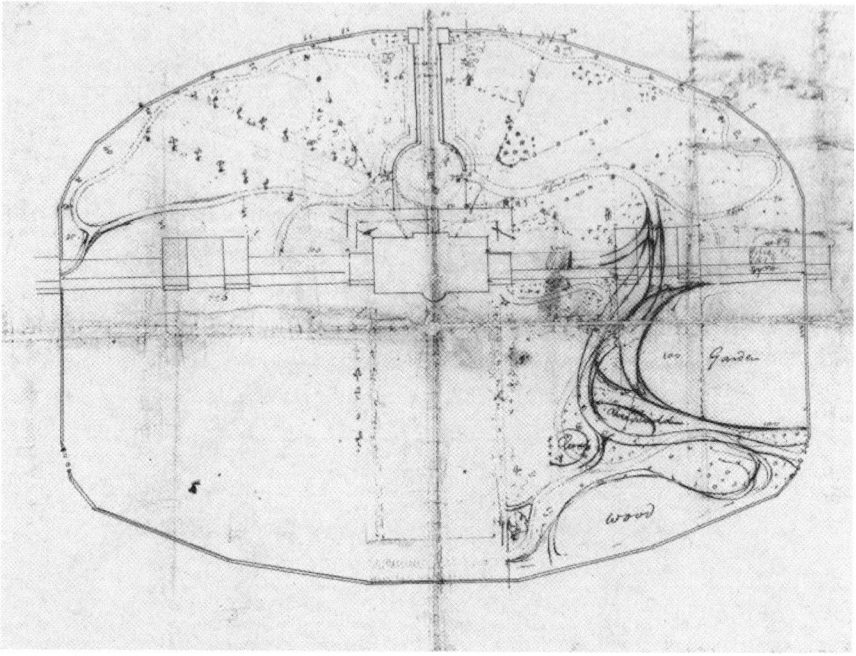

· 图 2.23　华盛顿总统府总平面图，1802—1807 年间
据 Allan Brown 考证，这幅图很可能是拉特罗布和 Nicholas King 在杰弗逊监制下绘制的

然而，和如此爱憎鲜明的态度相矛盾的是，杰斐逊在自己设计园林平面的时候始终游走于英、法的传统之间，既采纳自由绚丽的曲线，又运用规整均衡的几何形式。前者的例子包括蒙蒂塞洛的园林景观、弗吉尼亚大学花园的蛇形墙垛，后者则以白杨林庄园尤其是“游乐场”的几何布局为代表。在为首都华盛顿的总统府绘制的草图里，杰斐逊甚至将英、法的园林设计传统结合。这是一个与白杨林同时期的设计，杰弗逊在总平面中央布置总统府，前后左右的偏房、道路、草坪像白杨林“游乐场”那样呈现对称均衡的布局。而在总统府四周的大片场地上，杰斐逊绘制了曲折盘绕的小路（图 2.23）。显然，对于杰斐逊来说，无论是英国的自然化园林，还是法国的规整几何式园林，都是值得借鉴学习和用以表现设计意图的宝藏。

- 作为古典主义者的建筑师杰斐逊 -

对于杰斐逊来说，无论是古希腊、古罗马的建筑遗产，还是帕拉迪奥的庄园别墅，抑或英、法两国的园林，都是前人留下的传统建筑，其中包含着跨越时代的原则，它们和每一个后代建筑师都流淌在同一条历史的河流里，向着同一个归宿奔腾。从弗州议会大楼和白杨林庄园两个例子可以看出，挖掘以往的传统，再造光辉的时代，进而探索亘古不变的真理，是贯穿杰斐逊建筑生涯的主线。作为“美国在革命一代里最博学和专精的古典主义者”，杰斐逊身上似乎有“传统”和“革命”两个不可调和的标签[42]。但他身为古典主义者，却视二者为硬币的正反面一般。走入杰斐逊的作品，犹如漫步在一个清雅而梦幻的乡愁里，你既会辨认出历史古迹的伟岸身影，又会在每时每刻感受到设计的体贴和创新，似乎杰斐逊就站在身边，同你一起感受弗吉尼亚的空气，品味眼前白柱、红砖编织的乐曲，追想百千年前的历史，辨思万代而不绝的大道。作为致力于文艺复兴的古典主义者，杰斐逊的建筑作品有着这样继往开来的力量。

由此，“文艺复兴者”杰斐逊不但学习了帕拉迪奥乃至西方古典建筑师的设计，更传承了他们的精神理念。建筑学者科林 · 罗（Colin Rowe）曾评论帕拉迪奥的庄园别墅：“这并不是对古代房子的重建，而是完成了某些重要的事情——一种活跃的乡愁，它有着神奇的力量，把古罗马和完美典范等同起

42 REINHOLD, Meyer, 'The Classical World', in PETERSON, Merrill D. 编 , *ThomasJefferson: A Reference Biography* (New York: Charles Scribner's Sons, 1986), p. 155. [A].

来。”[43] 而对于杰斐逊，建筑史家弗斯克 · 金波总结道：“他（杰斐逊）习惯于看到眼前事物背后的东西，并从一个理想的自然法则得出行动的准绳。这自然法则可以来自最早的历史范例，包括盎格鲁 - 撒克逊、古希腊和古罗马的历史范例。凭借这个品质，他能够超越他所处地区的局限来进行建筑研究……”[44] 对于杰斐逊、帕拉迪奥和其他古典主义建筑师而言，传统是他们理想主义的完美法则的栖身之所，现实是他们书写这一原则的缤纷画布，而历史则是无数人身处其中、向理想彼岸奋进的长河。

这份将理想主义和现实主义在实践中相结合的方法论，正是杰斐逊建筑思想的核心，也是他的建筑兼具社会性和自主性的原因。对“启蒙理性”理想主义式的追求，令他的建筑思想比肩于当时欧陆的先锋建筑思潮；面向美国具体情景的现实主义情怀，又让他的设计紧密结合实际，牢牢抓住美国社会发展的脉搏。杰斐逊如普罗米修斯一般游走于理想法则和现实境况之间，穿梭在建筑的社会功能和艺术价值之间。他虽醉心于完美而抽象的理性法则，却也投身于日复一日“搬上搬下”的肌体劳作中，几十年未曾中断。他虽然在设计中借鉴了诸多建筑案例，却从来没有照搬、照抄现有的样式，而是时时根据具体需要审慎地分析，这令他拥有了一个杰出的建筑设计师应该具备的品质。

43 ROWE, Colin, *The Mathematics ofthe Ideal Villa, and Other Essays* (Cambridge, Mass.: MIT Press, 1976), p. 15. [M].

44 KIMBALL, Fiske. Jefferson’s Development as an Architect. [EB/OL]. University of Virginia. [2018-04-01]. http://www2.iath.virginia.edu/wilson/TJA/tja.home.html.

今天在美国提起杰斐逊，已经有越来越多的人能够指出他的建筑师身份了。然而，或许因为他“非专业”的标签，仍有一些对他建筑生涯的误解流传着。误解的根源，大概是只把杰斐逊当成沉迷于建筑形式的发烧友，却看不到他连贯、系统、深邃的建筑思想；只看到了他视觉形式操作的成果，而忽视了他完整的古典主义设计的方法论。杰斐逊建筑的形式一直蕴含着深刻的思想理念，所采用的材料、布局、装修都有对地方气候、水土、人文环境的仔细考量，这些并不是视觉上直观的样式所能概括的。另一个值得一提的误解，是“杰斐逊推崇民主，却在设计中屡屡选择象征强权的古罗马帝国的建筑形式”。实际上，古希腊当时是奥斯曼帝国领土，学者们无法获得古希腊建筑的准确知识，因此只能转而借鉴传承古希腊衣钵的罗马建筑。当杰斐逊有机会接触古希腊建筑图纸的时候，他已经垂垂老矣，难以再改变自己建筑学的知识体系了。

今天，经过了20世纪现代主义的狂飙猛进和后现代主义对精英话语的解构之后，杰斐逊等古典主义者的设计思想似乎显得不够“现代”，而被一些人丢进了故纸堆。但其实，在西方学界，古典主义者们确立的议题、方法、审美，一直以来都是建筑学的坚实基础，源源不断地给后代学者提供着参考[45]。尤其在近几十年来，随着全球资源枯竭、环境恶化、发展失衡、文化冲突等问

45　20世纪下半叶，著名的意大利建筑学者阿尔多·罗西（Aldo Rossi）等人曾重新挖掘古典主义建筑传统。罗西在他最著名的著作《城市建筑学》的美国版本里赞扬了杰斐逊的建筑作品。

题日益严重，学者们开始深刻反思“现代性”[46]的概念，杰斐逊等人的方法论也显出了新的研究价值。杰斐逊的建筑作品始于民族国家的济世情怀，终于“自由、民主、理性”的普世思想，是建筑社会性和自主性的交织。他的建筑思想更展现了一种在现实主义和理想主义之间不断辗转、上下求索的哲学，这种哲学既平常却又非凡，既普通却又深刻。用杰斐逊解释《美国独立宣言》的话来讲：“我的目的不是去找到以前从来没被想过的论点或道理，也不仅仅是说一些从来没被说过的话。我的目的是为人们展现事物的常识，让这些常识征得人们的同理心，来展现我们不得不追求的独立地位的合理性。”[47]正是对这份同理心的洞察和期盼，让杰斐逊的建筑作品和思想有着穿透时间的力量。对于仍在探索现代性意义的中国，对于为国家复兴而实践的中国建筑师来说，了解杰斐逊建筑的意义，也正在于此。

---

46 近几十年反思“现代性”的一个标志性西方著作可见：LATOUR, Bruno. *We have never been modern*. Harvard university press, 2012. [M].

47 JEFFERSON Thomas. Thomas Jefferson: Writings: Autobiography/Notes on the State of Virginia/Public and Private Papers/Addresses. PETERSON Merrill D. New York: Library of America. 1984: 77.

第三章

蒙蒂塞洛：杰斐逊的乐园

蒙蒂塞洛庄园是杰斐逊建筑实践的起点，它不仅是杰斐逊的自宅，还是一个包含了住宅、花园、果园、农场以及多种作坊的庄园。杰斐逊为蒙蒂塞洛庄园付出了大量心血，不仅亲自设计居住空间、景观、道路，而且设计了室内的家具、钟表等，还亲自研究果园中的果树种植。蒙蒂塞洛的自宅建筑也几乎是贯穿杰斐逊一生的作品。

蒙蒂塞洛庄园作为杰斐逊的居所，陪伴着杰斐逊经历了他人生的每个重要节点。他从蒙蒂塞洛去威廉斯堡，开启了他的政治生涯；从蒙蒂塞洛去费城起草了独立宣言，从蒙蒂塞洛去里士满就任弗吉尼亚的州长，从蒙蒂塞洛去法国就任外交使节，也是从蒙蒂塞洛去首都华盛顿就任美国总统，卸任后他又回到这里。由于长期忙于政务，杰斐逊在蒙蒂塞洛生活的时间其实是非常有限的。也许正是因为长期处于这种高强度的政治生活，杰斐逊一直非常向往平静的乡村生活，即使在任职的日子里，也在一直思考如何改进自宅的建筑和景观，并最终将他的这些想法在蒙蒂塞洛中实现。

蒙蒂塞洛庄园的建设通常被分为两个阶段——蒙蒂塞洛庄园Ⅰ和蒙蒂塞洛庄园Ⅱ，虽然这两个阶段没有确切的起止时间，但杰斐逊的欧洲之行是这两个阶段的分水岭。欧洲的见闻使他对建筑设计有了新的理解，回到美国后就对蒙蒂塞洛庄园进行了重新设计。蒙蒂塞洛庄园阶段Ⅰ到阶段Ⅱ的变化，是杰斐逊建筑设计技能和思想走向成熟的最好见证。

· 图 3.1　蒙蒂塞洛庄园鸟瞰

关于蒙蒂塞洛这个名字的来源，杰斐逊本人并没有明确解释。早在 1767 年，住宅还没开始建造之前，杰斐逊就已经使用这个名字来称呼这片土地了，并开始在那里嫁接樱桃树[1]。“蒙蒂塞洛”这个词很可能来源于意大利语，意思是山丘。杰斐逊的自宅就建在山顶，被群山和树林环抱（图 3.1）。

将住宅建在山顶，不论是 18 世纪的欧洲还是美国都是非常罕见的。当时，

1　JEFFERSON, Thomas, and Edwin Morris Betts. *Thomas Jefferson's Garden Book, 1766-1824: With Relevant Extracts from His Other Writings* [M/OL]. 1944. Rep. 1999. http://www.masshist.org/thomasjeffersonpapers/garden/index.html. // BOWMAN R. Origin of the Name "Monticello"[EB/OL]. (1996-05) [2018-04-06]. https://www.monticello.org/site/research-and-collections/origin-name-monticello#footnote1_dg83ri7.

弗吉尼亚的农场主们为了便于粮食和其他商品运输，以及生活所需的水资源，通常都将住宅建在大河沿岸。杰斐逊选择将自宅建在山顶并未考虑太多现实因素，可以说是个理想化的决定。杰斐逊的自宅所在的山顶海拔约 265 米，从山脚到山顶要经过蜿蜒陡峭的山道，尤其在天气不好的时候，道路泥泞湿滑，食物和建筑材料的运送，甚至是人骑马或乘马车到山顶都是件不太容易的事情。另外，山顶的供水一直是个难题。在蒙蒂塞洛庄园的建设初期，杰斐逊就请人挖了一口新井，但气候干燥时，这口井却无法满足用水需求，只能命人去山脚的溪水里取水。19 世纪重建住宅时，杰斐逊在蒙蒂塞洛庄园的周围安置了 4 个边长约 2.4 米的立方体蓄水箱，并建立了一整套雨水收集系统，将屋顶和天台的雨水引入蓄水箱，这才真正解决了蒙蒂塞洛庄园的用水问题。

将自宅建在山顶似乎并不是一个明智的决定，杰斐逊为什么仍然坚持呢？据杰斐逊的女儿回忆，她的父亲曾经说过，当他还是个孩子的时候就发现了这个山顶，认为这个地方是个很好的隐居场所，所以成年之后也就决定在这里建造家庭住宅。一些学者认为，杰斐逊也可能是受帕拉迪奥的启发。杰斐逊读过帕拉迪奥的《建筑四书》中建议乡村别墅建在“抬高的、宜人的场所”。比如，帕拉迪奥设计的圆厅别墅所在的场地就是一个稍有起伏的坡地，住宅就建在地势稍高的位置上，建筑的首层也被抬高。但杰斐逊的选址思路与帕拉迪奥不尽相同，杰斐逊将自宅建在西南山脉第一个山峰的山顶上，一面可以俯瞰城市，一面可以看到层层叠叠的山景。

- 蒙蒂塞洛庄园 I -

1768 年，杰斐逊开始平整山顶的土地，为建房做准备。蒙蒂塞洛庄园建造的第一个建筑并非现在最引人注目的主楼，而是 L 形附楼与主楼相连的西南角的南馆（图 3.2）。它从 1769 年秋天开始建造，是这位年仅 26 岁的建筑师建成的第一个建筑，这是杰斐逊第一次将设计从平面图纸转化为三维的实际建筑。南馆是一栋面积狭小的两层建筑，平面尺寸约为 5.5 米 × 5.5 米，一层是厨房，二层用来用餐、娱乐、工作和休息。1772 年初，杰斐逊结婚后，他的妻子玛莎也跟随他搬进这里。在前工业时代，由于大部分工作都是手工完成，建筑建造的进度都非常缓慢，当时的人们也习惯于住在未完成的建筑中。杰斐逊与妻子就是在这栋建筑里，见证了蒙蒂塞洛住宅主楼的一步步建设。虽然当时的蒙蒂塞洛住宅主楼的房间结构已基本完成，但是内部装饰还没有开始，门廊也没有完成，附楼也还没有开始建造。1782 年，妻子去世后，杰斐逊长时间沉寂在悲痛之中，主楼也被封了起来，蒙蒂塞洛庄园 I 的建设也就此停止了。可以说蒙蒂塞洛庄园 I 是个没有真正完成的建筑，我们只能从留存下来的几张图纸中，挖掘蒙蒂塞洛庄园 I 的设计。

· 图 3.2　南馆

蒙蒂塞洛的住宅包括1个两层的中央主楼和南北两侧一层的L形侧翼。主楼的首层包括了门厅、客厅、餐厅，南北两端各有1个一层的半八边形房间，南端是卧室，北端是茶厅（图3.3）。建筑的前后立面各有1个两层的门廊，这种模式可能参考了帕拉迪奥《建筑四书》里的科尔纳罗别墅（VillaCornaro）（图3.4）。在主楼的立面图纸里，门廊使用了两种柱式，下层的柱子使用多立克柱式，上层的柱子使用爱奥尼柱式。这些柱式的设计都严格遵循了帕拉迪奥的图版。

从主楼伸展出来的2个L形侧翼是辅助空间，各向西连接到了1个正方形平面的两层建筑。L形侧翼的转角处，各有1个八边形的突出建筑。这种布置方式和当时英国帕拉迪奥复兴风格的大型住宅相似，住宅建在整个庄园的中心，主楼的两侧是长条形的辅助空间，它们的尽头连接一个突出的建筑，整体的立面呈三段式或五段式。杰斐逊结合庄园的使用情况，进一步规划了辅助空间的功能。厨房、食物储藏室以及酿酒、熏肉、制作奶制品的房间都在南边，马厩、储藏室、停放马车的房间都在北侧，这样设计可能是考虑了日照方向。与帕拉迪奥的设计不同的是，杰斐逊将这些较矮的辅助房屋设计为平屋顶，成为连接主楼、转角的八边形楼和西端2个方形建筑的露台，不仅可以在这个露台上毫无阻碍地欣赏内部的花园和外部的美景，同时服务空间被隐藏在露台之下。遗憾的是，2个L形侧翼并未在蒙蒂塞洛庄园I中实现。

设计蒙蒂塞洛庄园I的时候，杰斐逊所有的建筑知识几乎都来源于建筑书

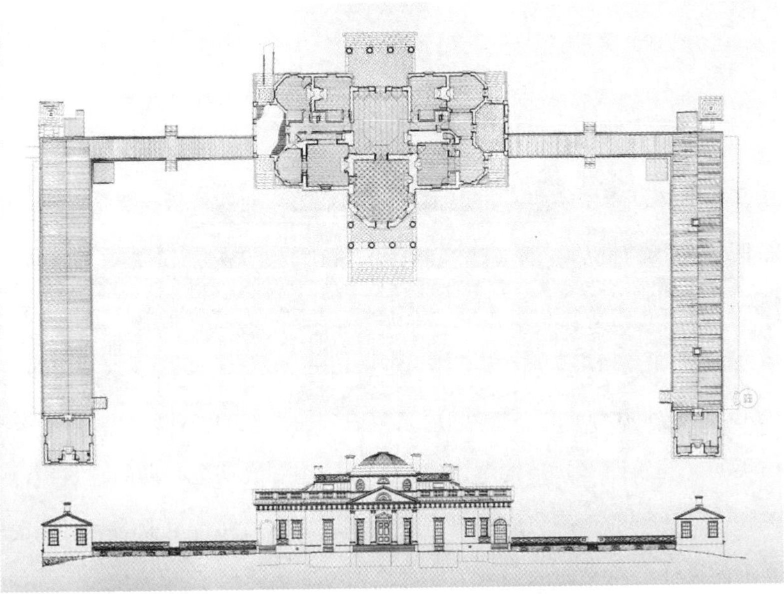

· 图 3.3　蒙蒂塞洛首层平面和立面图（藏于美国国会图书馆）

· 图 3.4　科尔纳罗别墅
拍摄者 Hans A. Rosbach

籍。杰斐逊对建筑的研究可以追溯到 1767 年。他的主要参考书有詹姆斯·吉布斯（James Gibbs）的《建筑制图的规则》（*Rules for Drawing the Several Parts of Architecture*）和《建筑之书》（*Book of Architecture*），罗伯特·莫里斯（Robert Morris）的《建筑精选》（*Select Architecture*），以及由加科莫·莱奥尼（Giacomo Leoni）翻译的英文版的帕拉迪奥的《建筑四书》，其中帕拉迪奥的《建筑四书》被他奉为建筑圣经。杰斐逊这个时期的建筑设计，非常关注古典比例的正确应用，将古典建筑语汇融入弗吉尼亚的乡村住宅中。从立面的设计、总平面的规划都能看出帕拉迪奥的影子。

- 巴黎之行 -

读万卷书，行万里路，仅通过书中的建筑图纸来学习建筑是远远不够的。在设计蒙蒂塞洛庄园 I 时，虽然杰斐逊也曾经离开弗吉尼亚州到费城和纽约旅行，但足迹主要局限于现在的弗吉尼亚州内——他的出生地沙德维尔，以及他上学和工作过的城市威廉斯堡。1782 年，妻子的去世给他的个人生活和职业生涯造成了巨大影响，不久他就接受任命去了法国。1784—1789 年，杰斐逊在巴黎任外交使节的五年间，他成为了壮游（Grand Tour）大潮中的一员，在欧洲到处游历，大大拓宽了他的建筑视野。他不论走到哪里，都不放过任何参观、学习建筑设计和建造的机会。他与约翰·亚当斯（John Adams）在英国一起参观了许多18世纪的贵族府邸，包括温莎城堡（Windsor Castle）、布莱尼姆宫（Blenheim palace）、奇西克（Chiswick）和斯托（Stowe）等建筑与花园；在法国南部和意大利北部参观了许多城镇和景点，其中方形神殿（Maison Carrée）启发了他对弗吉尼亚州议会大厦（Virginia State Capitol）的设计；在阿姆斯特丹与荷兰政府交涉期间，去了德国和荷兰旅行，当然，给他留下深刻印象的仍然是巴黎的建筑。他很喜欢法国惬意时髦的生活，巴黎的建筑在杰斐逊看来摆脱了很多古典形式的束缚，既新潮又优雅。当时的法国建筑，引起杰斐逊特别注意的是克劳德·尼古拉斯·勒杜（Claude-Nicolas Ledoux）、让·查尔格林（Jean-François-Thérèse Chalgrin）、皮埃尔·卢梭（Pierre Rousseau）的新作品。例如，皮埃尔·卢梭设计的私人住宅萨利姆宅邸（Hôtel de Salm），现在的荣勋宫（Palace of the Legion of Honor）就深受杰斐逊喜爱。蒙蒂塞洛庄园Ⅱ的穹顶和强烈的水平单层屋顶轮廓线都深深受萨利姆宅邸影响。杰斐逊在巴黎时主要住在让·查尔格林设计的朗雅克宅邸（Hôtel de Langeac）中。他离开巴黎时，打包了86个大木箱，把他购买的家具、镜子、布料和其他一些物品运回美国。

- 蒙蒂塞洛庄园Ⅱ -

1789 年，刚回到美国的杰斐逊被乔治 · 华盛顿总统任命为国务卿，并在当时的首都费城任职。直到 1793 年，他才有充足的时间开始蒙蒂塞洛庄园Ⅱ的设计，并且将准备的建筑材料运到蒙蒂塞洛，包括扩大地基所需要的石灰石和新增房间需要的砖和窗框。1794 年，他辞去国务卿一职，回到蒙蒂塞洛。在停工约 12 年后，蒙蒂塞洛庄园的修建终于重新开启。由于工程多年停滞，蒙蒂塞洛庄园当时的情况也是非常糟糕，已经出现了多处损毁。杰斐逊先花费了 1 年多的时间对蒙蒂塞洛庄园Ⅰ进行拆除。二层的原始结构，包括杰斐逊的图书室和两端的阁楼都被拆除。立面的门廊也被拆除，但一层的大部分砖墙结构都被保存了下来，与新的结构连在了一起。虽然杰斐逊经常在信中写到自己向往平静的田园生活，但他同时也活跃在政治舞台上。1797 年春，他成为约翰 · 亚当斯的副总统；1801 年，杰斐逊当选为美国总统，而蒙蒂塞洛庄园又经历了一次漫长而断断续续的建造。当 1809 年杰斐逊卸任回到蒙蒂塞洛时，建筑结构已经基本完工。

随着年龄的增长和家庭生活需求的改变，杰斐逊对自宅的要求也发生了变化。蒙蒂塞洛庄园Ⅰ是为了满足一对年轻夫妇和未来的孩子们使用的田园隐居所，而蒙蒂塞洛庄园Ⅱ是杰斐逊与他的孩子们和孙辈们生活在一起，享受天伦之乐的居所。在他与妻子玛莎的 6 个孩子里，只有 2 个女儿玛莎·杰斐逊·伦道夫（Martha Jefferson Randolph）和玛丽 · 杰斐逊 · 艾普斯（Mary Jefferson Eppes）活到了成年。其中他的女儿玛莎与她的丈夫托马斯 · 曼恩 · 伦道夫（Thomas Mann Randolph）以及他们的 11 个孩子长期住在蒙蒂塞洛庄园。另外一个女儿玛丽和她的丈夫约翰·威莱斯·艾普斯（John WaylesEppes）以及2人的1个儿子偶尔也回来居住。杰斐逊的2个寡妇妹妹马科斯夫人（Anna Scott Jefferson Marks）和凯尔夫人（Martha Jefferson Carr）与她的6个孩子有时也会住在蒙蒂塞洛庄园。杰斐逊一些志同道合的朋友也是他家的常客，比如詹姆斯·麦迪逊（James Madison）夫妇。因此，一个能安置更多家人和客人，有更多的客房以及更大公共空间的居所成为了迫切需求。杰斐逊重新设计的蒙蒂塞洛庄园主楼的占地面积扩大了不止一倍。第一层中，除了蒙蒂塞洛庄园I原始结构中的一排房间，沿着南北轴线增加了一排房间和隐藏在中间的交通廊道，南北两端还各增加了一个半八边形房间，主楼也由原来的地上两层增加到三层。

一层中央轴线上的两个房间是入口门厅和客厅，被杰斐逊称作“娱乐室”，不论在视觉上还是功能上，都是整个主楼的核心。这两个房间贯穿东西轴线，并且相对于南北两边的房间向后退，在东面形成向内凹的柱廊空间，在西面向外凸出，使客厅有更好的观景效果。这两个主要房间通高两层，高度与外部围绕主楼的檐口高度相呼应。西北部分的两个房间分别是餐厅和茶厅，通过门厅或客厅进入。东北部分的两个房间是客房，而南端的几个房间是杰斐逊的私人空间，有着很强的私密性，只能从入口门厅进入。与两侧的房间相比，中间的两个主房间向后退。新的二层有6个卧室、三层有3个卧室和在外观上非常醒目的穹顶室。即便有这么多的房间，蒙蒂塞洛庄园的客房也常常满员。

蒙蒂塞洛庄园Ⅱ的住宅设计理念深受杰斐逊巴黎见闻的影响。1797 年，他在给朋友的信中写到道:“所有新的、好的住宅，都是一层的，高约 4.8 米或 5.5 米，全部用作娱乐空间; 用于卧室的有两层，每层高度 2.4~3 米，有很私密的楼梯。住宅中有大型的楼梯，造价很高，它在每层占据的空间本可以是个很好的房间。”[2] 蒙蒂塞洛庄园Ⅱ主楼地上三层、地下一层，但是杰斐逊希望建筑外观看起来只有一层。为了实现这个目的，杰斐逊在立面上将原本两层的门廊改为一层。他也遵循当时的法国传统，将公共空间全部安置在高度约为 4.8 或 5.5 米的第一层，楼上的房间用作卧室，层高减低，仅有 2.4~3.0 米。在西立面，二楼卧室的窗户正好位于一楼的窗户上方，从外观上看一层与二层的窗户好似连成一扇窗户（图 3.5）。屋顶上有一圈围栏，将主楼较高的中间部分和低的两端连为一体，强化水平的屋顶轮廓线，同时遮住了二层的小侧窗和三层的天窗。这样的操作使得这栋三层住宅看起来只有一层。

在竖向交通上，杰斐逊完全从功能出发设计了 2 个隐蔽的狭窄楼梯。在欧洲和后来的美洲殖民地的贵族宅邸和宫殿中，往往都有一个非常豪华的楼梯，这个楼梯是一个重要的聚焦点，彰显着住宅主人的品位和财力。在接待访客时，贵族们通常站在楼梯的上端，他们一边从楼梯上往下走，一边与站在楼梯下的客人打招呼。在巴黎时，杰斐逊观察到，从一楼通向上层卧室通常只是一个很小很私密的楼梯。豪华的大楼梯不仅造价昂贵，还非常占空间。另

2　ADAMS W H. *Jefferson's Monticello* [M]. Abbeville Press, 1988:100.

· 图 3.5　东立面的开窗处理手法

· 图 3.6　主楼里的楼梯间

一方面，由于受法国思想启蒙运动的影响，他希望站在同一高度迎接他的客人，传达一种“人人平等”的观念。因此，杰斐逊在自宅里没有使用大楼梯，而是设计了 2 个只有 0.6 米宽的楼梯，并将它们隐藏在门厅两侧的长条形的交通空间里（图 3.6）。在主要的房间内活动时，完全看不到这 2 个楼梯。这 2 个楼梯还通向地下室，将地下的服务空间、一层的公共空间和楼上的卧室联系了起来。尽管这些楼梯由于位置隐蔽，非常不引人注意，但杰斐逊仍然非常细致地推敲它的尺寸，设计它的细节。

巴黎的建筑给杰斐逊的另一个重要启发就是穹顶。杰斐逊在第一次参观他非常喜欢的萨利姆宅邸时，就被它的穹顶深深地吸引了。蒙蒂塞洛庄园主楼上的穹顶是美国第一个建在住宅上的穹顶。穹顶由木肋板装配而成，采用了 16 世纪建筑师菲利贝尔 · 德洛姆（Philibert de l’ Orme）的结构体系。这个体系造价低，常用于法国的谷仓建造里。杰斐逊认为这个结构体系是最简单的，他的工匠詹姆斯·丁斯莫尔（JamesDinsmore）可以轻易地学习并建造。这个穹顶从1800年开始建造，最终于1805年在穹顶顶部的圆洞上安装了一块直径约1.2米的玻璃。从外观上看，尤其是在西立面，整个穹顶非常显眼。然而在建筑内部，这个穹顶室是三层的一个房间，普通的访客是很难进入的。与很多将穹顶放置在通高的公共空间之上的建筑不同，杰斐逊并不想通过穹顶来彰显建筑的宏大奢华。这间房间被称作“天空室”（sky-room），可惜现存的资料并未记录这个房间在杰斐逊生前的用途。

杰斐逊的自宅除了受法国建筑的影响外，更展现出杰斐逊日臻纯熟的建筑设计水平与匠心，也越来越突显出他自己独特的风格。

- 空间处理 -

蒙蒂塞洛庄园的平面图是非常理性的几何设计，整个平面图是由几个八边形、正方形、长方形组合而成的，杰斐逊将这些房间设计得统一又多样。端部的房间设计为八边形，向内连接一个正方形房间，再由长方形的交通或辅助空间将这些房间联系起来。虽然从外观上看是对称的，但是仔细研究它的平面，没有哪两个房间是完全相同的。北侧的房间，在位置和形状上是与南侧的房间相对应的，但是这几个房间的交通关系却与另一边完全不同。西北边的餐厅和茶厅可以由门厅或客厅进入，而在东北端，为了增强两个客房的私密性，客人需要通过一个狭窄的廊道进入客房。而南侧的杰斐逊私人套间的房间是相互串联的，仅能通过门厅进入。

八边形也许是杰斐逊最喜欢的图形，在蒙蒂塞洛自宅里就有 7 个半八边形或八边形的房间。一层东北角的客房是这个住宅里唯一一个完全是八边形的房间，但从外部看却无法发现它与众不同的形状。杰斐逊一家称这个客房为“麦迪逊房间”，是以杰斐逊的好友詹姆斯 · 麦迪逊夫妇的姓氏命名，因为他们经常拜访蒙蒂塞洛庄园，并且住在这个房间里。为了实现这个正八边形，内部墙体与外部墙体呈 45° 角，形成三角形空间，其中一个被用作壁橱。其他的半八边形房间，不成直角的边都是向外凸出的，配上玻璃窗户，使得这几个房间都有非常好的采光。自然采光对于当时还没有电灯的状况是至关重要的。

杰斐逊还在门厅的二层设置了一个半八边形的连廊。由于门厅和客厅两个大体量的房间相对于两侧的房间，沿着纵轴线向后退，导致楼上南北两端的卧室完全被隔离。而这个八边形的连廊连接着南北空间，同时也增加了门厅的趣味性。

其实，早在 1770 年，杰斐逊在绘制一个教堂设计图纸时就尝试了穹顶和八边形的组合。罗伯特·莫里斯和帕拉迪奥的作品也给了他很多启发，杰斐逊的八边形设计与他们不同的是，他的八边形里往往是减半的，并且套着一个正方形。八边形也在杰斐逊的其他设计中反复出现，包括在巴伯斯维尔（Barboursville）和法明顿（Farmington）两地为朋友设计的住宅。他甚至还为自己在白杨林庄园设计了一个完全是八边形的隐居所（1806—1809 年）。这个建筑的平面是个正八边形，内部被分成 4 个狭长的八边形和 1 个位于中央的正方形。当他想逃离蒙蒂塞洛忙碌拥挤的生活时，就会来这里。他喜欢在这里阅读、学习和思考，享受独处的乐趣。杰斐逊认为“白杨林庄园的住宅是除蒙蒂塞洛庄园之外美国最好的住宅；也许比蒙蒂塞洛还要好，因为它与一个重视隐私的市民的需求更相称”[3]。

- 私人与公共空间 -

杰斐逊十分注重住宅中的隐私。蒙蒂塞洛住宅里私人空间和公共空间是完全

3 Verell N. Poplar Forest [EB/OL]. (2016-03-01)[2018-04-06]. https://www.monticello.org/site/research-and-collections/poplar-forest.

· 图 3.7　房间的凹室床

分割开的，二、三层都是私人空间，而公共空间全部分布在第一层，并与杰斐逊个人的私密空间清晰地分隔开。第一层南侧的几个房间是杰斐逊的私人套间，被他的朋友称为杰斐逊的“至圣所”（sanctum sanctorum），由 4 个房间组成——卧室、书房、温室、图书室。这几个房间很少对他人开放，甚至他的图书室也是经常锁着。

杰斐逊自己的卧室位于蒙蒂塞洛庄园 I 的原结构内，在设计蒙蒂塞洛庄园 II 时，他将在法国看到的凹室床引入之内。他非常喜欢这种放在墙里的床，因为它非常节省空间。所以在蒙蒂塞洛庄园新的卧室里，都设计了 1~2 个凹室床，并且把壁橱放在了床的上方（图 3.7）。他将凹室床置入连通卧室与书

· 图 3.8　卧室的凹室床

房的门洞内，并在旁边新开了一扇门来解决交通问题。从书房和卧室都可以进入凹室床，拉上书房一面的门和卧室一面的帘子，床就消隐在墙内（图 3.8）。凹室床的床尾墙面上还有杰斐逊亲自设计的方尖碑钟表。每天早上天刚亮，杰斐逊能够看清这个表显示的时间时，就会起床。正如他自己说的那样，“不论我晚上睡得早还是晚，都会跟着太阳一起起床”[4]。床上方的空间被用作壁橱，杰斐逊通常会把过季的衣服放在里面。壁橱可以通过隐藏在床头一侧

4　Thomas Jefferson Foundation. "I Rise with the Sun" [EB/OL]. [2018-04-06]. https://www.monticello.org/site/jefferson/i-rise-sun.

· 图 3.9　杰斐逊的书房

的凹室里的楼梯到达。这个储物空间有 3 个装饰性的、悬窗似的洞口，用来通风。与床并列的门洞的另一端是杰斐逊的私人卫生间，是美国室内卫生间的早期例子之一。

与卧室仅隔着一个凹室床的是杰斐逊的八边形书房（图 3.9），杰斐逊在此花了大量的时间阅读、写作、回信。书房里还有经纬仪、望远镜、地球仪，他在这里进行科学研究。这间书房曾被誉为最早的现代化办公室，里面设有各种舒适高效的设备，比如旋转书架、旋转书桌、旋转座椅。旋转书架很可能是杰斐逊自己设计的，可以同时放置 5 本打开的书，角度也可调节，方便他同时参考阅读多本书籍。杰斐逊还使用一个复制机来复制他写的信件，将原版的发送给收信人，复写的版本会按字母顺序和时间分类保存（图 3.10）。

杰斐逊非常喜爱读书。在他的图书室里曾经藏有超过 6000 本图书，是美国当时藏书量最多的私人收藏者之一。1812 年英军入侵首都华盛顿时，烧毁了当时藏有 3000 本图书的国会图书馆。杰斐逊在报纸上看到书籍被毁的消息时，感到非常痛惜，于是将自己的藏书全部卖给了国会。之后这个房间也用作了工作室。房间里有他从法国带回的绘制建筑图纸用的桌子，桌面的斜度、高度可以调节。他在这个桌子上设计了蒙蒂塞洛庄园Ⅱ、弗吉尼亚大学和白杨林庄园的隐居所等建筑。

与书房相连的温室是杰斐逊在写作之余活动放松的场所。杰斐逊曾在这个房间培育过橘子树和金合欢，还将他卸任总统后从首都华盛顿带回来的嘲鸫养在这里。这个房间里还摆放了一个大工作台和各种工具，杰斐逊在这里做一些与机械相关的实验或木工。

房间的大窗户虽然引入了自然光，但同时也影响了他的隐私和独处。为了解决这个问题，杰斐逊结合了欧洲的软百叶帘和当地遮阳板的特点，设计了可调节的百叶窗板，它可以调节进光量并且保护隐私（图 3.11）。杰斐逊在他的其他住宅的窗户上也安装了这种百叶窗。

· 图 3.10　书房里的复制机

· 图 3.11　百叶窗

杰斐逊很喜欢与家人和志同道合的朋友相处。他非常好客，在蒙蒂塞洛这几十年里他邀请了很多朋友来家中做客。客人们首先通过宽大的玻璃门进入门厅。这个门厅不仅是一个接待或等候的房间，也是一个小型博物馆，陈列了杰斐逊收藏的生物标本和印第安工艺品，墙上还挂着几幅杰斐逊收集的新老地图。这个房间还摆放了杰斐逊委托法国艺术家让 · 安托万 · 乌东（Jean-Antoine Houdon）制作的法国思想家杜尔哥（Anne Robert Jacques Turgot）和伏尔泰（Voltaire）的半身雕塑，杰斐逊的政治思想深受这两位思想家的影响。他在这个房间里摆放了自己和亚历山大 · 汉密尔顿（Alexander Hamilton）的半身像，还有《签署独立宣言》的版画。整个大厅的陈列品，不仅展示了美洲大陆的历史，也展示了在这片新大陆上民主的诞生。

客人们经由一个宽敞的玻璃门进入客厅，可以看到杰斐逊更多的收藏。杰斐逊将他认为在美国和世界历史上有重要意义的人物画像均置于此，包括约翰·洛克（John Locke）、艾萨克·牛顿（Isaac Newton）、弗朗西斯·培根（Francis Bacon），探险家哥伦布和麦哲伦，美国贵族乔治·华盛顿、本杰明·富兰克林（Benjamin Franklin）、詹姆斯·麦迪逊。房间里还摆放了各种各样的椅子和沙发，有一些是他从法国带回来的，也有一些是在蒙蒂塞洛庄园制作的。这个房间里还有一些乐器和棋牌桌，杰斐逊的家人和朋友们可以在这个房间里进行交流和娱乐。从客厅向外望去，就是后面的草坪。有些与杰斐逊相熟的客人还会与他在餐厅和茶厅一起进餐。与当时其他的美国人一样，杰斐逊与他的家人每天吃两顿饭，分别是八点的早餐和傍晚的晚餐。这两顿饭都在餐厅进行，如果空间不够，茶厅也会被利用起来。杰斐逊非常乐于将他的这些收藏品展示给客人，即使他不在蒙蒂塞洛时，入口大门也往往是开着的，哪怕是没有被邀请的陌生人，也可以进入这三个房间参观。

- 采光设计 -

杰斐逊非常喜欢阳光，因此他的设计非常注重自然光的使用。值得一提的是，

18—19 世纪的人工照明相对于自然光是非常不足的。杰斐逊尽量避免使用蜡烛、煤油灯。为了最大限度地利用白天的时间工作学习，他的社交时间都安排在晚饭之后和日落之后，这时候烛光便可营造出一个舒适温馨的聊天环境。在蒙蒂塞洛庄园的设计中，杰斐逊采用了各种各样的方法将自然光引入房间，以保障白天的室内亮度。

首先几个凸出的房间外墙使用了八边形，与传统的正方形房间相比，八边形房间往往能引入更多的自然光线。在半八边形的客厅、书房、茶室，凸出的三边上各有一扇大面积的玻璃窗，能最大限度地让自然光照进房间，使房间变得更加明亮。有些落地窗从上到下被分为三块，最上面一块是固定的，下面两块可以升起形成门洞，有些中间的一块固定，上下两块可以移到中间，利于交叉通风。二层八边形的客厅凸出的三边上有两扇窗。由于餐厅和茶厅位于整个主楼的北边，在冬天，它们是最冷的两个房间。为了兼顾采光和保温，这两个房间的玻璃门窗用的是双层玻璃，与现代的隔热技术类似。在餐厅和茶厅之间还安装了双层法式推拉门，关上这扇门可以将最冷的茶厅隔离出去，使餐厅更温暖。不仅仅是玻璃窗户，很多门扇，包括入口大门的门扇都使用了玻璃（图 3.12）。杰斐逊还把窗户开在山墙上。在文艺复兴时期，山墙往往是建筑主人社会等级的象征，通常用浮雕来装饰山墙面。但杰斐逊并未采用这种装饰手法，而是在山墙面加入一个弧形窗加强采光和通风（图 3.13）。

· 图 3.12　门厅入口的玻璃门窗

· 图 3.13　山墙上的半月形窗

在餐厅和他的卧室，只有一面开窗的外墙，并且没有凸出的八边形，所以增高了这两个房间的屋顶高度，并且开设了天窗。在蒙蒂塞洛自宅里，他一共设计了 13 个天窗。三层的客房侧墙没有窗户，全部靠天窗采光，这些窗户在室外无法看到。三层的穹顶室是蒙蒂塞洛自宅最独特的外部特征之一，他将穹顶放置在八边形的鼓座上，鼓座的每个边上都有一个圆形窗。虽然当时技术有限，但是杰斐逊对天窗非常执着。穹顶顶部有一个类似罗马万神庙的“眼”，安装了一个直径约 1.2 米的圆形玻璃，给房间提供了很好的照明。尽管穹顶室禁止绝大部分的访客进入，杰斐逊仍然使用了一个非常昂贵的圆形天窗。由此看来，他设计穹顶完全不是为了向他人炫耀，而仅仅是为了营造更好的家庭生活环境。

杰斐逊还在对着窗户的内墙上放置了大块的镜子，来反射日光和烛光，使房间更明亮。在客厅窗户对面的墙上，通向门厅的门的两侧有两块长方形的镜子（图 3.14）。餐厅和杰斐逊自己的卧室也各有一块半圆形的镜子，用来反射光照。

· 图 3.14　客厅的镜子

杰斐逊虽然没有接受过正规的建筑教育，但他对空间和光的运用手法却非常成熟。他通过三悬窗、天窗、半八边形房间和镜子等的设计，最大限度地将光和空气引入室内，使整个建筑内部空间参与到大自然的奇妙变化之中。

- 独具匠心的小装置 -

为了创造一个更舒适的居住环境，杰斐逊还设计了很多神奇的小装置。尽管当时的参观者对这些奇思妙想评论甚少，但现代的参观者对此却颇感兴趣。例如客厅天花板上的指南针，这个指南针是由杰斐逊设计并于 1780 年邀请一位德国朋友制作的。指针与屋顶上的风向标相连，通过这个指针在室内就可以观察风向和风的强度。在蒙蒂塞洛庄园Ⅱ中，这个指针被移到了入口门廊的天花板上，但在门厅、南北方厅都能观察到指针的显示。杰斐逊每天都会根据指针的显示来记录风向和强度。他还通过其他仪器显示记录温度、降水等数据。不论他在蒙蒂塞洛、费城还是华盛顿，他都坚持记录这些数据，并将数据分享给专业人士，希望建立一个全国气象数据信息库。

在蒙蒂塞洛庄园里，令人印象最深刻的装置就是入口门厅的钟表。这个钟表是 1792 年由杰斐逊设计、由彼得·斯普鲁克（Peter Spruck）制作的，直到现在还完好地使用着。这个钟表的内外两面，分别朝向入口门厅和室外，不仅在主楼里的人能够看到时间，在室外的劳动者也能看到显示的时间。室外的那面表盘只有时针，杰斐逊认为这样的精确度足以满足室外劳动者的需求。室内表盘的显示更精细，时针、分针、秒针都有。这个钟表还连接了一个中国的锣，每到整点就会敲响报时。锣的声音非常洪亮，即使在 4.8 千米外农场上工作的奴隶也可以听到敲钟的声音。整个钟表由两组球形重物驱动，球形重物分别位于入口门厅的屋角，由绳子串起连接到钟表上。每到周日，需要在钟表表盘处上发条，两组重物就会被升至天花板。在之后的一周里，右边的那组球形重物将不断下坠，到周六降至最低；周日上发条后，重物又重新升至最高点。由于重物的高度能指示每周的第几天，所以杰斐逊在墙上贴上了星期几的标志，使这个钟表不仅显示时间还能显示日期（图 3.15）。

杰斐逊不希望仆人打扰自己的家庭生活，因此还专门设置了一些有趣的小装置。餐厅有一个旋转的服务门，门后是通向地下室的厨房的楼梯。门的背面安装有几排架子，仆人们可以在外间将食物放在架子上，然后通过旋转门将食物送入餐厅，从而减少对杰斐逊用餐的干扰。在餐厅壁炉的侧面各有一个升降机，可以直接将地下酒窖的酒送上来（图 3.16）。他的私人套间也有一个类似的装置，当他在写作的时候，是不允许任何人打扰的。当杰斐逊需要什么时，就会转动一个曲柄，地下室的仆人就会将一些水、水果或者他要求的其他东西放进盘子里，通过升降机送上来。客厅大门的机械设计也非常有

· 图 3.15　门厅内的球形重物

· 图 3.16　餐厅的壁炉

趣，两个门扇，只要其中一个被打开或关闭，另外一个门扇也会跟着打开或关闭。

– 附楼 –

从主楼两端的阳台走出来，就踏上了L形的步道。杰斐逊在这里可以毫无遮挡地欣赏周边的美景，蓝岭山脉的壮观景色，沙德维尔、夏洛茨维尔的城景和后来的弗吉尼亚大学都尽收眼底。在步道的另一端是南馆和北馆，通常被杰斐逊和他女婿托马斯·曼恩·伦道夫用作办公室。其中南馆也被称作“蜜月小屋”，就是杰斐逊婚前和婚后入住的地方。

步道之下隐藏着服务辅助空间。蒙蒂塞洛庄园的附楼包括主厨房、马厩和洗衣房等功能性房间，及一些为主楼服务的仆人的住所。仆人工作发出的声音、气味是不允许暴露给主人的。为了隔绝噪声和异味，庄园里通常会将这些附楼建在距离主楼足够远的地方。但是在蒙蒂塞洛庄园，杰斐逊用与众不同的方式解决了这个问题。他将所有的附楼建在主楼之下，并由廊道与主楼的地下室那层相连。在西草坪那一面，两翼的内侧，附楼完全是在地下的，主楼的主人及客人是完全看不到这些服务空间的，也闻不到那里散发的气味；但在另一面，两翼的外侧，这些服务空间就是一个条状的单层建筑，方便仆人们进出工作。当仆人需要进入主楼服务时，他们可以进入主楼的地下室，通过狭窄的楼梯上去。服务空间的独特设置，使得杰斐逊的居家生活完全不会受仆人工作的影响，同时在L形步道上也可以毫无阻碍地观赏四面八方的景色。

- 景观 -

杰斐逊不仅设计了蒙蒂塞洛庄园里的建筑，还精心布置了周边的景观。小时候，他就从父亲那里学习了基本的土地测量技术，知道如何读懂地图中的地形，还继承了测量和绘图工具。他对地形非常敏感，也特别注重建筑设计中的地形因素，土地、河流、森林、山丘等，都被他考虑进方案中去。在蒙蒂塞洛住宅选址时，就有景观考量。除了远处的天然树林，杰斐逊也在他的住宅周围设计了人工园林，开辟了一大片草坪、果园、花园和一圈圈的盘山道路。他常常在信中或与访客的交谈中，提及山上一年四季美丽的景色。

在蒙蒂塞洛庄园 I 的总平面图纸中，建筑周围是一个很规整的草坪，在西侧门廊的两侧各有一个长方形的花坛。1772 年，杰斐逊在蒙蒂塞洛庄园的建筑周围设计了 4 条环形道路，在不同的海拔高度绕山而建。每条环山道路宽 4.6 ~ 6.1 米。环形道路之间由几条坡度适宜的小路相连，解决了通向山顶的交通问题。

由于杰斐逊长期不在蒙蒂塞洛庄园，不仅主楼有多处损毁，建筑周围的场地和远处的田地也荒废了。1794 年 1 月，当杰斐逊从费城回到蒙蒂塞洛庄园时，他就开始修复庄园。他修整了荒芜的田地和牧场，同时也修整了道路，将一些不太美观的围篱改为一排排的桃树，还在环山路旁种植了皂荚树，让整个景观焕然一新。

杰斐逊将在欧洲之行学习到的景观理念应用到蒙蒂塞洛的景观设计中，尤其在美英关系得到缓和后，他去了英国，参观学习了很多英国园林。英国的自然风景式园林，摆脱了古典主义园林规则的几何式设计，将人造园林与自然融为一体，深深地吸引了喜爱弗吉尼亚乡村风光的杰斐逊。杰斐逊也希望将这种园林风格应用在蒙蒂塞洛庄园中。他在欧洲期间，就绘制过蒙蒂塞洛庄园建筑周围景观的新图纸，主楼西面的草坪有着蜿蜒的小路，小路旁还有几个或大或小的椭圆形花坛。蒙蒂塞洛的住宅建在山顶，虽然便于观赏远方的风景，但是在山顶上打造一个英式的园林并不容易。一方面是由于蒙蒂塞洛山顶陡峭的地形，另一方面由于弗吉尼亚气候温和，各种植物都能茂盛生长，所以维持草坪和花园的整洁就成了难题。他曾经写信求助于费城的植物学家，还请来了英国的景观建筑师乔治·帕金（George Parkyn）为他出谋划策。英国的景观设计师摆脱刻板齐整的设计方式，将18世纪园林绘画中的场景运用在庄园设计中。杰斐逊非常喜欢帕金设计的一个装饰性农场，这个设计中有一系列相连的环绕步道和车道，以及各种各样的花园景观小品。这种设计与杰斐逊环形山路的想法不谋而合。这种蜿蜒的、自由分布的步道反映了他对当时英国流行的景观设计风格的青睐。他希望风景的层次丰富，景物有近有远，平整与粗糙错落有致、单个与成排交相辉映。

主宅西面的大草坪就是孩子们最喜欢的游乐场。在1807年的图纸上，除了在西草坪上设置有蜿蜒小路和椭圆形的花坛，在建筑的周围还增加了20个小型椭圆形花坛。这些椭圆形的花坛，形状和分布都比蒙蒂塞洛庄园I图纸上的长方形花坛更加自由随意。每个花坛都种植着不同的植物，有些是美国早期花园的常见物种，比如玫瑰、美洲石竹、白色重瓣罂粟等，也有一些珍稀品种，比如冬樱花、射干花。杰斐逊认为这几个花坛能种植的花太有限了，因此他在西草坪边界小路的两侧也种植了各种各样的花卉。边界种植每3米被分为一段，每段种着不同品种的花。杰斐逊收集了上百种花，这些花坛俨然成了新大陆园艺珍品博览园。

与这些草坪和花坛相比，蒙蒂塞洛庄园的果园、菜园有着更久的历史。早在蒙蒂塞洛建筑建造开始之前，杰斐逊就已经开始在山顶附近的山坡上培育果树了。除了建筑设计，植物学也是杰斐逊一生的爱好。他用科学的方法非常专业地培育植物。1769 年，杰斐逊就写了《园艺书》（*GardenBook*），记录了建筑南面山坡上果园和花园植物的种植和培育，包括无籽梨、桃、油桃、石榴、纽约苹果、杏仁、无花果等。1774 年，杰斐逊还在果园上方开垦了一片平台，设置了第一个蔬菜园。杰斐逊在欧洲时，还曾写信给他的园丁，详细地向他们传授了照顾果园的方法。这些果园和菜园除了满足庄园需求，还成为从自然环境到人工建筑的过渡。

杰斐逊希望蒙蒂塞洛庄园是可以自给自足的，果园、菜园都是这个理想化系统的一部分。但是整个庄园的运作需要大量的花销，仅靠果园和菜园是远远不够的，必须种植其他经济作物（比如烟草），以保证收支平衡。当然这些果园、菜园和农场的设计也有美学的考量，而杰斐逊也成功地将景观和农业实践有机地结合了起来。

在蒙蒂塞洛庄园里，除了杰斐逊一家，还有 100 多个仆人在这里生活和工作。杰斐逊在蒙蒂塞洛生活期间，奴隶们主要工作和生活在桑树街。桑树街位于蔬菜园和主建筑之间，是一条长约 305 米的东西向直路，是蒙蒂塞洛山顶上第一条环山路的一部分（图 3.17）。桑树街的两旁种植了一排桑树，因此而得名。这条路上有住宅、作坊，为庄园内的各项生活和生产活动服务，并根据杰斐逊的需要进行修建和拆除。在蒙蒂塞洛的建造时期，桑树街上会有木工作坊、制钉铺、铁匠铺甚至砖窑，为建造提供建筑材料。蒙蒂塞洛庄园建

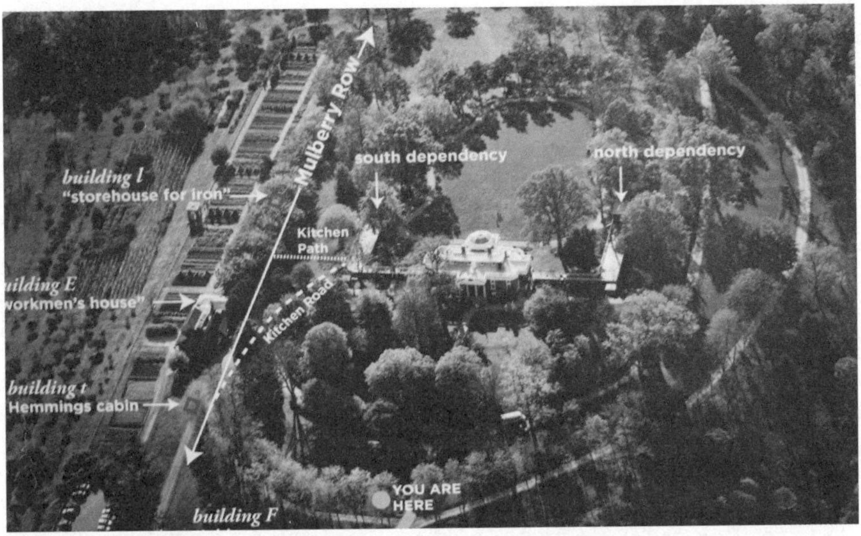

· 图 3.17　蒙蒂塞洛场地鸟瞰图

造使用的砖是在施工现场烧制的，所用的木构件木材来自于杰斐逊家族的农场，并在蒙蒂塞洛制作成型。其中，制钉铺和铁匠铺生产出的产品还用来盈利。奴隶家庭住在两个大的木头房子里，雇佣的工匠住在另一栋房子里。他们一周工作 6 天，从天亮开始到天黑结束。桑树街上还有熏肉室、乳品室、洗涤室、马厩等，为杰斐逊的家人和客人服务。1809 年，蒙蒂塞洛庄园 II 的南翼建好后，熏肉室、乳品室、洗涤室从桑树街搬进了南翼。桑树路上的一些建筑或被拆除，或转做其他用途（图 3.18）。杰斐逊回到蒙蒂塞洛的时候，每天下午都

· 图 3.18　从桑树街往蔬菜园看去的景观

会巡视桑树街一圈，监督铺子、园圃和农场的生产情况。当时，蒙蒂塞洛在一定程度上形成了一个自给自足的社区。

杰斐逊从小成长所在的地区还是英国的殖民地。当时弗吉尼亚的建筑也与英国的建筑风格相同，都是乔治亚式建筑，比如威廉与玛丽学院的建筑和他的导师乔治 · 威思的住宅都是乔治亚风格。由于学习了古典建筑和装饰，杰斐逊认为乔治亚风格非常保守，不论是室内装饰还是外观，都是“他见过的最鄙陋的风格”[5]。但是在弗吉尼亚成长、上学、工作的杰斐逊却不可避免地受到乔治亚风格潜移默化的影响。红砖、白边框、双悬窗都是乔治亚式住宅的常见元素，在蒙蒂塞洛的住宅里也同样存在着。

从蒙蒂塞洛庄园Ⅰ到蒙蒂塞洛庄园Ⅱ可以看到杰斐逊作为一名建筑师的成长。早年，杰斐逊虽然没有经过正统建筑教育，但他详细阅读并研究了帕拉迪奥等人的建筑书籍。他在婚前就已经能够熟练掌握建筑制图，在这些保留下来的图纸中，有场地的平面图，也有建筑平面、立面图，还有对花园建筑的研究，甚至一些施工图纸。他的基本思路，主楼和两翼附楼的设计构思已经成型。蒙蒂塞洛庄园Ⅰ深受帕拉迪奥建筑的影响，是他对古典原则在建筑的最早尝试。它的外观是一个简单的立面三段式的住宅，是典型的英国帕拉迪奥复兴风格。前后立面的门廊，还严格遵循了帕拉迪奥的古典柱式。

杰斐逊的建筑视野在国外的时候得到了拓展，时髦的法国建筑让他不再一味追求对古典原则的坚持。在蒙蒂塞洛庄园Ⅱ中，他虽然仍然应用古典元素，比如对称的外观和古典柱式的应用，但是古典元素应用的灵活性和复杂性大大加强，考虑了更多、更复杂的家居需求。他还将许多法国建筑的元素引入

5　ADAMS W H. *Jefferson's Monticello* [M]. Abbeville Press, 1988: 109.

自己的设计中，从凹室床到德洛姆的穹顶，从朗雅克宅邸的天窗到萨利姆宅邸的体量处理手法，都灵活地应用在蒙蒂塞洛庄园Ⅱ中。在越来越多的建筑实践中，他的设计手法越来越纯熟，多变的天花板高度和多样的自然光引入方法，让整个空间充满了表现力。

杰斐逊非常富有创新意识，不论是蒙蒂塞洛庄园Ⅰ还是蒙蒂塞洛庄园Ⅱ在美国早期住宅中都是很先进的。蒙蒂塞洛建筑群于 1987 年被联合国教科文组织评为世界遗产，是美国唯一一个被评为世界遗产的总统住宅。蒙蒂塞洛的建筑还被用作 5 美分硬币和 2 美元（1976 年以前版）纸币的背面图案（图 3.19）。蒙蒂塞洛里的建筑和整个庄园都是他实验自己各方面想法的试验

· 图 3.19　2 美元纸钞背面的蒙蒂塞洛主楼

田。杰斐逊显然是个理想主义者，从个人生活到庄园管理，总有新的想法，但同时他又是一个很务实的人，从机械装置到建筑设计，一步一步把很多想法在庄园中实现。在蒙蒂塞洛庄园不断更新的50多年中，杰斐逊从青年变为耄耋老人，他甚至不愿认为蒙蒂塞洛庄园是一个完成品。对于他来说，蒙蒂塞洛庄园不仅仅是居所，更是他用一生时光打造的乐园。

本章内容由张丁[6]编写。

6 张丁，2015年毕业于华南理工大学建筑学院建筑专业，获建筑学学士学位。曾组队参与2014年《中国建筑教育》“清润奖”大学生论文竞赛，获三等奖。2017年毕业于弗吉尼亚大学建筑学院建筑历史专业，获建筑历史硕士学位。硕士期间，主要研究方向为宋代精英住宅。

第四章

“堂吉诃德式的理想”：杰斐逊的“学术村”

“这所大学将建立在人类精神无限自由的基础上。在这里，我们将不再畏惧对真理的无尽追寻，也将不再容忍那些被自由之理性所粉碎的谬误。”[1]

——托马斯 · 杰斐逊

几乎每个来到蒙蒂塞洛庄园的游客，都会在参观托马斯 · 杰斐逊居所之后来到他的家族墓地，在高高矮矮的石碑中走到尽头那个方尖碑的跟前，凭吊美国第三任总统。但这尊墓碑却对杰斐逊曾担任国家元首一事只字未提。人们在杰斐逊为自己撰写的墓志铭中，找不到他曾担任的任何职位，只会读到短短的几行文字：美国《独立宣言》的起草人，《弗吉尼亚州宗教自由法令》的执笔人，弗吉尼亚大学之父。如果说《独立宣言》和《弗吉尼亚州宗教自由法令》是杰斐逊为新生的美国在政治和宗教上所立的路标，那弗吉尼亚大学则是他为国家打造的一驾马车，是他为确保合众国人民追求自由、民主、快乐所作的最后努力。创立这样一所大学是他几十年萦绕于心的梦想，是他在 75 岁高龄达成的壮举，也是他直到去世前都在牵挂的事业。在迟暮之年，杰斐逊会和多年后来此参观的游客一样，站在蒙蒂塞洛庄园西翼的屋顶，在弗吉尼亚州的晴空下北望，努力辨认 8 千米之外红砖白墙中弗吉尼亚大学大礼堂的白色穹顶（图 4.1）。对于这所亲自设计的大学，他曾骄傲地向友人说道：“它即使在意大利也会被当成一个俊俏而古典的作品。”“它的优雅

1　1820 年 12 月 27 日，托马斯 · 杰斐逊给威廉 · 罗斯科（ William Roscoe）的书信。资料来源于美国国会图书馆官网：https://www.loc.gov/exhibits/jefferson/75.html.

· 图 4.1　从蒙蒂塞洛庄园远望弗吉尼亚大学
图片来源于 East Prtland Blog 博客，摄于 2015 年

格调把美国所有其他房子都远远抛在后面。”[2]事实证明，这并不是他的自矜。弗吉尼亚大学不但长期跻身美国公立大学的三甲之内，更在美国“最佳大学评介”（Best College Reviews）中，被评为美国 100 所最美校园中的第一名，也是第一所被联合国教科文组织评定为世界遗产的大学。它和蒙蒂塞洛所组成的杰斐逊式建筑群，是美国仅有的七处世界遗产中的一处。

然而，尽管今天弗吉尼亚大学已是举世公认的建筑杰作，但是历史上人们对它并不那么认可。曾协助杰斐逊设计它的拉特罗布在大学建成后曾说：“杰斐逊先生显然不是一个有品位的人，他所指导建成的大学证明了这一点。”[3]德意志邦联的公爵——卡尔·伯恩哈德（Karl Bernhard）曾评论大学的十座楼阁，说它们不同的模样有碍于“美观和尊贵的外观”[4]。尽管在落成之初，弗吉尼亚大学的建筑曾勾起很多人的兴趣，但到了 19 世纪中期，人们的态度由好奇转为了冷漠。原因多种多样：大学所在的夏洛茨维尔位于穷乡僻壤之间，交通不便；美国南方一直以来都被描绘成文化上的沙漠而被人轻视；弗吉尼亚州在蓄奴习俗上的保守和在内战上的失势，等等。在这几十年里，弗吉尼亚大学的形象只寄身于只言片语的描述和零星的版画（Maverick

2 JEFFERSON, Thomas. Jefferson to COSWAY, October 24, 1822 [Z] // BULLOCK, Helen Duprey, *My Head and My Heart: A LittieHistory of Thomas Jefferson and Maria Cosway*. New York; G. P. Putnam’s Sons, 1945: 182.

3 SEMMES, John E., H.B. *Latrobeand His Times, 1803-1891* (Baltimore: Norman,Remington Co., [1917]), 246. [M].

4 BERNHARD, Karl, Duke of Saxe-Weimar-Eisenach, *Traveis through North America during the years1825 and 1826*, American edition (Philadelphia;Carey, Lea, and Carey, 1828), 196-201.[M].

engravings and Casimir Bohn prints）中，大学的设计者也一直被认为是杰斐逊的学徒罗伯特 · 米尔斯。直到 19 世纪末，在弗吉尼亚一大批学者的努力下，杰斐逊的建筑遗产才开始为人接受，其中尤以建筑史家弗瑞斯克 · 金波的贡献为突出。他承认杰斐逊设计的缺陷，比如过于理想化的方形布局、缺乏变通的空间和"略显俗气"的装饰，但他也坚持："尽管杰斐逊不是一个专业人士，但他是一个真正的现代意义上的建筑师。"[5] 到 20 世纪 60 年代，随着美国建筑界对现代主义的反思和对前现代传统的追索，弗吉尼亚大学建筑的口碑开始攀升。到 2018 年，学校举行 200 周年校庆时，美国建筑师协会将其评为美国建筑中最受敬仰的作品。此时弗吉尼亚大学的设计已成为了经典，甚至随着杰斐逊一道，被赋予了一层神圣的光环，似乎以往种种的批评都不曾存在似的。弗吉尼亚大学曾经因其科学精神而被宗教人士盖上的"世俗者和背叛者的联合""一个经过伪装和升级的异教"的帽子，如今已烟消云散[6]。杰斐逊设计的中央大礼堂甚至成为了林奇堡一栋新教堂的原型。

在这一章里，我们将一同见证弗吉尼亚大学建筑历过的是是非非，并用还原历史场景的方式，尽可能让读者身临其境，客观地了解大学筹建、设计、建造、维护的故事。我们将从杰斐逊的教育理念出发，追溯他对公共教育的信念和为推行公共教育所作出的努力。我们将走进弗吉尼亚大学早期的学生生

5 KIMBALL, Fiske, *Thomas Jefferson, Architect(1916)*,80,81,82–83. [M].

6 HAWKS, Francis Lister, *Narrative of events connected with the rise andprogress of the Protestant Episcopal Church In Virginia* (New York: Harper,1836), 21. [M].

活，并在历史的脉络中梳理弗吉尼亚大学校园在 200 年间的发展。

- 杰斐逊和美国公立教育 -

托马斯 · 杰斐逊和本杰明 · 富兰克林是美国国父中第一批关注殖民地教育问题的政治家。在 18 世纪，美洲殖民地的人们拥有的受教育机会极为有限。除了家庭富裕的白人男性能够享有贵族教育外，女性、黑人、穷人都与系统性的教育资源无缘。面对这种情况，早在 18 世纪 40 年代，富兰克林便呼吁宾夕法尼亚州设立州立图书馆并关注青年人的教育问题。他的晚辈兼同侪杰斐逊则更进一步，不但观察和思考教育的意义，而且身体力行、坚持不懈地推动公共教育系统的提案、审批和执行。作为启蒙思想的拥护者，杰斐逊坚信每个人都有无法剥夺的“自然权益”，其自由、天资、对快乐的追求都是上天赋予的，应该受到政府的保护，而公共教育则是促成人们认识和行使“自然权益”的关键。杰斐逊曾反复解释教育对实现民主政治和美好生活的重要作用。即使远在法国，他也一直在反思美国的教育系统，并拿它和在法国的所见所闻来对比：“我相信现在我们所有政策中最重要的就是确保在人民中传播知识的条款，除此之外没有其他事情可以为自由和快乐打下基础。如果任何人觉得国王、贵族或者牧师是公众快乐的保护人，那叫他来这里看看。祝福吧，先生，祝福我们和愚昧战斗的征程，我们将建立并改善公民教育的法规。”[7]

杰斐逊入主白宫后，更是抓紧机会来宣传公立教育的重要性。比如说，在1806年国会讲演的国情咨文中，他掷地有声地讲道，美国人民自由的基石，由4个逐层递进的原则来保证：“其一，民主的社会不能离开启蒙；其二，民主的施行也不能缺少明智和诚实的官员；其三，自由社会所需要的这份美德和天分需系统的培育，教育应该无视财富、出身或其他偶然条件而进行；其四，穷人的孩子一定要由公共支出来资助，接受教育。”[8]

除了大声疾呼，杰斐逊更是开拓美国公立教育实践的领导者。从参与弗吉尼亚州议会以来，他在漫长的政治生涯里为公立教育屡战屡败，屡败屡战。在担任州议会议员期间，多次提议设立州立的教育体系。他在1779年递交的《关于更广泛传播知识的提案》（*Bill for the More General Diffusion of Knowledge*）中指出，“目的是按照每个人的年龄、能力、条件来为他们提供教育，把他们引向自由和快乐”[9]，这是州内在这一领域的最早提案。到1796年，杰斐

7 JEFFERSON, Thomas. Jefferson to George Wythe, August 13,1786 // JEFFERSON, Thomas. *The Papers of Thomas Jefferson*, Julian P.Boyd, 23 vols. to date (Princeton: Princeton University Press, 1950). [A].

8 JEFFERSON, Thomas. State of the Union Address, December 2, 1806. [R].

9 JEFFERSON, Thomas. "Query XIV Education," [1782] // JEFFERSON, Thomas.Thomas Jefferson: Writings. Merrill D. Peterson. *New York: The Library of America* (1984):287. [A].

逊对该提案又进行了大幅修改，最终在此基础上推动州议会通过了《创建公共学校的决议》（*Act to Establish Public Schools*）。该决议计划在州内实行三大层次的公立教育，包括初级学校、中级学院和一所高等级大学。此决议还确定了这些公立学校的选址、设施、招生的标准，并特别注明高等级大学的教学目标是培养最聪慧的学生，不论他的“财富、出身或其他偶然条件如何”[10]。然而，由于资金始终未能到位，此决议所规划的教育体系在接下来的多年间只是白纸一张。当他的教育提案受挫时，杰斐逊并没放弃，而是尝试推动威廉与玛丽学院的改革，通过这个例证来撬动州内的保守势力。他废除了威廉与玛丽学院的神学院和中学部，设立了诸如医药、解剖、化学等新式科学的部门。但到了 1800 年，杰斐逊将威廉与玛丽学院向州立高等级大学改革的尝试也遭到否决。失望中的杰斐逊曾向朋友抱怨道，他的努力总是“被我们州平庸的立法者们钳制，这些人这么无知，都不明白这样一个重要的真理，即知识就是力量，就是安全，就是幸福”[11]。

但无论怎样，这些挫折似乎只是更加坚定了杰斐逊推动公共教育的决心。他知道自己面临多么大的困难，甚至曾打趣地说自己对公立教育的期盼是“堂

---

10 JEFFERSON, Thomas.*The Papers of Thomas Jefferson*, ed. Julian P.Boyd, 23 vols. to date (Princeton: Princeton University Press, 1950), vol. 2: 527.[M].

11 JEFFERSON, Thomas.Jefferson to Ticknor, November 25,1817.Library of Congress,Washington, D.C. [Z].

吉诃德式的理想”[12]（Quixotism）。面对一次又一次挫折，杰斐逊既保持着理想主义者那永远燃烧的热情，又展现出现实主义者那善于经营的柔韧。当1800年改革威廉与玛丽学院的愿景破灭之后，杰斐逊开始寻找机会，尝试从零开始，创办一所理想中的大学。他在给英国科学家约瑟夫·普利斯特里（Joseph Priestley）的信中畅想道：“我们希望建立一个高尚的、健康的国家，而尤为重要的是一个阔达、自由、现代的大学，它应得幸于公众的支持，更应能够吸引外国的年轻才俊来此与我们共同畅饮知识的美酒、往来友好。”[13]

当杰斐逊在19世纪初离开家乡、远赴白宫任职总统的时候，弗吉尼亚州“平庸的立法者们”似乎逐渐意识到了公共教育提案的重要性。在1805年，弗州立法会议的议员利特尔顿·沃勒·塔泽韦尔（Littleton Waller Tazewell）致信杰斐逊，询问他对创办高等大学的建议。1810年，州议会专门拨出资金，预留给《在创建公共学校的决议》中计划的大学使用。杰斐逊敏锐的观察到了形势的变化，并着手行动，以期推动弗州的公共教育继续按自己预想的轨道进行。他采取了“曲线前进”“由小及大”的策略，1814年，受邀担负起“阿尔伯马尔县县立中学”（Albermarle Academy）的筹划活动，并召集了一批和他

12 JEFFERSON, Thomas, SHERWOOD, Patricia C., and WILSON, Richard Guy. 1995. *Thomas Jefferson's academical village: the creation of an architectural masterpiece*. (Charlottesville: Published for the Bayly Art Museum of the University of Virginia by the University Press of Virginia), 10.[M] .

13 JEFFERSON, Thomas, BOYD, Julian P. , BRYAN, Mina R., BUTTERFIELD, L. H., CULLEN, Charles T., CATANZARITI, John, OBERG, Barbara, and McCLURE, James P.. 1950. The papers of Thomas Jefferson. (Princeton: Princeton University Press.), 320. [Z].

持有同样立场的政治家来组建“县立中学”的董事会。他纵横捭阖，董事会最终形成了以州立法院大法官、前州长威廉·卡贝尔（William Cabell）为首，由杰斐逊、麦迪逊两位前总统和现任总统詹姆斯·门罗等一批政治名流组成的豪华阵容。慢慢积累的形势发生了作用，州议会在1816通过了董事会的申请，将筹划中的“县立中学”升级为“中央学院”（Central College），允许其使用州议会预留的资金，并且任命杰斐逊为“中央学院”六人理事会的理事长。杰斐逊终于争取到了建立一所高等级大学的机会。

杰斐逊牢牢把握住了这个机会，并试图保证他对未来大学的建设和管理的绝对权威。一个例子可以看出他在“中央学院”选址时的努力。为了对学校施加最大的影响，杰斐逊努力游说，督促“中央学院”理事会将大学选址在靠近蒙蒂塞洛的夏洛茨维尔镇（Charlottesville）。他制作了一张统计全州年龄超过80岁的人口图，来证明这一地区的环境最利于人体健康。他还通过数据证明，不计算奴隶人口的话，这里是全州人口聚集度第二高的区域，因此享有交通的便利。他甚至绘图来说明夏洛茨维尔镇是弗州地理上的中心。理事会在1817年4月同意了杰斐逊的提议，将未来的大学定位在夏洛茨维尔镇的西部，通向里士满的交通要道“三凹路”（Three Notched Road）旁边。在接下来的一年间，董事会的成员们继续呼吁州政府将“中央学院”定位成向全弗吉尼亚州人民开放的高等级大学。最终，在1818年2月19日，弗州的参议员们批准了杰斐逊等人的申请，正式将“中央学院”更名为“弗吉尼亚大学”（University of Virginia）。这一天标志着杰斐逊“和愚昧战斗的征程”

决定性的胜利，也是200年后的今天弗吉尼亚大学师生所追忆的日子。它意味着杰斐逊终于找到了机会，可以把他理想中的公共教育付诸现实了。

–“学术村”想法的萌生–

在参议员们批准筹办弗吉尼亚大学以前，杰斐逊就已经开始想象未来学校的模样了。早在1805年，给塔泽韦尔（Tazewell）的回信中，时任总统的杰斐逊就描绘了他理想中的大学建筑：“最危险的是过度建造，一开始就尝试设计一栋大房子，把所有机构都容纳进去。大房子丑陋又不方便，还总是暴露在火灾和传染病的隐患之下。反之，小房子对于学校教学和教授住宿才是最好的。小房子的灵活组合可囊括各种学生对房间优化使用的方案，更可以按需而建。事实上，大学的形式不应该是一所大房子，而应是一个村庄。”[14] 在之后的几年里，杰斐逊继续构想着这座“村庄”形式的大学。他在1810年给田纳西州一所学校理事会的信中，再次将“大房子”和“村庄”对比，并进一步勾勒出了“村庄”式大学的布局：“把每个专业的教授

14 JEFFERSON, Thomas.Jefferson to L.W. Tazewell, January 5, 1805. [Z].

安排在一个小而分散的房子里，则好得多。在一个大厅里上课，楼上是教授的两个房间，并和一些学生的宿舍相连。房子前面是有顶的步道，可以让各个学院间的交通不受风雨影响。整个建筑群会布局在一个开敞的场地四周，场地上有花草和树木，让它呈现它该有的样子，即一个‘学术村’。这样的设计会提供学习所需要的安静和宜人的闲适，同时减少火灾、疾病、骚乱。”[15]

在 21 世纪，将多个校舍环列在中央广场四周的“学术村”布局，已经是美国、中国乃至世界许多大学校园布局的惯例了。但在 200 年前，如此布局却是“完完全全新颖的平面计划”[16]。在弗吉尼亚大学之前，英属美洲殖民地上已经建成了包括哈佛大学(建于 1636 年)、威廉与玛丽学院(建于 1693 年)、耶鲁大学(建于 1701 年)、新泽西学院(建于 1746 年，即后来的普林斯顿大学)等一批大学，但这些学校的校园核心都是一栋容纳多个学院的巨大建筑，也就是杰斐逊反复批评的“大房子”。杰斐逊对“大房子”的观感和他对大城市一样，觉得它们拥挤、吵闹、肮脏、僵化，会让青年人染上“一些无益于日后生活的习惯和特性”[17]。与之相反，杰斐逊为理想

15 JEFFERSON, Thomas.Letter to Trustees ofEast Tennessee College, 1810 // HECK, Marlene Elizabeth, with photographs by SHOFIFNER, Charles. *Thomas Jefferson's University*. Charlottesville: Thomasson-Grant, 1987：14-15.) [A].

16 LATROBE, Benjamin. Latrobe to Jefferson, 7 June 1817 // Benjamin H. Latrobe Papers, Maryland Historical Society.

17 JEFFERSON, Thomas.Jefferson to Caspar Wistar, 21June 1807 // FORD, Paul Leicester. "The Writings of Thomas Jefferson. " Volume 9. *New York: Putnam (1892)*: 78. [A].

中的大学描绘了一幅田园牧歌式的画面，学生们求知的地方应该是一座学术村，一片绿树成阴的大草坪四周布置着小而精的校舍，教授和学生毗邻而居，活泼而安详地浸润在知识的海洋里。为了实现这样的教育理念，他不但需要在建筑设计上另辟蹊径，而且要寻觅新式的授课和管理模式，更需要说服那些被时代所局限的“平庸的立法者们”，向他们展现“学术村”所蕴含的价值。

据当今学者们分析，杰斐逊之所以偏爱“学术村”布局，主要原因是基于功能上的考量。杰斐逊曾反复解释，将校舍分散布局在空旷场地的四周，要比拥挤的“大房子”更能避免瘟疫、火灾、骚乱的传播，这在公共卫生堪忧的 19 世纪初至关重要[18]。但和功能考量相比更为重要的是，“学术村”对杰斐逊来说，似乎更代表了他对理想学术的憧憬。他所津津乐道的古罗马的文人墨客，便经常聚在他们的乡间别墅里吟诗作赋。在设计蒙蒂塞洛和白杨林庄园的时候，杰斐逊一再借鉴古典庄园的元素。研究杰斐逊的学者们猜测，对他来说“村庄成为了一个范例，它不但反映了建筑元素的组织，甚至也和知识结构类似”[19]。这份对古典学术的想象和杰斐逊所熟悉的美洲南方殖民地的种植园文化相互补充，为他编织了一份散发着共和主义理想

18 有学者认为，杰斐逊在设计“学术村”的时候，曾参考同时代的医院设计。见 WOODS, Mary N. "Thomas Jefferson and the University of Virginia: Planning the academic village. " *Journal of the Society of Architectural Historians 44*, no. 3 (1985): 266-283. [J].

19 WILSON, Richard Guy. "Jefferson’s Lawn: Perceptions, Interpretations, Meanings. " *Thomas Jefferson's Academical Village: The Creation of an Architectural Masterpiece* (1993):68. [A].

的美丽画面——一个卫生、自然、平等、质朴的“学术村”。这也成为杰斐逊心中一个抹不去的梦想。

在把这样美好的“学术村”变成现实的旅途上，杰斐逊固执而激烈地战斗着，一边运用政治手腕推动州议会批准并赞助州立大学的项目，一边不断打磨自己想象中的大学模样，并着手绘制草图，勾勒“学术村”的校园和建筑。成立“阿尔伯马尔县县立中学”的董事会之后，杰斐逊在 1814 年第一次把他设想的“学术村”画了出来，并介绍给董事会的其他成员（图 4.2）。这张建筑草图和他之前在信中描绘的基本一样，中央是一片长方形的场地，场地三面各有 3 个楼阁（pavilion），楼阁之间各有 10 间宿舍，房子和宿舍前由一条柱廊相连。楼阁一层是教学用的大厅，二层是供教授生活起居的 2 个房间。虽然看起来简单，但“学术村”已不再是 10 年前信笺中的只言片语，而是有了雏形。

-“学术村”的设计和营造-

随着州议会批准成立“中央学院”，学校的建设计划很快提上了日程。在

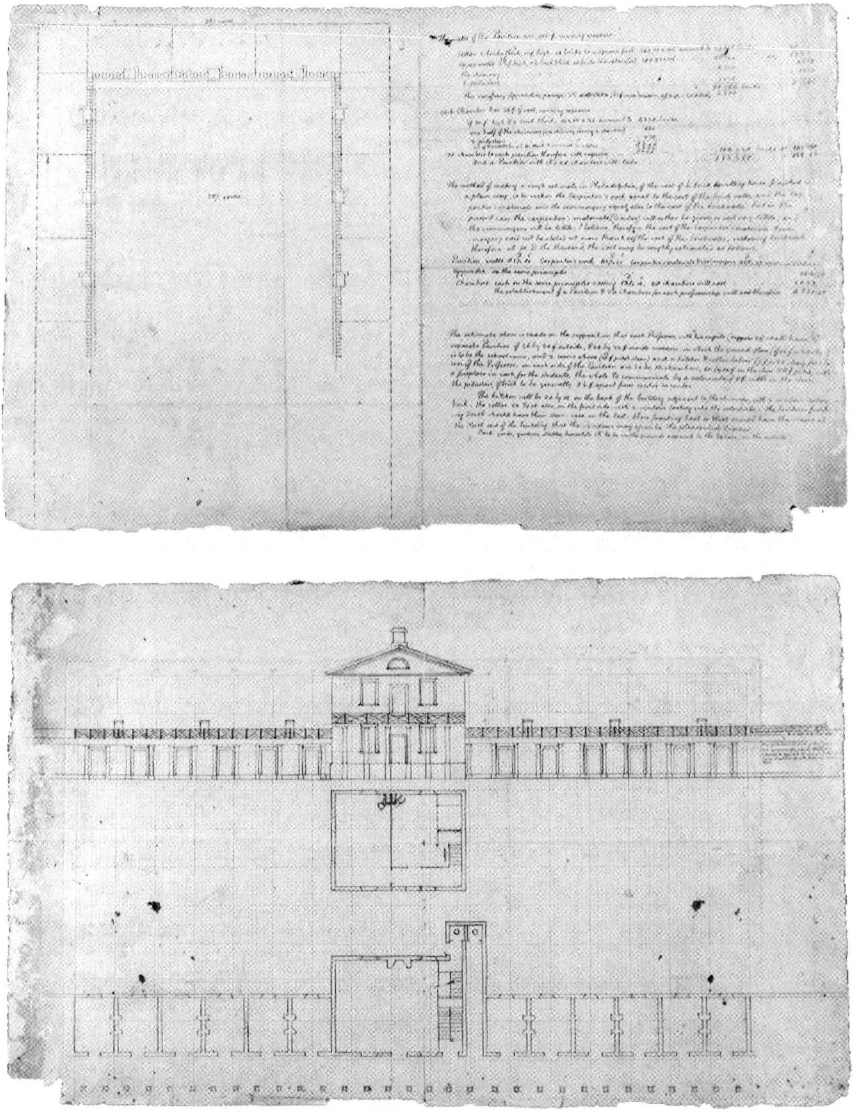

· 图 4.2　杰弗逊在 1814 年绘制的校园草图

1817年4月确定学校的选址之后，理事会在5月决定，要在同年建起“学术村”的第一座楼阁，杰斐逊责无旁贷地担负起了建筑设计的重任。他在1814年草图的基础上，不断优化整个场地的布置以及每个楼阁的外观。此时杰斐逊已经设计过弗吉尼亚州议会大楼、蒙蒂塞洛庄园、白杨林庄园以及若干住宅和法院等作品，积累了丰富的建筑设计和建造经验。他在法国马尔利城堡花园（Chateau de Marly，建于1686年）、萨利姆宅邸、圆柱废墟等地体验过的建筑空间，都将在他设计的“学术村”中有所体现。但这一次，杰斐逊面临着一个令所有建筑师举步维艰的困境，他手边的建筑资料匮乏。他在三年前已经把他大部分的藏书卖给了国会图书馆，现在家中的参考资料除了帕拉迪奥所著、莱奥尼（Leoni）译本的《建筑四书》之外，只有1766年出版罗兰·尚布雷（Roland Freart de Chambray）和查尔斯·埃拉尔（Charles Errard）所著的《古今建筑对比录》（*Parallele de lArchitecture Antique avec la Moderne*）等少数几本建筑书籍。杰斐逊正是从这本《古今建筑对比录》中找到了设计楼阁和宿舍所需的古典柱式的元素，但没有其他的资料，他无法探索这些元素的组合方式。

为了克服设计资料的匮乏，杰斐逊在设计“学术村”的过程中屡次请教他的建筑师好友们，尤其是威廉·桑顿（William Thornton）和拉特罗布。尽管今天留存下来的历史档案难以反映当时他们交流的全貌，但从只言片语里，我们仍然可以看到杰斐逊从两位同僚那里获得的灵感，和他一步一步清晰的设计方案。他在1817年5月首先给桑顿发信，向他咨询楼阁的设计意见：“我

· 图 4.3　桑顿为杰斐逊绘制的建筑草图（1817 年）

提议建造一个 213 ~ 244 米的长方形场地……柱廊用方砖做壁柱，托斯卡纳式檐口。我们希望小楼的设计能高于宿舍，成为好品位和好建筑的样本，每个小楼有不同的外观，从而能成为建筑教学的案例。你是否能动用自己的想象为我画些草图，无论多随意，也不必考虑规则和尺度，我们只想要一些建筑的外貌。建筑内部则要根据具体的情况来设计。”[20] 桑顿为此在 6 月寄来了两幅楼阁的立面图（图 4.3）。这两幅立面图都以一层砖拱廊上设置五开

20　JEFFERSON, Thomas. Jefferson to Thornton, May 9,1817. Library of Congress 档案馆藏，Washington D.C.[Z].

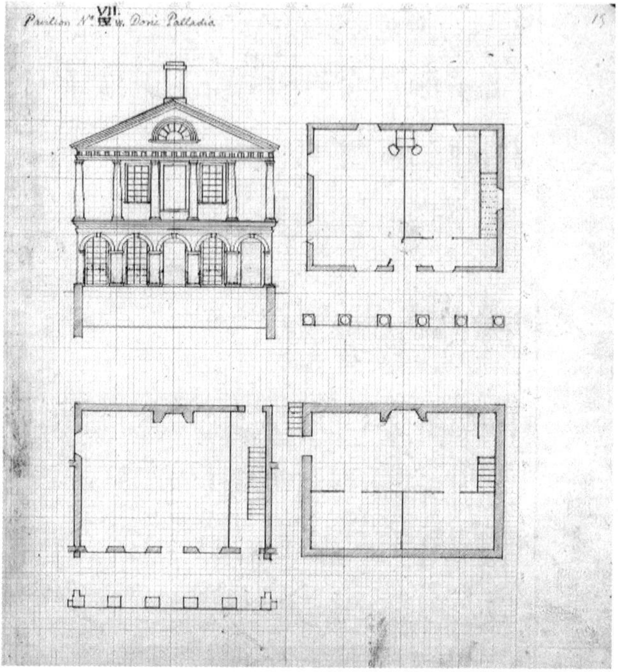

· 图 4.4　杰斐逊参考桑顿建议所绘的 7 号楼阁设计图（1817 年 7 月）

间柱廊为主题，其中一个立面设计了三角山墙和科林斯柱式，另一个是托斯卡纳柱式，以楣梁收尾。桑顿解释道，那个高等级的立面可以作为整个布局的中心。杰斐逊参考桑顿的建议绘制了一幅楼阁的平立面图（图 4.4），这份设计很快获得理事会的首肯，成为了弗吉尼亚大学第一座楼阁的蓝图。但除此之外，杰斐逊似乎对桑顿的方案并不满意，该方案未能满足杰斐逊所提的一个核心要求，即“每个小楼有不同的外观，从而能成为建筑教学的案例”。收到桑顿图纸的第二天，杰斐逊向拉特罗布提出了几乎一模一样的设计请求，后者则很快回信，承诺会寄来一些设计草图。

在等待拉特罗布图纸的同时，杰斐逊和理事会紧张筹备着学校的施工，他们面临的首要问题是复杂的地形。理事会所选定的“三凹路”旁的校址是一片向南缓缓走低的长坡，这和杰斐逊想象中“学术村”场地的平坦和方整不同。为了适应基地的长度，杰斐逊把 1814 年图纸上几乎呈正方形的场地拉长，又将原本环绕场地三周的房屋调整到了左右两边。接着，他把坡地分割成 3 个首尾相连的大梯台，每个梯台是一片长 78 米、宽 61 米的平整土地，两侧设置随梯台逐层下降的楼阁和宿舍。如此一来，杰斐逊得到了一个在楼阁与宿舍拱卫之下、由三级梯台组成的中央大草坪，这将成为未来 200 年里整个“学术村”的核心（图 4.5）。

“三凹路”校址意外的长度和坡度并没成为杰斐逊实现“学术村”的阻碍，反而激发了他的创意。和其他建筑师一样，杰斐逊需要不断面对地形的挑战，将不利因素创造性地扭转成设计的亮点。在 1814 年的设计草图中，杰斐逊所表达的是一个几乎呈轴心对称布局的“学术村”，他将自己的共和理想注入其中，尝试追求一个完全均衡、平等的传播知识的场所。到了 1817 年，杰斐逊面对地形限制被迫将 1814 年方案里的方形场地变为“中央大草坪”，但他仍把楼阁和宿舍对称布局在两侧，从而保持了理想中“学术村”应有的均衡品质。不但如此，他按照“中央大草坪”所呈现的地势提出了新的设计，除两列楼阁和宿舍之外，杰斐逊在 1817 年 7 月的图纸中新计划在“中央大草坪”北面梯台的正中心另修建一栋建筑，他甚至把它标注成“A”，以期和标注了其他字母的楼阁区分开来。这座居于场地最高点的“A”建筑无疑

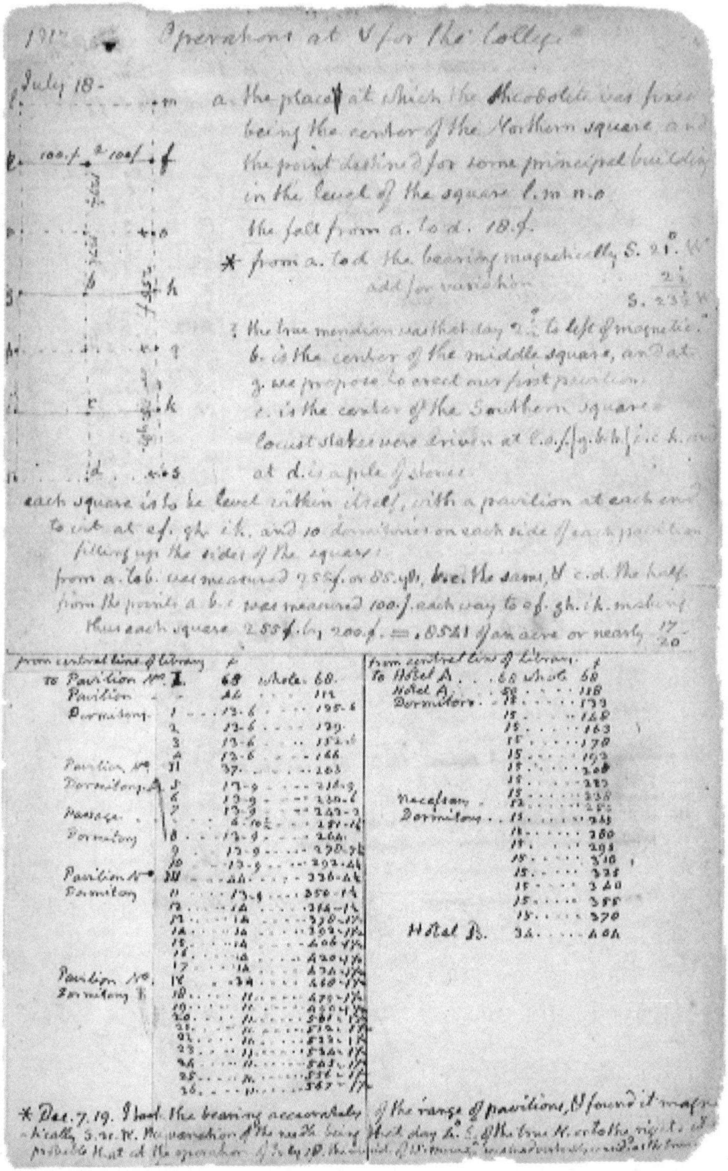

1817 Operations at U for the College

July 18 —

a. the place at which the theodolite was fixed being the center of the Northern square and the point destined for some principal building in the level of the square l. m n. o

the fall from a. to d. 18. f.

* from a. to d. the bearing magnetically S. 21° W.

add for variation 2½

S. 23½ W.

the true meridian was that day 2½° to left of magnetic.

b. is the center of the middle square, and at g. we propose to erect our first pavilion.

c. is the center of the Southern square.

Locust stakes were driven at l. o. f. g. h. k. i. h. and at d. is a pile of stones.

each square is to be level within itself, with a pavilion at each end to wit at e. f. g. h. i. k. and 10 dormitories on each side of each pavilion filling up the sides of the squares.

from a. to b. was measured 255 f. or 85 yds. b. to c. the same, & c. d. the half. from the points a. b. c. was measured 100. f. each way to e. f. g. h. i. k. making thus each square 255 f. by 200 f. = .8521 of an acre or nearly 17/20

* Dec. 7. 19. I took the bearing accurately of the range of pavilions, & found it magnetically S. 21. W. the variation of the needle being that day 2°. E. of the true N. or to the right ...

图 4.5　文件左上角是杰斐逊在 1817 年绘制的学校总平面设计图，其中标注为 A 的点位于大草坪北侧正中心，是他最初预计大礼堂的位置。杰斐逊参考桑顿建议确定的 7 号楼阁设计图（1817 年 7 月）

将是整个“学术村”的中心。它预示着杰斐逊顺应地势新开辟了一条由北向南的轴线，把“学术村”原本匀质的空间编织进了动态的关系之中，是杰斐逊设计“学术村”过程里至关重要的一步。

到了 1817 年 8 月，拉特罗布仍没完成他的设计图纸，但他勾勒了一些草图给杰斐逊预览。在这些草图里，拉特罗布建议在楼阁上采用从地面延伸至二层檐下的通高柱式，来保证立面的整体观感。此外，他和杰斐逊不谋而合，也觉得应该进一步加强“中央大草坪”最北端的统治地位。他在“中央大草坪”北面边沿的中点画了一个上覆圆顶、前有柱廊、比楼阁大很多的建筑，并解释说，这将给整个“学术村”提供一个焦点（图 4.6）。杰斐逊很欣赏特拉罗布的设计，但理事会没时间等待他的设计图纸了。1817 年 10 月 6 日，“中央学院”的 7 号楼阁在杰斐逊、麦迪逊、门罗三位总统的见证下举行了奠基仪式，并以杰斐逊结合桑顿的建议而设计的图纸为基础开始施工。这标志着弗吉尼亚大学建设的开始。

奠基两天后，拉特罗布的图纸才姗姗来迟。杰斐逊很快放弃了桑顿的设计主张，而在剩余楼阁的设计中全部采用了两层通高柱廊的主张。他还致信拉特罗布，承诺会使用他设计的楼阁立面图（图 4.7）。除楼阁外，拉特罗布也对“中央大草坪”北端“A”建筑的设计有很多影响。杰斐逊不但像拉特罗布说的那样，把“A”建筑从北面梯台的中央挪到了场地边上，把它确立为

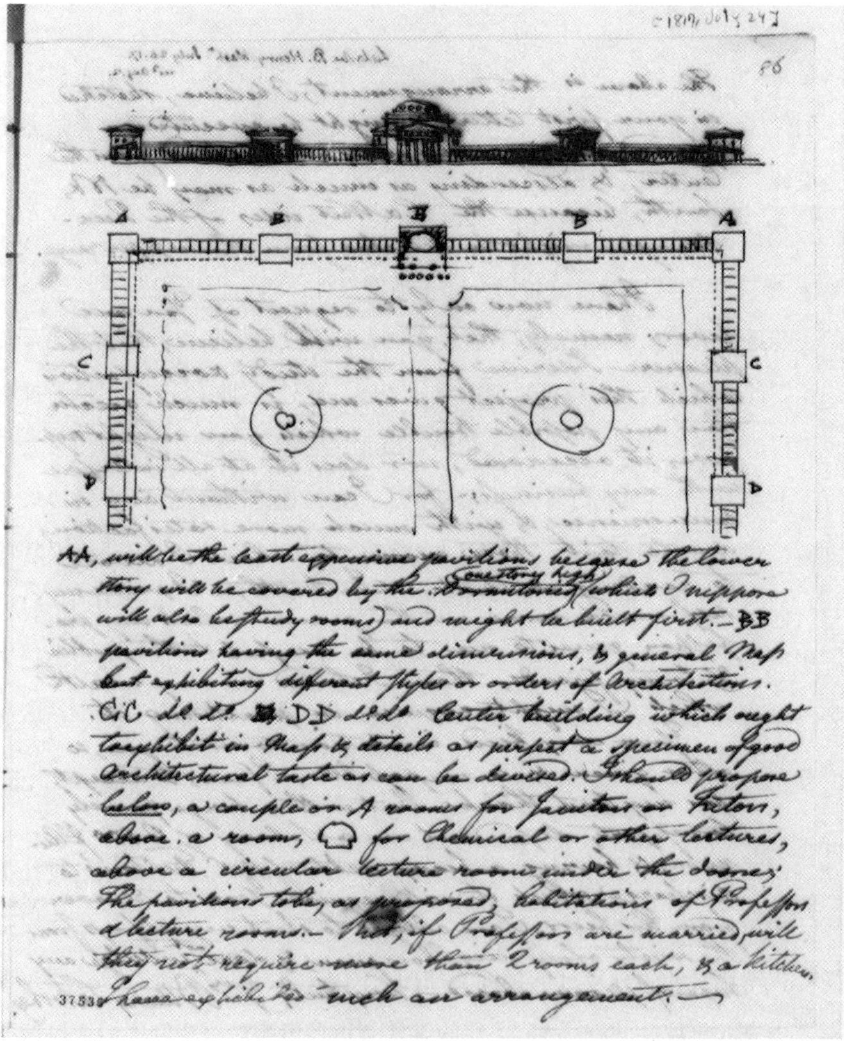

[1817, July 24]

AA, will be the least expensive pavilions because the lower story will be covered by the Dormitories (one story high, which I suppose will also be study rooms) and might be built first. — BB pavilions having the same dimensions, & general Mass but exhibiting different styles or orders of Architecture. CC do. do. DD do. do. Center building which ought to exhibit in Mass & details as perfect a specimen of good Architectural taste as can be devised. I should propose below, a couple or 4 rooms for Janitors or Tutors, above, a room, for Chemical or other lectures, above a circular lecture room under the dome; The pavilions to be, as proposed, habitations of Professors & lecture rooms. — But, if Professors are married, will they not require more than 2 rooms each, & a kitchen. I have exhibited such an arrangement. —

· 图 4.6　拉特罗布绘制的校园立面草图

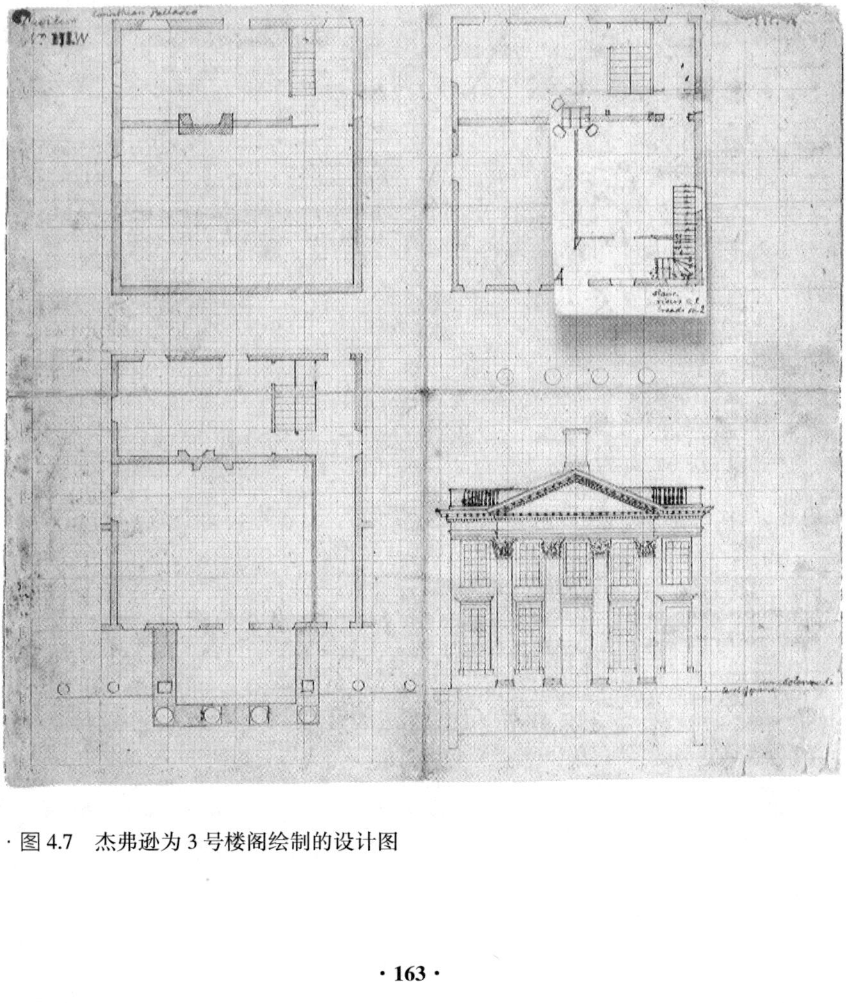

· 图 4.7　杰弗逊为 3 号楼阁绘制的设计图

整个学校的中心，甚至在“A”建筑的具体细节中借鉴了很多拉特罗布的想法。可惜的是，拉特罗布的图纸已经遗失，现在已难以辨别杰斐逊借鉴程度之多少。今天，学者们在杰斐逊保留下来的设计图纸里找到了两处致意拉特罗布的地方，一处在“A”建筑平面图的背面，杰斐逊在这里写道：“圆形大礼堂，已按罗马万神庙的比例缩小并做容纳大学图书馆所需之改动。”但在细心检视之下，人们发现这行字的开头本是“拉特罗布的圆形大礼堂”，只是拉特罗布的名字被特意擦除了。另外，在大礼堂立面图的正面右上角也标注有“拉特罗布 XX 号”，这明显在指拉特罗布的一张设计图。但具体图纸的编号却被杰斐逊划掉了。或许杰斐逊觉得自己已对拉特罗布的设计做了足够的修改，没必要再把它归为对方名下。或许这其中潜藏着一段不为人知的历史，折射出二人分分合合的私人关系[21]。这一切，也让圆形大礼堂的设计来源成为了一桩谜案。

杰斐逊投身设计工作的同时，随着州议会批准将“中央学院”调整为州立“弗吉尼亚大学”，校园的建设进入了快车道。在学校理事会 1819 年 3 月碰面时，杰斐逊拿出了一份供当年工程使用、完整而细致的校园建设方案。这个方案

21 杰斐逊和拉特罗布争论过后者设计的国会大厦穹顶，认为在穹顶应添加一个天窗采光。尽管拉特罗布警告说天窗一定会导致漏雨，但仍输给了杰斐逊。安装的天窗也的确像他说的那样有严重的漏雨问题。参考 NORTON, Paul.Latrobe,Jefferson, and the Capitol, 1952, Princeton University,University Microfilms, 1975: 174-175, [D] 和 他 的 "Latrobe's Ceiling forthe Hall of Representatives, "Journal of the society of architectural historians, 10 (May 1951), 5-10.[J].

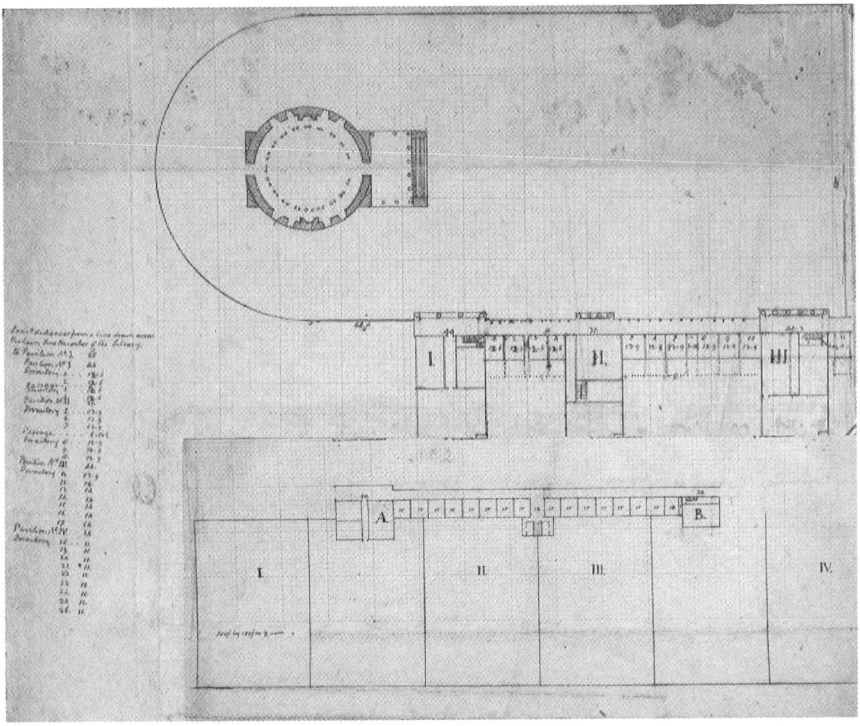

· 图 4.8　杰斐逊在 1819 年 3 月设计的校园平面草图，分为两个部分，一页纸上大礼堂和阁楼是已经设计好的部分，另一页纸是杰斐逊当时推敲花园和旅馆的草图

除了圆形大礼堂和楼阁的蓝图之外，还展示了“学术村”的新规划。杰斐逊在原来“中央大草坪”西边的楼阁和宿舍的外侧，又添加了一道由俱乐部和宿舍连成的建筑长廊，以容纳食堂、集会等学生日常生活的需求（图 4.8）。此后，杰斐逊不断推敲和改动这道长廊的设计，并在 7 月确定了校园平面的最终版本。“中央大草坪”两边的 10 座楼阁背后，各有一个平面呈长方形、南北用蛇形墙垛的花园，花园再向外是俱乐部和宿舍，它们和楼阁将花园环绕起来，为师生营造了思考、休憩、聚会的宜人环境，也令整个校园显得更

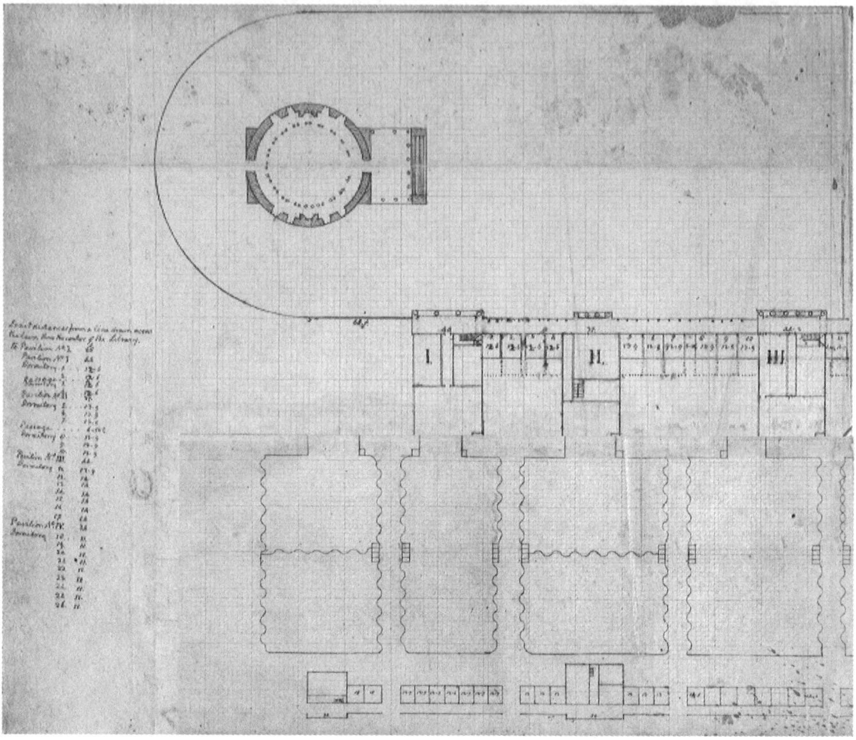

· 图 4.9　杰斐逊 1819 年最终设计的校园平面草图中，花园和旅馆的部分

加自然和舒展（图 4.9、图 4.10）。这一终版的校园平面计划被绘制成图纸，在 1822 年经彼得 · 马弗里克（Peter Maverick）制成版画，在美国的知识界广为传流（图 4.11）。

到了 1822 年，弗吉尼亚大学校园里的楼阁、宿舍、花园等建筑已初具规模。这些年间，几乎每个由“三凹路”途经夏洛茨维尔的行人都会饶有兴趣地看

· 图 4.10　楼阁后的花园一景

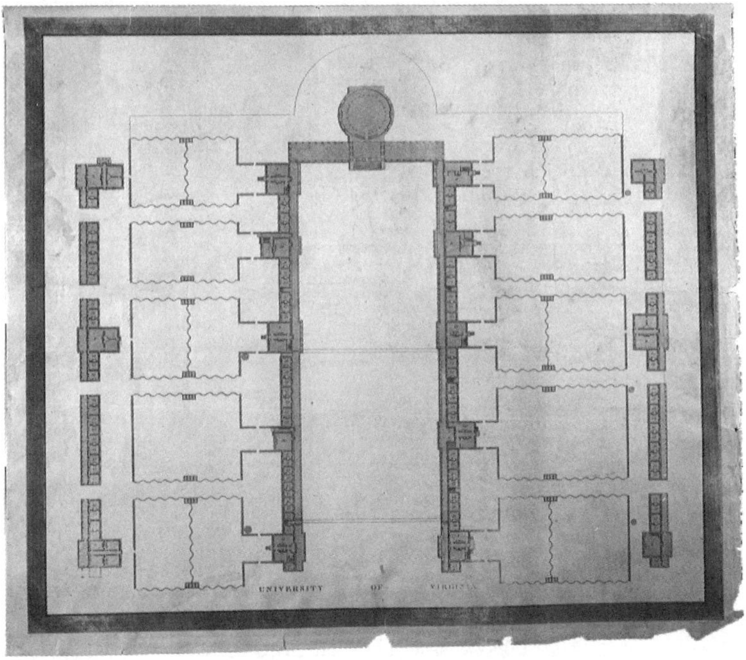

· 图 4.11　弗吉尼亚大学平面图
由约翰 · 尼尔森（John Neilson）绘制，彼得 · 马弗里克 (Peter Maverick) 制作的版画，1822 年制成，1825 年修改

着 200 多位工匠在工地上繁忙地劳作。他们还会经常看到 70 多岁高龄的杰斐逊穿梭在人群当中，监督和指导施工。不久之后，已步入风烛残年的杰斐逊不得不把督工的重任交给旁人，但他仍一直关注学校的建设进度。他在 1824 年推动州议会批准了一笔新的经费资助圆形大礼堂的施工，又在 1825 年为学校的医学教授设计了一座解剖实验室。1825 年 3 月，弗吉尼亚大学敞开大门，正式聘用了 5 位教授并录取了大约 40 名学生。1826 年 9 月，随着圆形大礼堂的竣工，“学术村”终于从一个遥不可及的梦想变成了现实。而在 2 个月前的 7 月 4 日，杰斐逊刚在蒙蒂塞洛的卧室里安详辞世。像杰斐逊墓志铭上所写的那样，弗吉尼亚大学和它所代表的公立教育体系，是他留给美国人民的最后遗产。

- 在矛盾中统一的校园设计 -

尽管日后杜克大学（Duke University）、哥伦比亚大学（Columbia University）、约翰霍普金斯大学（Johns Hopkins University）和清华大学等院校均沿袭了类似的布局，但像弗吉尼亚大学这样在延伸的大草坪两侧布置教学楼的设计，在当年可是独一无二的。当大学建成后的模样在 19 世纪二三十年代随着一批版画流传开来的时候，杰斐逊的新颖设计令人惊讶和着迷（图4.12）。正如本杰明·坦纳（Benjamin Tanner）的版画描绘的那样，“学术村”的校园紧凑而舒展，肃穆而清雅，庄重而宜人。“中央大草坪”最北端坐落着庄严的圆形大礼堂，礼堂门厅下柱廊蔓延至草坪的东西两侧，随着

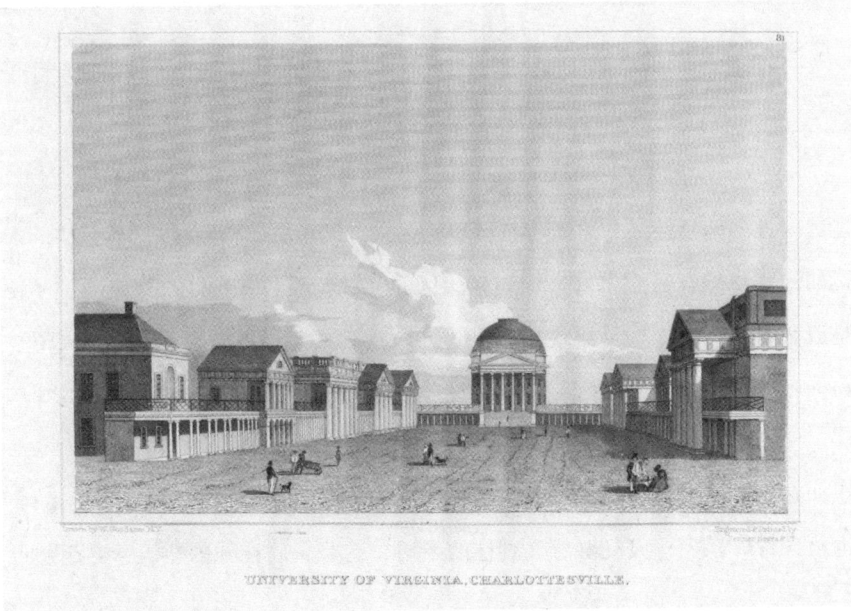

·图4.12　威廉·古达克（William Goodacre）绘制的弗吉尼亚大学
由芬纳·希尔斯公司（Fenner Sears & Co）制成版画，欣顿、新普金、马歇尔公司（Hinton & Simpkin and Marshall）于1831年发表

· 图 4.13　大草坪和中央大礼堂

地势一直向南延伸，“象征着对新知的探索永无止境”[22]。草坪两侧，楼阁俊挺的门廊点缀在柱廊之间，像起起伏伏的琴键一般，其中往来穿梭的学子便是流淌的音符。“学术村”沿用杰斐逊式风格，建筑以红砖砌筑，柱子、楣梁、窗棂、扶手施以白灰，在蓝天绿地的陪衬下，好似一幅靓丽的油画（图 4.13）。

正如杰斐逊建筑思想来源于理想主义和现实主义的交织那样，他的“学术村”也蕴含着一系列让人又疑惑又着迷的矛盾，这些矛盾让他的建筑一方面贴近

22　为了暗示“中央大草坪”和它两边的建筑长廊在未来会向南延伸，杰斐逊甚至在原来的设计上，在 9 号、10 号楼阁以南又添加了宿舍。这样一来整个建筑格局并未由楼阁结束，而又向南伸出了宿舍和柱廊。

世俗的生活，另一方面又透露出超凡的设计品质。譬如说，“学术村”既集中又分散的建筑布局，正是一个长久以来处于争论漩涡里的矛盾。从1814年的平面开始，杰斐逊一再为弗吉尼亚大学勾画出一个平等、均衡、匀质的布局，很多人把这视为杰斐逊等人反独裁、反集权的共和主义理念标志。但最终落成的校园，除了东西向对称的建筑和花园之外，还有一条以大礼堂为核心的南北轴线。对此，建筑理论家路易斯·芒福德的声音代表了很多人的想法：“在其他所有方面，这个设计都是一个杰作”，是三个核心品质的化身——现代大学的规划和议程，和睦的整体布局以及超越机械化生产、具有生命力的细部设计。但对于圆形大礼堂，杰斐逊却“走错了，丢失了他自己的基本原则……应该和馆舍保持一致，和学术村的布局融为一体，而不是追求‘高级建筑’的崇高感”[23]。正如我们之前看到的那样，杰斐逊把“学术村”的方形平面变成轴线布局，不仅是迫于场地的限制，而且也做了一系列努力，力图保持整体平面的舒展。作为建筑师，杰斐逊知道实现设计理念的过程总是伴随着场地、气候、材料、经济等因素的调整，而设计师的天资恰恰需要在调整的狭小夹缝里涌现。“学术村”虽然没有完全按照均衡平等的方形场地布局，但却因为大礼堂而有了“心脏和灵魂”。

除了集中而分散的布局，“学术村”另一个引人入胜的矛盾，是它规整而变化的建筑关系。当人们徜徉在校园里，眼前呈现的是“中央大草坪”边沿连

23 MUMFORD, Lewis, *The South in Architecture* (NewYork: Harcourt, Brace & Co., 1941), 70-76. [M].

续的建筑立面。廊下整齐划一的柱子时时被楼阁前高达两层的大门廊打断，高矮交互，错落有致，眼光锐利的游人甚至能辨认出廊下柱子在统一里的变化。花园外侧宿舍所用的砖拱廊，到草坪两边长廊下变为了简洁的塔司干柱，到楼阁的门廊下再被爱奥尼柱和多立克柱取代，最终以大礼堂门廊中最高级的科林斯柱式结束。这一切形成了层层递进的视觉韵律，令漫步于“学术村”的游人好似在聆听一场严谨而澎湃的交响乐章（图 4.14）。

当游人随着一层层高涨的视觉韵律来到大礼堂门廊，回望“中央大草坪”，去想象楼阁、宿舍、长廊、草坪的规整列队向南“无尽延伸”，请不要忘记这壮观气象仍在杰斐逊的控制之下。虽然宿舍、楼阁、草坪看似呈等距对称的布局，但实际上杰斐逊运用视错觉实现了巴洛克的效果。对于草坪两侧的建筑长廊，杰斐逊从北向南逐个增加了楼阁之间的距离。比如说，草坪西侧靠近大礼堂的两个楼阁之间有 4 个宿舍，这一数字向南逐渐增加到 6 个、7 个、10 个。这样，“中央大草坪”两边建筑长廊的立面从北向南逐渐拉长，配合大草坪逐渐走低的三层梯台，令站在草坪南北两端的人们产生出超脱实际的观感。从大礼堂向南望去，建筑长廊似乎更加舒展，“学术村”更加绵延深远；从南往北看向大礼堂，建筑长廊似乎结束得更快，视觉重心也更集中在大礼堂。这样，通过调整楼阁和宿舍的建筑关系，杰斐逊让规整的“中央大草坪”展现出动态的一面。这一具有张力的巴洛克设计和校园矜持的新古典主义造型相叠，迸发出无限趣味（图 4.15）。

· 图 4.14 “中央大草坪”周边建筑长廊立面

· 图 4.15 从中央大礼堂的柱廊下看向中央大礼堂

在集中而分散的校园布局、规整而变化的建筑关系中，杰斐逊进一步为“学术村”设计了10个看似相同、实则相异的楼阁立面，同样引人深思。公爵卡尔·伯恩哈德（Karl Bernhard）评论说，楼阁不同的模样有碍于“美观和尊贵的外观”，很多游人不但不理解，甚至都不曾注意到如此煞费苦心的设计。从构想“学术村”伊始，杰斐逊就笃信“精挑细选每个建筑柱式中最纯粹的例子来介绍，是向学生教授建筑艺术的基础。因此我们决定，每个学院和相应教授的馆舍应该成为种种不同而独特的建筑艺术之样本。这些馆舍将立在一个方形场地的三条边外沿。建筑课的老师将在学生的环绕下，向他们依次讲解这些样本的柱式，分析它们的变化、特征和使用的条件”[24]。这幅现场讲解建筑的授课场景，显然一直萦绕在杰斐逊心间，伴随他建造弗吉尼亚大学的始终。在设计“学术村”之初，他便在中央场地边依次按字母顺序标出了10栋馆舍，这就是现在“中央大草坪”两旁的1号到10号楼阁。对于楼阁的立面，杰斐逊则投入了全部的心力，力求将其塑造成“每个建筑柱式中最纯粹的例子”“不同而独特的建筑艺术之样本”。据学者考证，他为此参考了不同的建筑原型以求得丰富而变幻的设计：

（1）大礼堂西侧1号楼阁的门廊可能采用了尚布雷和埃拉尔《古今建筑对比录》里罗马戴克里先浴场（Baths of Diocletian）的多立克柱式（图4.16）。

24 JEFFERSON, Thomas. Letter to Senator L. W. Tazewell and Representative William Cabell Rives, 25 November 1825. // Jefferson Papers, Library of Congress 档案馆藏. Washington, D.C. [Z].

· 图 4.16　1 号阁楼立面

（2）礼堂东侧 2 号楼阁的三开间门廊被杰斐逊称为“罗马复兴风格的一个杰出例子”（Roman Revival），可能模仿了帕拉迪奥《建筑四书》里罗马福尔图纳神庙（Temple of Fortuna）的爱奥尼柱式，柱头专门从意大利订购。这样一来，大礼堂和它两侧的 1 号、2 号楼阁上集合了科林斯、爱奥尼、多

· 图 4.17　2 号阁楼立面

立克柱式，这应是杰斐逊有意为之，以方便教授“依次讲解这些样本的柱式，分析它们的变化、特征和使用的条件”（图 4.17）。

（3）3 号楼阁按拉特罗布的草图布置了科林斯柱，是 10 栋楼阁里细部最精细的柱式。门廊宽度略小于建筑立面的宽度（图 4.18）。

（4）4 号楼阁参考了《古今建筑对比录》的多立克柱。

（5）5 号楼阁参考《建筑四书》里的爱奥尼柱，柱头从意大利订购。

· 图 4.18　3 号楼阁立面

（6）6 号楼阁模仿马切罗剧场（Theatre of Marcellus）的爱奥尼柱。

（7）7 号楼阁按桑顿的设计，下层设五开间拱廊，上层用《建筑四书》里的多立克柱。

（8）8 号楼阁的图纸上标注了“拉特罗布的建筑立面”，用科林斯柱。

（9）9 号楼阁不同于其他建筑，杰斐逊可能参照了拉特罗布的图纸，在此借鉴了克劳德 · 尼古拉 · 勒杜设计的、落成不久的巴黎吉玛德别墅（Hôtel

Guimard），以此为他的“建筑艺术之样本”添加一个“现代”案例。立面当中一个半圆形的内凹，和其他楼阁形成反差（图 4.19）。

（10）10号楼阁参考了马切罗剧场（Theatre of Marcellus）和内尔瓦神庙（Temple of Nerva）的多立克柱。

· 图 4.19　9 号楼阁

在设计“学术村”这些建筑的时候，杰斐逊仍迸发着他理想主义和现实主义交织的激情。和帕拉迪奥等人文主义者一样，杰斐逊相信历史不断演化，运用古典的目的在于创新而非复制。他一方面为每栋楼阁精挑细选出古典原型，一方面把这些原型按“学术村”彼时彼处的需要而加以变化。在功能的设计上，杰斐逊的标准是“按具体的便利”：楼阁尺寸按地形所限大小不同；建筑平面模仿弗吉尼亚州的乡间别墅，在一层安置大房间供授课使用，二层划分出小房间容纳教授的日常起居；楼梯等交通功能部分予以隐蔽处理；廊道、门梁等细部沿用蒙蒂塞洛的装饰主题（图 4.20）。建筑布局方面，10 座楼阁相对而立，所反映的是当时美国的共和主义价值观念。建筑材料上，除少数柱头从意大利采购，绝大部分结构采用红砖和抹灰这些本地的材料和匠作。起居环境上，楼阁后布置花园，前面是绿树成荫的大草坪，正适应校园生活之所需。楼阁的古典立面和它们彼时彼处的风土气息对比，构成了“学术村”另一层矛盾而统一的匠意。

为了“给我们的国人展现值得鉴赏和追随的典范……令他们培养出好的艺术品位”，杰斐逊尽可能参考材料和请教专家，力图为“学术村”引进 10 个规模类似却造型各异的“每个建筑柱式中最纯粹的例子”[25]。面对这样一个对任何建筑师而言都无比艰巨的挑战，理想主义者杰斐逊并未却步。无论后

25 JEFFERSON. Letter to James Madison, September 20, 1785. [Z] 和 JEFFERSON, Thomas. Letter to Senator L. W. Tazewell and Representative William Cabell Rives,25 November 1825 , Jefferson Papers, Library of Congress 所藏 , Washington, D.C. [Z].

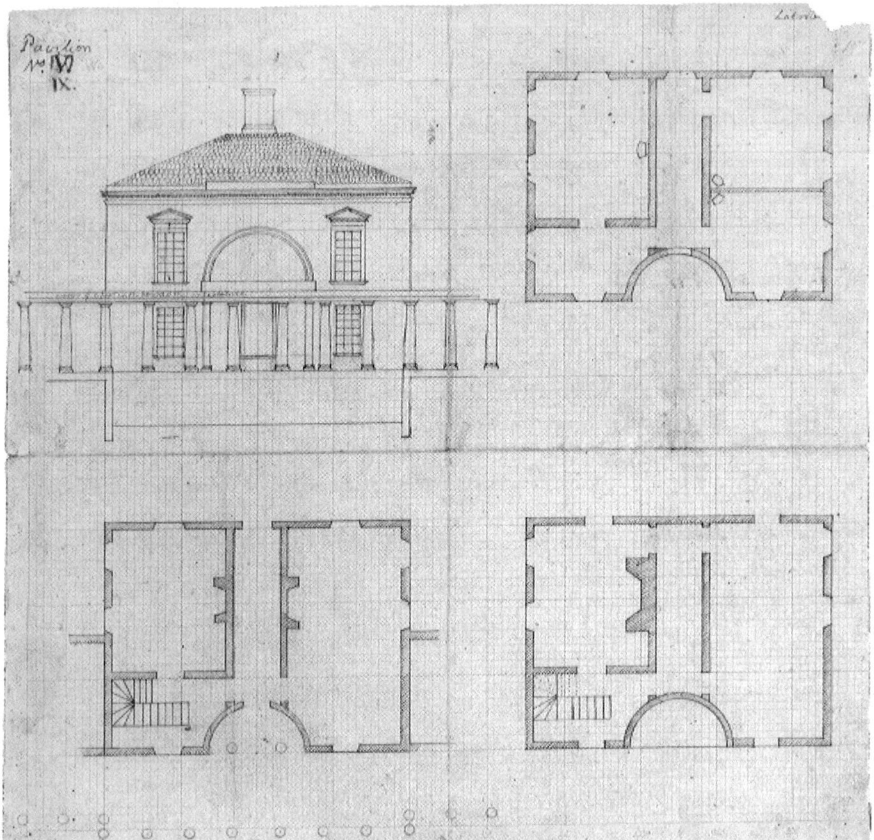

· 图 4.20　杰斐逊绘制的 9 号楼阁设计图

人是否理解杰斐逊的初衷，毋庸置疑的是，这10座形象各异的楼阁，在集中而分散的校园布局、规整而变化的建筑关系之上，进一步把“学术村”矛盾而统一的韵律引入到建筑设计的尺度之中。悠闲漫步于“学术村”均衡而有序的校园里，欣赏交响乐一般起起伏伏建筑立面的时候，人们往往会惊讶地发现，他们穿行其中的楼阁居然有着一张张相似而不同的面孔，这些面孔既带着古典庄重的神气，又显出自然质朴的亲昵。视觉敏锐的观者或许会更进一步，注意到“学术村”看似一致的材料和装饰，还随着建筑等级的差别而有进一步的变化。集中而分散、规整而变化、相似而又不同、古典而风土，这一切矛盾统一的设计，让“学术村”好比一个散发着无尽魅力、拥有着无限复杂性的生命似的，引诱着人们去感受它的脉搏和呼吸。

- 作为“知识的圣殿”的中央大礼堂 -

包容和统治整个“学术村”复杂性与矛盾性的，正是位于校园最北端的圆形大礼堂。杰斐逊恰当地称呼它为学校的“心脏和灵魂”。为了设计这个“心脏和灵魂”，他挑选了罗马万神庙作为原型。这样的选择无疑有拉特罗布的影响，但也可能和杰斐逊自身的经历有关。有学者认为，杰斐逊出使法国时曾潜心学习先锋建筑师克劳德·尼古拉·勒杜的作品，大礼堂的外貌和功能或许是受了勒杜的牛顿纪念堂的启发。如果进一步分析，我们会发现杰斐逊对于大礼堂和万神庙二者关系的执着，已远远超过形象上的模仿，而一直深入到逻辑关系上去。譬如说，他会在设计图纸上注明二者严格的数学关系，如“大礼堂是万神庙直径的一半，面积的1/4，体积的1/8”[26]（图 4.21 ~ 图 4.24）。这证明杰斐逊选择万神庙，乃是出于他理性主义的建筑思想。杰斐逊一直以来崇尚建筑上的几何关系，认为它们是理性和美感的化身。他称尼姆的方形神庙为“完美的长方体建筑”，称罗马万神庙为“完美的球体建筑”[27]。他在设计生涯之初拿前者作为弗吉尼亚州州立大楼的样板，来表达议会在政治生活里的崇高地位；到了生涯暮年设计“学术村”之时，又拿后者作为中央大礼堂的原型，这正表明了他贯穿一生的理性主义之建筑思想。

和设计弗州议会大楼一样，杰斐逊在借鉴万神庙样式的时候进行了一系列灵活变化，来让它和“学术村”的尺寸、形式、功能相协调。他按拉特罗布的建议把万神庙的八柱门廊缩减成六柱，并用加厚的楣梁把门廊和礼堂连起来，加强了建筑的整体性，并突出了建筑的穹顶。他在礼堂墙面均匀开窗，而且沿用了红色砖墙、白色饰带的杰斐逊式风格。在门廊的三角山墙上，他抛弃

26 SHERWOOD, Patricia C., and LASALA, Joseph Michael. "Education and Architecture: The Evolution of the University of Virginia's Academical Village." Thomas Jefferson's Academical Village: The Creation of an Architectural Masterpiece, WILSON, Richard 编 . Charlottesville: Bayly Art Museum of the University of Virginia (1993): 29.[A].

27 对于“立方体建筑”和“球体建筑”的论述，请见第二章页下注 30.

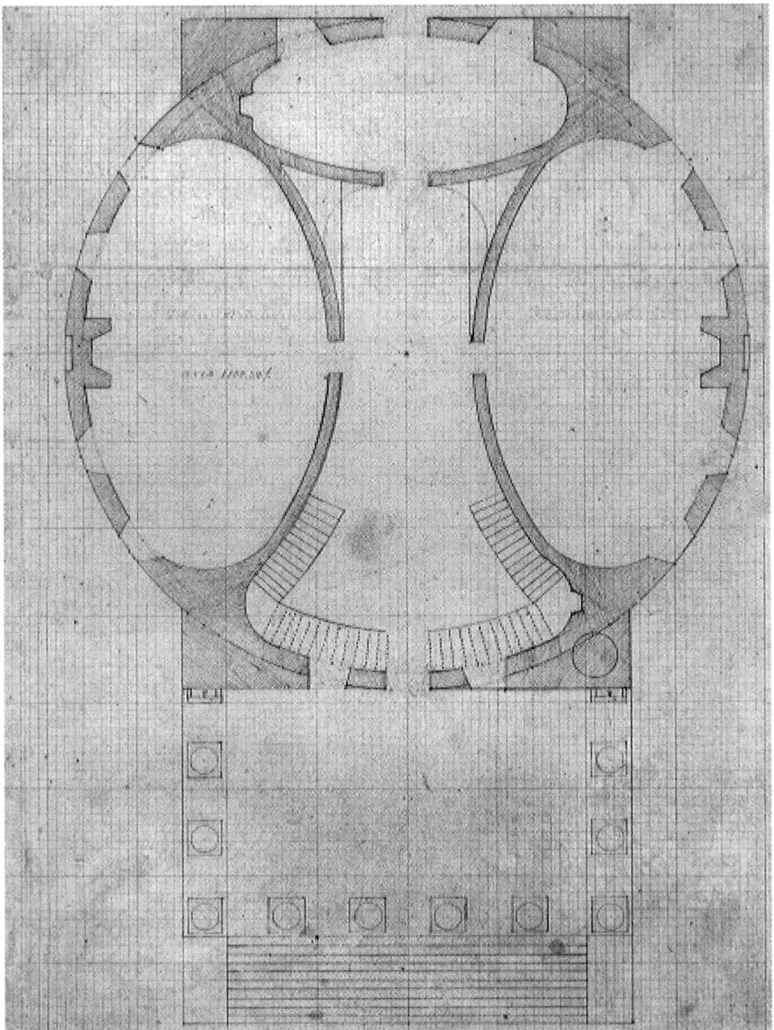

· 图 4.21　杰斐逊绘制的大礼堂一层平面图（1818—1819 年）

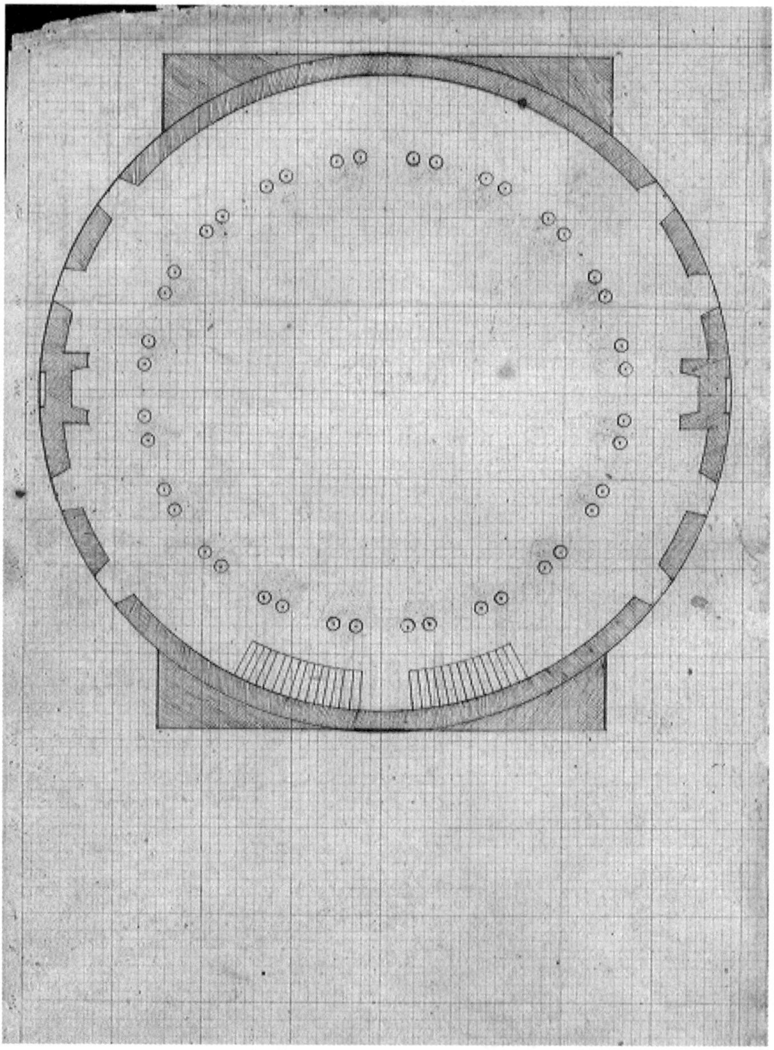

· 图 4.22　杰弗逊绘制的大礼堂二层平面图（1818—1819 年）

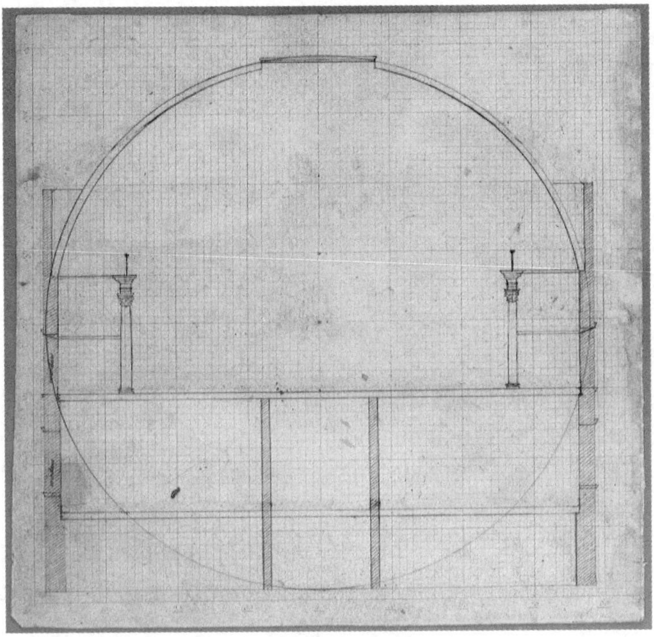

· 图 4.23　杰斐逊绘制的大礼堂剖面图（1818—1819 年）

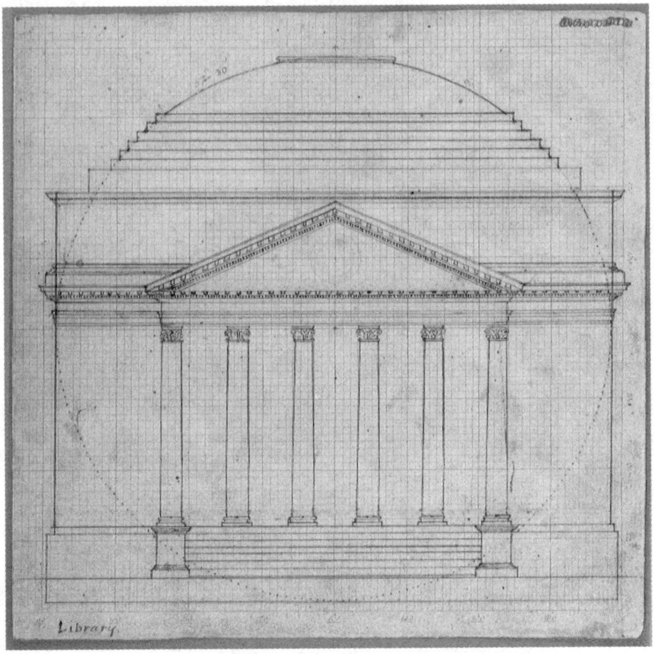

· 图 4.24　杰斐逊绘制的大礼堂立面图（1818—1819 年）

了古典建筑中的人像雕塑而改用一口挂钟，这一新颖设计减少了万神庙样式的宗教背景，为校园带来了科学的风气，而且让礼堂成为了组织校园生活的核心机器（图 4.25）。

大礼堂的平面不同于万神庙和当时美国所有的先例，堪称美国早期“远视建筑”（Visionary Architecture）的先驱。礼堂室内分为三层，地下层是运动馆，入口层平面模仿法国丽兹沙漠园林的圆柱废墟，左右和后部布置了橄榄形的房间作为会议厅。门厅左右，沿会议厅墙壁设了两架楼梯，游人经一折返，沿弧形墙边一面攀登，一面浸润在前方漫进窗扉的阳光之中。当窗户在楼梯尽头现出全貌，人们得以仔细欣赏窗外门廊下巨大的科林斯柱头和廊外缓缓延伸的“中央大草坪”，同时也会发现自己已来到二层大礼堂最南端（图 4.26）。这是一个直径约 24 米的圆形大厅，厅内被 20 组成对的科林斯柱环绕，隔出圆厅中央两层高的大堂和圆厅周边的耳室与夹层。夹层之上，巨大的穹顶在拱和圈梁的背负下攀升围拢，像万神庙一样在楼顶正中留出一眼窗洞，天光漫洒。这样的设计让整个大厅明暗交错，开合有度，气象万千。

杰斐逊为中央大礼堂设计了超前和动人的建筑空间，它在当时美国的先锋意义并不仅仅在建筑造诣上，而是集中在它的宗教和社会意义上。杰斐逊决定，作为现代大学的“心脏与灵魂”，“学术村”的中央大礼堂应该是一座图书馆，一栋“知识的圣殿”，一个寄托着“人类精神无限自由……对真理无尽

· 图 4.25　大礼堂南立面

· 图 4.26　从大礼堂二层窗户看向大草坪

追寻”的处所[28]。为了激励学生的求知欲，杰斐逊不但设计了“第一个将图书馆而非教堂建在中心的校园”，甚至想在礼堂穹顶绘上星座，把人用长杆吊起来，塑造遨游星际的体验。出于宗教自由的信念，杰斐逊不但没有在校园内设计任何和基督教相关的建筑，而且允许学生自由信仰多个教派。这些创举在今天的美国尚会引起非议，在19世纪初更是掀起了轩然大波。当时美国绝大多数大学不但以教堂作为学校的中心，而且会把讲授基督教的课业作为课程体系的重点。在这样的环境里，杰斐逊以理性主义和宗教自由为原则创办的大学将面对不断而严峻的攻讦。教徒们批评弗吉尼亚大学是“世俗权威和背叛者的联合，一个经过伪装和升级的异教”，他们宣扬，“一个委员会和教席上没有主教或神学教授，又以杰斐逊为首脑的学校，在虔诚的人的眼中和恶魔的作品无异”[29]。

在学校开始招生、杰斐逊去世之后，“学术村”的宗教立场问题成为了学生、教师、宗教人士和社会各界的战场。杰斐逊去世3年之后，弗吉尼亚州主教宣称，中央大礼堂引起了“全知全能者的愤怒”，因此弗吉尼亚大学将面临“毁灭”[30]。

28 HOGAN, Pendleton. *The lawn: a guide to Jefferson's university*. Charlottesville: University Press of Virginia, 1987: 23.[M].

29 HAWKS, Francis Lister, *Narrative of events connected with the rise andprogress ofthe ProtestantEpiscopal Church In Virginia* (New York: Harper,1836), 21. [M].该句第二个引言见 Corks and Curls, Corks and Curls Yearbook: 1888. Charlottesville, VA: University of Virginia Library, 22.

30 见牧师威廉·米德（William Meade）在1829年5月24日在弗吉尼亚大学大礼堂所作的布道 (Charlottesville: F. Carr & Co,,1829), 21.[R].

· 图 4.27　大草坪西侧的小教堂

这促使学校理事会通过师生自行捐款，聘任了大学的第一位牧师。1835 年，有人首次提议，在大礼堂前面紧挨着的草坪上建立一座“哥特式的教堂或礼拜堂”[31]。这一提议因资金问题而搁浅，但很快，大礼堂地下的一个运动馆被改造成了礼拜堂。在 19 世纪 50 年代，弗吉尼亚大学的校园和建筑总监计划在“中央大草坪”的最南端（即和大礼堂面对面的位置）建造一座哥特式教堂，这令人们再度关注起学校的宗教问题。最终，在 1885 年，理事会在考量了诸多选址之后，在大礼堂的西北侧修建了一座哥特式礼堂（图 4.27），学校里虔诚的信徒终于获得了短暂的安宁。在教堂的竣工仪式上，现代语言系的教授致辞说：“落在我们身后的是异教神庙那古典却冰冷的轮廓，在我们面前迎接的是尖尖的窗户、飞升的扶壁、耸立的尖顶……向天堂的追求。”[32]

31　TUCKER, George. George Tucker to Joseph C. Cabell, March 18,1835, Cabell Family Papers, UVA 图书馆所藏 . [Z].

32　WILSON, Richard Guy. "The Lawn: Mixed Reviews of a Masterpiece. " *University of Virginia Alumni News* 82.7 (1993): 7-11. [J].

-“学术村”的另一面-

曾经秉承宗教自由的“学术村”在杰斐逊身后步步蜕变，这不禁让人想起他当初把自己的公立教育计划称为“堂吉诃德式的理想”的自嘲。杰斐逊知道他面对着难以逾越的困难，但他仍像个狂人似的亮出自己的旗帜来和现实交锋。这份“堂吉诃德式的理想”不但表现在他对宗教自由的执着上，也反映在他为弗吉尼亚大学设立的教学系统里。他出于共和传统和古典学术理念，为“学术村”设计了一套极度自由、开放、平等的教学制度，来鼓励“人类精神无限自由……对真理的无尽追寻”。在管理制度上，“学术村”不设校长而由理事会共同负责，理事会的成员之间权力平等，且构成人员经常轮换。授课内容上，杰斐逊从美国各地乃至欧洲聘任教师，开设的专业有古代语言（Ancient Languages，地址在 1 号楼阁）、现代语言（Modern Languages，2 号楼阁）、数学（Mathematics，门下含建筑学，3 号楼阁）、应用数学（Physico-Mathematics，4 号楼阁）、物理和自然科学（Physics and Natural Philosophy，5 号楼阁）、园艺和动物学（Botany and Zoology，6 号楼阁）、医药学（Medicine，7 号楼阁）、治理学（Government，8 号楼阁）、法学（Law，9 号楼阁）、思想（Ideology，10 号楼阁），其科学性、应用性、综合性居于当时美国高校的前列[33]。杰斐逊没有为学生设立任何的必选课程、分班的系统、规定的课本，抑或考勤和惩罚制度。或许按照他的设想，师生们置身于质朴而宜人的“学术村”，一定会融洽而勤勉地“畅饮知识的美酒”，全心沉醉在求知的海洋里。

33　把当时弗吉尼亚大学的课程和杰斐逊自己当年在威廉与玛丽学院接受的教育（包括古希腊和拉丁语、伦理学、数学、神学等）相比，即可看出它的前进程度。

然而，尽管杰斐逊得以克服困难建成他梦想中的“学术村”，他却不可能创造出一群梦想中那样勤勉而质朴的师生。“学术村”刚开始运行时，杰斐逊便遇到了“严重的纪律涣散”[34]。学生们大多没有良好的基础教育，而且经常酗酒闹事，甚至在开学半年后组织了一场有 2/3 学生参与其中的大骚乱。杰斐逊和学校理事会转而执行几乎苛刻的纪律制度，却令学生和校方的矛盾进一步激化，最终导致法学教授于 1840 年在督导学生争端时被杀。震惊之下，理事会抛弃了高压的政策，并在 1842 年创立了“荣誉守则”（Honor Code）体系，邀请学生以信誉和自律为荣，共同督导教学秩序。

弗吉尼亚大学的教学纪律反映了高校教育在美国文化土壤里的成长，而它仅仅是“学术村”坎坷而卓越的 200 年的一个侧影。在两个世纪里，“学术村”见证甚至孕育了一系列的历史变迁。譬如说，作为深深卷入南方种植园经济和文化的学校，弗吉尼亚大学一直是见证、记录、讨论、促进美国南方非裔人权状况的中心舞台。和很多美国国父一样，杰斐逊对奴隶制保持了模糊而微妙的态度，他一面在《独立宣言》里写到“人人生而平等”，一面却知道，无论他还是美国社会，都无法承担释放黑奴所引发的经济和政治上的后果。在《弗吉尼亚州笔记》里，他认为奴隶制应该且一定会被废除，但获得自由的黑人须移民到国外生活。他解释道：“白人所持有的深深的偏见、黑人们所铭记的一万份他们曾经受到的伤害、新的冲突、自然所造成的真正的隔离，

34 COCOLA, Jim. *The Ideological Spaces of the Academical Village: A Reading of the Central Grounds at the University of Virginia*. (http://faculty.virginia.edu/villagespaces/essay/) 2004: 11. [OL].

还有很多其他因素，会把我们分成很多团体，并造成我们之间的冲突，这种冲突甚至直到一方把另一方灭绝之前都不会停止。”[35]杰斐逊无疑观察到了奴隶制给美国社会带来的刻骨伤痕，在早年的历史里，“学术村”曾依赖大批黑人奴隶，但却无视他们的辛劳，甚至特意遮挡或拆除奴隶们的居所，来抹除他们存在的痕迹。在美国内战前后，学校许多校友支持南方联邦的政策和军队，甚至在“学术村”周边树立雕像，来纪念牺牲的南方将领。

类似的冲突一直持续到21世纪，在2017年8月12日，美国各地的白人至上主义者点着火把，拥挤在弗吉尼亚大学大礼堂外呼喊口号，甚至和前来阻挡他们的师生大打出手。第二天，冲突在夏洛茨维尔小镇的罗伯特·李（Robert Lee）的塑像旁继续，直到一个白人至上主义者开车撞死了一个前来抗议他们的小镇居民。这虽然是悲剧，却也证明了在美国漫长的种族冲突的历史里，“学术村”一直是民众争取平等权益的桥头堡。在20世纪五六十年代，民权运动的领袖曾在大礼堂门廊下发表演讲，呼吁人们重读杰斐逊“人人生而平等”的宣言，促进黑人和女性的社会权利。与此同时，弗吉尼亚大学开始招收非裔和女性学生。之后的三四十年里，学校不断发掘、保护、纪念黑人奴隶在“学术村”生活和工作的遗址，并在学校导游、展览、手册里介绍其中的故事（图4.28）。2010年，在学生提议和组织下，“学术村”东北的草坪上将建造一座“奴隶劳工纪念碑”（Memorial to Enslaved Labors），工

35 JEFFERSON, Thomas. “Query XV: Notes on the State of Virginia,” [1782] // Thomas Jefferson: Writings. PETERSON, Merrill D. 编 . *New York: The Library of America* (1984):264.[A].

· 图 4.28　即将修建的奴隶纪念碑的设计示意图
制图者 Höweler + Yoon Architecture LLP

程在近期即会开始。

– 弗吉尼亚大学校园与建筑的变迁 –

如果细心观察，我们会发现这些关于弱势阶层权益的冲突都围绕“学术村”的建筑场所而进行。如果说杰斐逊的《独立宣言》像一粒种子那样在人们心中萌发出对自由、平等、幸福的追求，那么他营造的“学术村”就像一片土壤那样，通过它沉淀在环境里的营养来滋润美国未来的民众，并随着师生的反哺而不断演化。实际上，从落成后，“学术村”的校园和建筑就开始脱离杰斐逊的蓝图而发展，并伴随一代一代学生而获得自己的生命。在开始招生的那一年，杰斐逊即应医药学教授要求，在“学术村”西侧设计了一栋解剖实验室。师生们为了舒适方便，更是纷纷动手改造楼阁和宿舍的环境。有历史记载显示，学生们会将相邻宿舍之间的墙壁打通，把一个房间作为卧室，另一个作书房。

经过 200 年的发展，弗吉尼亚大学的招生人数从最初的 40 名学生逐渐增长到今天的 20000 余人，校舍范围也从最初的“学术村”不断扩张。今天，不但“学术村”已连缀周边布鲁克斯楼（Brooks Hall，1875—1876）、小礼拜堂（1885—1890）、奥尔德曼图书馆（Alderman Library,1937）等许多校园建筑而成为一大片开敞的“场地”，而且还有工学、医学、教育学、艺术史和建筑学等教学区，也发展出南草坪（South Lawn）、法学、商学等分校区[36]（图 4.29）。杰斐逊创办的弗吉尼亚大学，如今已如他所愿成为了一所“阔达、自由、现代的大学”，常年跻身全美最佳公立大学的前三甲。

弗吉尼亚大学在这 200 年间的发展里，如何一方面满足学校扩张新的需要，一方面传承杰斐逊设计的“学术村”精神，始终众说纷纭，也是后代设计师们面对的难题。一个代表性的例子是麦金 - 米德 - 怀特建筑事务所（Mckim Mead&White）从 1896 年开始操刀、对大礼堂的改造和对“中央大草坪”南

36　弗吉尼亚大学的学生乐于把“学术村”一带称为 Grounds（译成中文即是“场地”）而非 campus（校园）。

· 图 4.29　当代校园平面图，图片中心偏右上一点即是大礼堂的白色圆顶
截取于 Google Earth，2019 年 1 月 27 日

端教学楼的设计。由于弗吉尼亚大学在落成后很快出现了教学空间不足的问题，罗伯特 · 米尔斯从 1851—1854 年在大礼堂背后设计建造了一个容纳教室和大厅的配楼（Annex）（图 4.30）。这个配楼在 1895 年大礼堂遭受的大火中完全破坏，学校理事会希望趁机将礼堂升级，“提供比以前更宽敞和华丽的设施来增加它的功能”，并以此为目标聘任麦金 - 米德 - 怀特建筑事务所承担此项任务[37]。作为 19 世纪末、20 世纪初美国建筑界“美国复兴”运动（American Renaissance）的主角之一，麦金 - 米德 - 怀特的事务所以设计古典复兴样式的建筑风格闻名，可以说是延续杰斐逊“学术村”风貌的理想

37　Report of the Faculty to the Rector and Board of Visitors, October 31,1895 // BRUCE, Philip Alexander, *History ofthe University of Virginia* (New York: MacMillan, 1920), vol. 4,267–70. [A].

人选。负责方案的事务所主创斯坦福·怀特（Standford White）在实地考察之后，曾感慨道："校园四周的老校舍如果不是英国殖民式建筑中最美的，那也是最具纪念性的。"[38]"我看过他的草图，一边怀着极大的尊重，一边涌起了这样的想法——它们是如此美妙，让我怕得要命，只期望能做得对些。"[39]

怀特的紧张和焦虑，大概是因为他接手的并不单是修复的任务，更要冒险对杰斐逊的方案进行改造升级。除了要求"更宽敞和华丽的设施"，理事会明确说道，他需要给礼堂设计一个北面的入口，并把图书馆的两层空间合二为一。在理事会的指示下，怀特对杰斐逊的大礼堂进行了一系列变动。尽管他宣布将把礼堂外观"完全按原样还原"，但仍在礼堂北面配楼的位置上设计了一个和南立面相似的门廊，并在礼堂左右扩建了完整的两翼，以容纳学校急需的教室和办公室[40]（图 4.31）。在礼堂内部，怀特不但把地上的两层合二为一，而且用瓜斯塔维诺工艺（Guastavino tile）重建了穹顶。有趣的是，怀特借杰斐逊之口来解释他改动的正当性，他坚信杰斐逊把礼堂内部划分成两层只是迫于功能上的需要，现在把两层空间合二为一则是他的初衷。"如果杰斐逊在大礼堂建造的时候有办法的话，他毫无疑问也会采取这个新的设计。

38 WHITE, Stanford, "Notes on the University of Virginia," typescript, ca. 1896, The NewYork Historical Society 档案馆所藏 [Z]，以及 WHITE, Stanford, "The Buildings ofthe University of Virginia," *Corks and Curls Yearbook: 1889*. Charlottesville, VA: University of Virginia Library, 127-30.[A].

39 SIMMONS, Edward, *From Seven to Seventy* (NewYork: Harper, 1922), 241. [M].

40 WHITE, Stanford, "Notes on the University of Virginia".

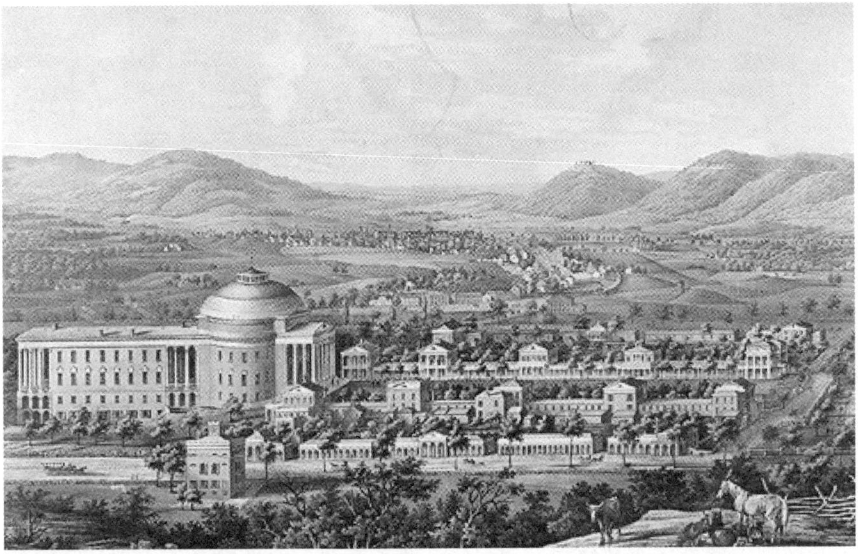

· 图 4.30　1851—1853 年在大礼堂背后的配楼
Edward Sachse 于 1856 年制图，由 Casimir Bohn 出版

· 图 4.31　“大草坪”的模型，可以观察到近景处大礼堂的北立面

如果是他在指导复原，他自己肯定也会坚持这样做。”对于礼堂北面新增的入口，怀特也写道：“这很显然是杰斐逊的意愿。”[41] 怀特的话透露出他在调和新功能和老设计时面对的压力和付出的心血。他新设计的图书馆空间呼应了万神庙的内部，尚可算是杰斐逊意匠的延续，但礼堂新增的北门廊却是对杰斐逊匠意的彻底颠覆。按照杰斐逊的设计，大礼堂南面是正立面，它应该面对草坪，和楼阁宿舍的建筑长廊环绕“学术村”，但在怀特为礼堂添加了北门廊、廊下台阶和建筑两翼之后，很多路过“三凹路”的人把礼堂的北面当成了正立面。“学术村”的内向空间结构因此模糊起来。

除了改造升级大礼堂之外，理事会还要求怀特设计一栋带有马蹄形剧场的教学大楼。怀特提交了 2 份方案，一份方案从实用的角度把大楼安排在中央大草坪的旁边，另一方案则把大楼安排在草坪南端，和礼堂遥遥相对。对于第二个方案，怀特评价说，“这从道理上或建筑学上来说是整个布局最合适的”，但“我们会发现它遮挡了现在校园末端美丽的景观”[42]。像怀特说的那样，在杰斐逊的设想中，“学术村”开敞的南端不但为师生引来远山的风景，而且预留了学校发展的空间。但实际上，“学术村”以南是一片学校产权之外且布满破旧小屋的低地，所以理事会似乎并不觉得杰斐逊勾画的远景有任何实现的可能。他们命怀特按第二方案设计，似乎期望新建筑可以阻挡人们

41 WHITE, Stanford, “Notes on the University of Virginia”.

42 WHITE, Stanford, WhitetoW.M. Thornton [Faculty President], February26,1896. Buildings and Grounds Collection, UVA 图书馆藏。

· 图 4.32　由怀特设计的草坪南头的旧卡贝尔楼（Old Cabell Hall）

看到低地上的小屋。最后落成的卡贝尔、罗斯、考克三栋大楼（Cabell Hall, Rouse Hall, Cocke Hall）围在大草坪的南端，既满足了理事会的期望，也在怀特的精心经营下和杰斐逊的设计彼此印证。三栋大楼形成的庭院和大草坪相隔一段距离，楼舍从大草坪看去均是矮矮的一层，从而巩固了大礼堂的中心地位。马蹄形剧场处于卡贝尔楼最南端，和大礼堂遥相呼应，将大草坪的中心轴线进一步向南牵引。三栋建筑不但沿用杰斐逊风格，而且都在大门上布置三角山墙，延续了大草坪两旁的楼阁风貌（图 4.32）。登上大礼堂的台阶南望，虽然“学术村”到卡贝尔楼结束，但在一层屋檐之上，绵延的蓝岭山脉仍映入眼帘。

凭借着新功能建筑和老校区之间的妥当调和，麦金－米德－怀特建筑事务所受到了学校理事会的赞扬，甚至受邀为学校未来的扩展绘制了草图。然而到

20 世纪下半叶，随着美国建筑界将杰斐逊的“学术村”奉为经典，怀特的改造慢慢成为了众矢之的。譬如，知名的建筑理论家亨利－罗素·希区柯克（Henry-Russell Hitchcock）就评价说，怀特在“学术村”南端的扩建反映了他出于“缺乏对杰斐逊的理解”，虽然“表达出对杰斐逊最崇高的敬仰……仍放手摧毁了‘学术村’的精华”[43]。在新的风潮席卷下，学校在 1955 年批准弗雷德里克·尼科尔斯将中央大礼堂的内部整修回怀特接手之前的状态，但是由于原始资料的匮乏，尼科尔斯的很多工作只能把复原和演绎结合进行。随着整修工作在 20 世纪 70 年代完成，“学术村”作为杰斐逊的遗作吸引了整个美国建筑界的目光，更在建筑学会会刊中被评为 1776 年建国后最受欢迎的作品，一时风头十足。中央大礼堂这一段扩建、改造、复原的历史，更折射出在杰斐逊之后，建筑师传承和演绎他建筑遗产时面对的复杂状况。

－生生不息的遗产－

和 200 年前一样，“学术村”在今天仍旧是弗吉尼亚大学的中心，中央大礼

43　HITCHCOCK, Henry-Russell, [M]*Architecture: Nineteenth and Twentieth Centuries* (Baltimore: Penguin, [1969] 1971).

· 图 4.33　学生们在柱廊下举行活动

堂的穹顶大厅仍是朝九晚五向学生开放的图书馆。楼阁里虽然不再授课，但仍有教授居住。楼阁之间的 47 个宿舍则成了学生们争相申请的居所，只有品质最优秀的毕业生才能住在这里（图 4.34）。大草坪边的建筑长廊里，更是时刻有学生穿梭于其中，或匆匆赶路，或停留嬉闹。每一天，都有学生志愿者向公众提供免费导游校园的服务。游客们会从大礼堂地下的展览室出发，到雄伟的穹顶大厅里悄悄聆听大礼堂改造的历史，在大草坪边的柱廊里问候往来的学生，停在楼阁的门廊下观察 10 栋楼不同的立面，再来到花园里听志愿者讲解学校历史里关于校园生活、黑人奴隶、学生运动的故事。在毕业季，游客们甚至会有机会在大礼堂前观赏学位授予仪式的热闹场景，看整个大草坪被熙熙攘攘的师生占据，看学生们鱼贯来到礼堂门廊下，接受校长的祝福。

承载学校日常教学和生活的同时，200岁的“学术村”也享受着专家们的悉心照顾。从20世纪80年代起，学校便设立了诸如“历史建筑和场所负责建筑师”（Architect for the Historic Buildings and Grounds）的职位和“杰斐逊建筑修复指导理事会”（Jeffersonian Restration Advisory Board）的组织来专门负责“学术村”的保护工作，并在保证使用的情况下不断尽力挖掘、复原杰斐逊的设计原状。最近的一次大规模保护工程里，专家们用4年时间、5800万美元的投入重修了大礼堂，把门廊柱头、穹顶、楼板、楼梯等整修一番，以求在新的技术条件、功能需求、公众意见之中，延续杰斐逊的建筑精神[44]（图4.34、图4.35）。在对“学术村”不断地研究和维修过程中，专家们积累了丰富的遗产保护理论和技术。建筑师詹姆斯·霍华德（James Murray Howard）从其中总结出的15条原则，对我国的遗产保护工作也有深刻的借鉴意义：

（1）在决定所有遗产的命运之前，须测量和收集它所有的历史信息，并给予充足的研究和评定。

（2）调整当前使用遗产的方式，使之建立在历史研究和维护之上，而不是把历史遗物按照一时一刻的想法而更改。

（3）当对遗产进行可能会影响它历史信息的研究和更改时，行动一定要尽

44 中文学界已有文献对此次整修进行介绍，比如燕海鸣的《寻找杰斐逊：弗吉尼亚大学修复之路》。

· 图 4.34　改造后的礼堂内景
拍摄于 2011 年，拍摄者 Alex Proimos

· 图 4.35　学生现场考察大礼堂即将更换的柱头

可能的轻微。

（4）为了使其适应当前使用者的需要而不得不对遗产进行改变时，行动要谨慎，且要保持对使用者和遗产的尊重。

（5）努力让历史环境同尽可能多的人群产生对话。

（6）为了减少对不可移动的脆弱文物的影响，要尽可能提前计划，让维护工程不但满足现在的需求，而且能迎合未来可能的需要。

（7）配合历史调查和建造工程，研究最有效的方式，尽可能勘察出调查和建造过程中所更改的东西的原状。

（8）一些历史上对遗产的更改可能是为了让它更实用，因而也是适宜的。保护工作的目标并不是把这些更改全部抹消。

（9）只消除那些违背了杰斐逊初衷的更改——杰斐逊想让建筑美观、实用、令人振奋。

（10）为了再现早期的状况，要借鉴这个案例本身的材料，而不是将同时期其他案例的经验拿来使用，这样会迷惑未来的研究者。

（11）在引进新东西的时候，要让它们尽可能地隐蔽和低调，不要盖过原状，也不要让观者分辨不清什么是新的、什么是旧的。

（12）发掘建筑历史信息的时候，要培训一个施工团队，让他们熟习相应的施工方法。

（13）确保所有的变更都是可逆的，这样基本的人为更改的信息才可以保留给后来的研究者。

（14）时刻牢记，对“学术村”的保护和复原是人们了解杰斐逊和其他相关人员的完美契机，也是学习遗产保护的绝佳机会。

（15）为了协助未来对这片历史遗产研究的人，要详细记录保护过程中发生的一切[45]。

在师生的日常使用里、专家们的修复工作里、学者们的研究和书写里，“学术村”在200年中一直保持着勃勃生机，并将继续影响后人。虽然杰斐逊曾经把创办这所公立学校的行为称为“堂吉诃德式的理想”，但现在，弗吉尼

45 HOWARD, James Murray, “THE ACADEMICAL VILLAGE TODAY” *Thomas Jefferson's Academical Village: The Creation of an Architectural Masterpiece*, WILSON, Richard Guy编. Charlottesville: Bayly Art Museum of the University of Virginia (1993):76–78. [A].

亚大学已长成一棵参天大树，庇护着一代代学子，激励他们去拓展自己“堂吉诃德”式的人生。从建筑学的角度来看，“学术村”是一座不折不扣的纪念碑，它不但见证了杰斐逊的建筑思想与天资，而且在后人的生活、研究、改造、保护里，持续滋养着人们对建筑学的探索。在学问之外，“学术村”更是杰斐逊对教育事业之信念、对公立教育之执着的纪念碑，是他为美国乃至整个社会探索民主、自由、快乐之道最后的努力。建筑理论家威廉·皮尔森对此总结道：“‘学术村’是西方历史里最开明、最先锋的创想之一，这是杰斐逊建筑生涯的杰作，是贯穿他一生的、对建筑和教育执着追求的化身。”[46] 今天，当人们来到杰斐逊的墓碑，念到他为自己留下的墓志铭的时候，无一不会感慨地发现，他对建筑和教育的执着追求，将在他身后随着一代代莘莘学子的不断传递而永存。

本章内容由董哲和黄辰颖[47] 编写。

---

46 PIERSON Jr, William H. "American Buildings and Their Architects, Vol. 1 The Colonial and Neoclassical Styles. "American Buildings and Their Architects. Garden City, N.Y: Anchor Press, 1980.[M].

47 黄辰颖，硕士毕业于弗吉尼亚大学建筑史学系，主修跨文化建筑史论，辅修历史文化遗产保护，本科毕业于复旦大学文物与博物馆学系。现就职于美国华盛顿地区 Quinn's 拍卖行，任季度拍卖与专场拍卖部门经理，兼任亚洲艺术品部主管。

第五章

国务卿先生与首都华盛顿特区的规划

初到美国首都华盛顿特区（Washington, D.C.，全称华盛顿哥伦比亚特区）的访客大都被其纪念核心区（Monumental Core）的设计与规划所震撼。这是一座宏大的都城，屹立于波托马克河（Potomac River）的东岸。如果说一座城市也像一个人一样有着自己的面孔和朝向，那么华盛顿特区从1791年诞生之日起就在向西眺望。它背靠着大西洋，眺望的是广袤的北美大陆，直到陆地尽端的太平洋。自特区诞生的那天起，它所眺望的土地将在之后的五六十年间纷纷变成美利坚合众国的一部分，其中就包括在杰斐逊总统任期内购买的路易斯安那（Louisiana Purchase）。

感受一座城市的方式有很多，让我们把鸟瞰留给白头海雕（Haliaeetus leucocephalus，美国国鸟）和民用航空的常飞客们，而选择一种更为接近人体尺度的步行丈量方式来体验这座城市。旅居美国多年来，我们有幸游览过华盛顿特区很多次。但是印象最深的都发生在弗吉尼亚大学的早年间。在水天之间，绿荫之上，三座纪念建筑首先进入人们的视野，昭示着前方这座都城的名字。它们自远而近分别是阿灵顿纪念大桥（Arlington Memorial Bridge）、华盛顿总统纪念碑（Washington Monument）以及杰斐逊总统纪念堂（Thomas Jefferson Memorial）。大桥偃卧在延绵的多拱之上，纪念碑如利剑出鞘，直指云霄。而不远处的纪念堂又以独特的弧形穹顶与前面这一横一竖形成了一幅充满动态的构图。

国会大楼是美国首都的心脏和大脑，也是纪念核心区东西轴线的东端起

· 图 5.1　美国首都华盛顿中央的大广场，近景是林肯纪念堂，右上角是国会
拍摄者 Mario Roberto Durán Ortiz，摄于 2014 年

点，自此一路向西便是国家林荫大道（National Mall）。不过这长长的林荫大道并未被大片树荫覆盖。倒不是没有树，道路两侧是由美国榆树（Ulmus americana）组成的树阵，虽说长期受荷兰榆树病的困扰（Dutch Elm Disease），但是在国家公园局（National Park Service）的精心管理下，树冠长得倒还差强人意，主要问题在于大道的宽度，两侧的树阵间隔约 90 米，若非贴着边走，着实要被华盛顿特区夏天的烈日灼伤（图 5.1）。作为空间尺度对比，纽约中央公园 2（Central Park）的林荫大道（The Mall）选用了同样的树种，但是其大道宽度却只约 10 米。国家林荫大道和中央公园林荫大道同是在 20 世纪二三十年代种下的树，但是今天给访客的空间体验却截

· 图 5.2　纽约中央公园林荫大道
拍摄者 Rhododendrites，摄于 2016 年

然不同（图 5.2）。这种空间体验差异的背后还蕴藏着 18 世纪审美理论中的两个重要概念。如果说中央公园是“风景如画般美”[1]（The Picturesque）的宣言，那么国家林荫大道则体现了一种“壮美”[2]（The Sublime），它将人体的尺度变得渺小，进而让人们产生爱慕、敬畏和尊敬之感。“壮美”不仅仅体现在自然之中，人类构建的建筑同样也存在着壮美的身影。

1　由威廉 · 吉平（William Gilpin）在《风景如画般美——论文三篇》（*Three Essays on Picturesque Beauty*, 1794）一书中首先提出。

2　由埃德蒙 · 伯克（Edmund Burke）在《我们关于壮美和美的意识原初的一个哲学探究》（*A PhilosophicalInquiryinto the Origin of Our Ideas of the Sublime and the Beautiful*, 1757）一书中首先提出。

国家林荫大道的西端尽头就是华盛顿总统纪念碑，它位于纪念核心区东西轴线和南北轴线的交汇点。这座纪念碑采用了特定的建筑形式——方尖碑。原本成对拱卫在埃及陵墓门口的石柱，自从被罗马帝国当成战利品掠夺回去以后，在 16 世纪由教皇西克斯图斯五世（Pope Sixtus V）以一种城市规划元素的形式被发扬光大，自此西方后世多有复制传承。单独竖立的方尖碑被用于定位空间中心的标志，也在视线通廊上起到间断作用，供人们的眼睛做暂时的休憩。在此向西，在长方形镜池的尽头是古希腊神庙一般的林肯总统纪念堂；向北是绿树掩映下的美国总统府邸——白宫；向南，在潮汐池（Tidal Basin）的彼岸则是一座白色大理石圆顶建筑，即前文提到的杰斐逊总统纪念堂。

和大多数的美国城市一样，华盛顿特区是一座在“白纸”上规划出来的都城。在此之前，这里不曾有过人类文明的痕迹，没有历史留下的残垣断壁，这里的植被和地形保持着欧洲殖民者们最初到达美洲新大陆时的模样，但是如果认为郎方[3]在 1791 年提交的城市规划方案中（图 5.3）便预想出了今天的华盛顿特区，尤其是其纪念核心区的规模，则不免是一种过于天真的想法。历史从来都是以一种层叠或者层减的形式塑造着我们的城市，如果一定要追溯，那么今天华盛顿特区纪念核心区的雄姿应该更多地归功于 1902 年的麦克米

3 皮埃尔·查尔斯·郎方（Pierre Charles L'Enfant，1754—1825），出生于法国。其父亲皮埃尔·郎方是法王路易十五世凡尔赛宫中的一名画师。郎方于 1777 年参加美国革命（即美国独立战争），官拜大陆军工程兵少校。

伦方案（McMillan Plan，图 5.4），即美国参议院公园委员会报告。然而有一点可以肯定的是，1791 年的规划方案构建了华盛顿特区的骨架，并且它在骨髓深层影响着这座都城的气质。

一个作品的诞生，往往受着两股外力的影响。一股来自设计团队，另一股则来自客户。如果设计方和客户分别都是多人组成的团队，那么这两股外力就会变得更为复杂。比如，客户团队的意见不总会统一，那么设计过程中的动态关系则会变得更为微妙。在很多例子中，当最终作品诞生的时候，已经很难辨析是哪只手因为什么样的原因画下了哪一笔。我们将抱着这样的认识，基于可得的史料，对这场 200 多年前的城市规划做出尽可能可信的解读。

1791 年城市规划的客户是美利坚合众国的第一任总统——乔治 · 华盛顿。在美国永久定都城市规划这件大事上，华盛顿总统委任了他的得力助手、时任美国第一任国务卿的杰斐逊作为他的代表。在客户、客户代表以及设计师这个三角关系中，曾经作为大陆军总司令的华盛顿总统和官拜大陆军少校的设计师郎方可以说一起出生入死过，而同为弗吉尼亚州大陆会议代表的华盛顿总统和杰斐逊国务卿之间又算得上是同乡兼同志。但是当持有不同理念及意见的郎方和杰斐逊相遇时，杰斐逊处理这个三角关系的艺术手段正是下文的看点之一。

时间要拨回到 1789 年。在这一年的 11 月，杰斐逊结束了他为期 5 年的驻法

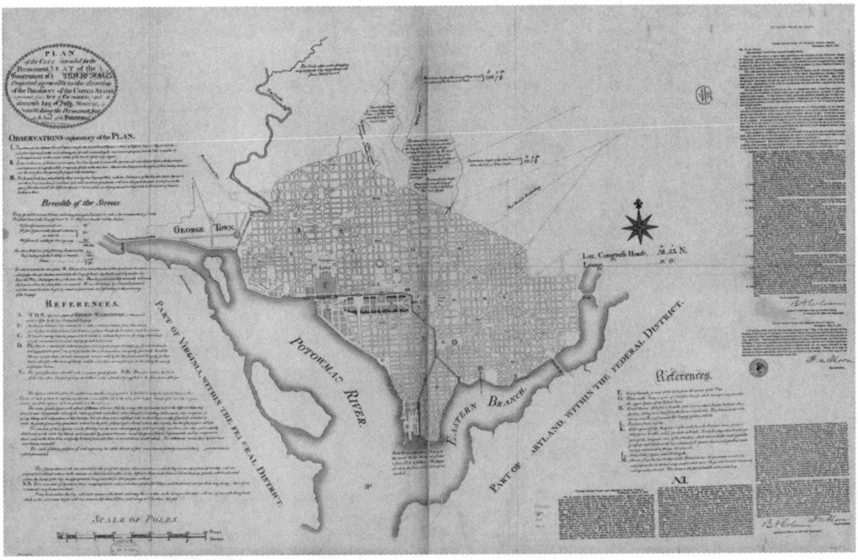

· 图 5.3　郎方绘制的美利坚合众国永久首都的城市平面图（1791 年）
美国海岸与地形测绘局翻制， 1887 年

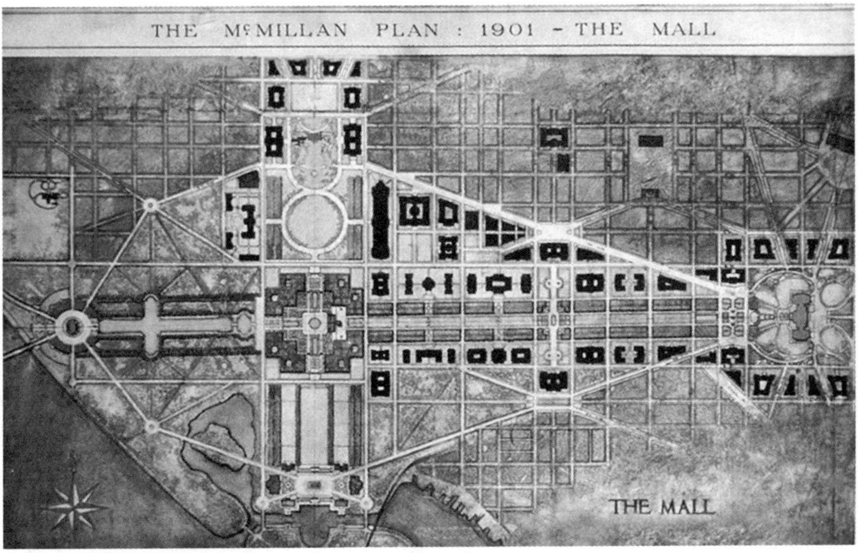

· 图 5.4　麦克米伦参议员方案（1901—1902 年）

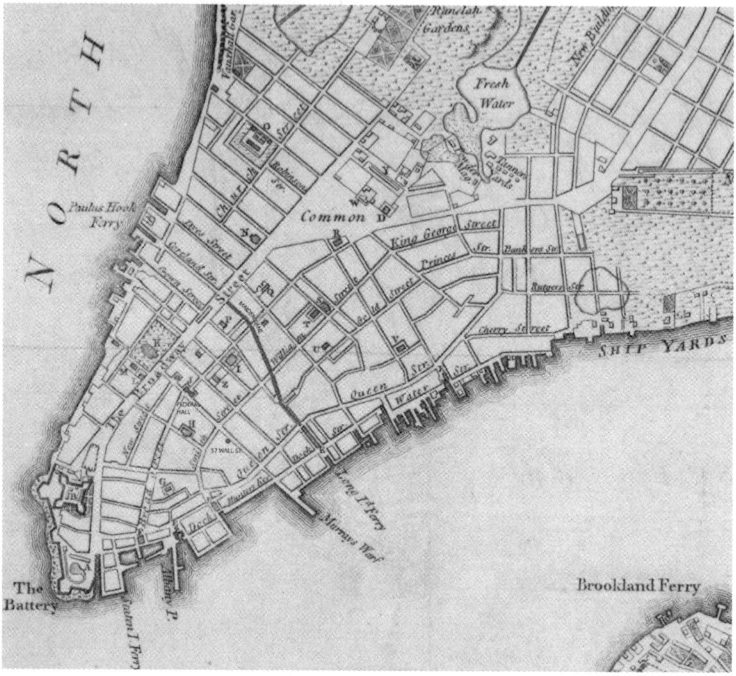

· 图 5.5　1775 年的美洲 13 个殖民地
原图制作者 Sémhur，上传于 2008 年，由本章作者改制

使节任职，回到了美国接任国务卿一职。当时的美国政府定都在纽约曼哈顿岛，即今天所谓的下城。杰斐逊住在少女街（Maiden Lane），距离乔治 · 华盛顿在当年 4 月宣誓总统就职的华尔街（Wall Street）上的联邦厅（Federal Hall）步行约 5 分钟（图 5.5）。作为国务卿，除了总督新首都的规划、设计与开发外，杰斐逊同时也负责监督国家货币的设计与制造，度量衡的国标制定，以及国家专利局的管理。

今天曼哈顿下城的“金融区”就是当年美国国父们工作和生活的地方，它保留了很多荷兰人[4]留下的进化演变式的街道布局。这些街道未经设计，更遵循于自然地形和偶然事件。需要指出的是，今天人们所熟悉的曼哈顿矩形格栅布局（Grid Plan），以及以数字命名的东西向街（Street）和南北向的大道（Avenue），在当时都还不存在，这些是1811年委员方案（Commissioners' Plan of 1811）实施后的产物。至于跨越中城4条大道、51条街的中央公园更是要等到19世纪中叶才被设想并建造出来。

从曼哈顿到规划一座新的联邦城市作为永久性的首都有一段故事。1790年6月20号傍晚，就在杰斐逊位于少女街的寓所里，他邀请了麦迪逊[5]和汉米尔顿[6]共进晚餐。前者是杰斐逊的同乡志士，后者是杰斐逊的同僚异党。杰斐逊和汉米尔顿各自代表了弗吉尼亚州和纽约州的利益，有着截然不同的意识形态。当时的纽约借着深水良港的地理优势，已经是渐渐抬头的工商业发展地中的翘楚，而弗吉尼亚仍然极度依赖着奴隶制度，是劳动力密集型的农业重地，因此他们对于刚刚诞生的联邦也有着大相径庭的远景设想。席上，双方就局部让步达成协议的刀光剑影不得而知，但是这顿晚餐直接导致了同年居住法案（Residence Act of 1790）的产生。该法案明确了联邦政府将在波托马克河南端之畔建造一座新的国都。作为条件，联邦政府将代为偿还美国革

4　指从17世纪初起到1664年的这段时间。纽约的前身（New York 新约克）为荷兰人的定居点新阿姆斯特丹。

5　詹姆斯·麦迪逊（James Madison，1751—1836），时任美国国会弗吉尼亚州代表。后继杰斐逊任美国第四任总统。

6　亚历山大·汉米尔顿（Alexander Hamilton，1755或1757—1804），时任美国第一任财政部部长。一个移民自西印度群岛的纽约本地人，家住华尔街57号。

命时期纽约州所负下的战争债务。在新都建设期间，费城将履行临时首都的职责。

考虑到华盛顿和杰斐逊二人的籍贯和出生环境，我们便不难理解他们对于首都南迁的主张。纵然纽约是一个非常理性的定都选择，在当时的 13 个起义殖民地的范围里，它占据着相对中央的地理位置，因为紧靠东海岸，并有着深水良港，水路交通非常方便（图 5.6）。对于坚信美国的未来在于城市而不是农村的汉米尔顿，他曾试图竭力把首都留在曼哈顿。他关于城市最终极的辩护认为，“城市的空气才是自由的”（理解这里的“自由”，需要和当时的奴隶制度联系起来。劳动力密集型的南方农业极度依赖奴隶制度提供的“廉价”劳动力。而更为多元化的城市工商业环境则更早地为废除奴隶制度提供了条件）。他认为，“在城市，人们才能更为自由，才能更大程度地交流思想，才能在商业的城市环境下获得更多的机会”[7]。

然而，出生在 18 世纪中叶弗吉尼亚州富裕地主家庭的杰斐逊是一个促进农村农业利益者，他所代表的是当时美国 90% 的人口。他极度厌恶纽约，把其称作充斥了“所有人性堕落”的阴沟。杰斐逊警告道：“城市的匪帮对于支持纯净政府管理所带来的影响，就像肌肉酸痛给身体带来的感觉。”[8]

7、8　New York: The Country and the City (1609–1825). Dir. Ric Burns. 1999.

· 图 5.6　1775 年的美洲 13 个殖民地
原图制作者 Sémhur，上传于 2008 年，由本章作者改制

与汉米尔顿完全相反，杰斐逊认为美国的未来不在城市而在农村，所以他坚持将首都搬出纽约，搬到一个农村的大环境中。这种意识形态的分歧愈演愈烈，最终导致半个多世纪后的美国内战。而这种分歧的深远影响一直延续到 21 世纪的今天，现在美国的城市人口比例已达 82%。历史不能假设，很难

想象如果美国的首都留在了纽约，今天的世界又会是怎样一番情境。失掉政治中心地位的纽约却从来没有让出经济和文化的头把交椅，当然这些都是后话了。

回到 1790 年，美国国会应许了 256 平方千米的土地“来提供合适的房屋，用以安置美国国会、美国总统以及其他公共机构”。作为总统，乔治 · 华盛顿被赋予权利来选择最终的首都地址。他任命了由三位委员组成的委员会来监督设计及施工的完成。他最终选择了离自己在弗农山庄（Mount Vernon）的家不远的一片沼泽地作为新首都的地址。被选中的土地位于马里兰州和弗吉尼亚州之间，两州自愿向联邦政府贡献了这片土地的所有权。如果比较华盛顿特区与纽约的地理位置，两者在当时 13 个殖民地的范围内，应该说都相对位于中间。首都南迁，更多的是地缘政治的胜利。至于纽约的深水良港，易于从海面到达的“优势”，只能说是对于和平时期的商业而言。对于在独立战争期间，吃尽大英帝国海军苦头的乔治 · 华盛顿和其大陆军的将士们来说，他们或许更愿意选择一个易守难攻的新首都。

作为国务卿，杰斐逊将总领这个监工委员会，并就挑选委员的原则做了如下的建议：“委员们应该在建筑鉴赏上有一定的品位，因为他们可能将要在不同的平面图之间做出挑选。当然，他们在任何一点上都将受制于总统的指示。”[9]

9 KIMBALL, Fiske. *Thomas Jefferson Architect "Jefferson as Secretary of State, 1790-1793"*. n.d.

由汉米尔顿所领衔的一个委员会提议由郎方来规划首都，这是一个杰斐逊并不完全支持的指派。事实上，是郎方向华盛顿做的自荐。选择郎方并不是一时起意，华盛顿早就了解了他的业绩。在 1789 年，郎方曾被委派重新设计位于纽约的联邦厅，用以作为新政府的办公地点，并供华盛顿居住。华盛顿通常转向他的国务卿寻求意见，然而，正如杰斐逊所认识到的，总统的统领是不容置疑的。波托马克河之畔这座新都城的平面布局任务就这样最终被交给了郎方少校。

在 1791 年 3 月华盛顿和监工委员会的第一次会议上，杰斐逊准备了两份备忘录，一份用于景观，一份用于房屋。他最早的设想是建立一个“总体构图”（即一系列的概念，用以设定关键点，以自我叠加或并置的城市要素形象出现，进而个体要素可以被连接起来以一个整体单元的形式来呈现）。用于房屋建造的备忘录设立了一定的导则。对于房屋的高度，导则尤其做出了限制。在限高上，杰斐逊参考了巴黎的规划思路。他写道：“在巴黎，建造一所超过给定高度的房屋是被禁止的，但必须得承认，这是一个好的限制。它能控制住地价，保持房屋的低矮和便利，并使街道感觉轻快，易于呼吸。低矮的房屋对防火管理也更为有效。”[10]

10 GIORDANO, Ralph G. *The Architectural Ideology of Thomas Jefferson*. (Jefferson, North Carolina: McFarland & Company, Inc., 2012.), 120.

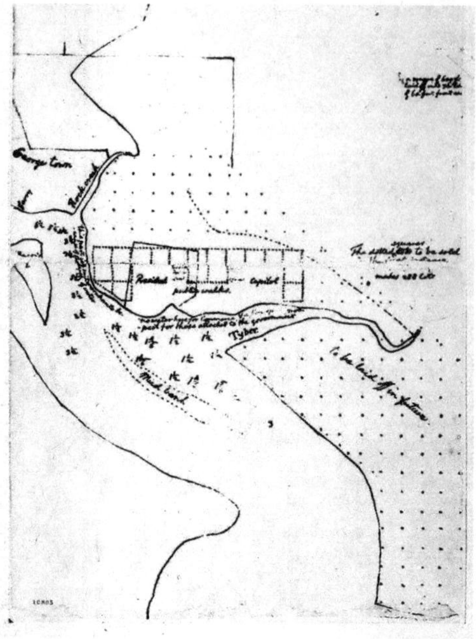

· 图 5.7　杰斐逊设计首都华盛顿的草图（1791 年）

华盛顿将杰斐逊的草案转交给了郎方，转交的材料中还包括了杰斐逊在更大尺度上绘制的一个草图（图 5.7）。在郎方收到杰斐逊草案的当天，他立即请求国务卿将他在旅欧期间收集的城镇平面图也一并寄送给他用以参考。郎方了解杰斐逊作为一名建筑师的经验，以及他在欧洲期间广泛旅行的见识。

杰斐逊快速回复了郎方，并寄出了一套他在欧洲 5 年生活期间收藏的部分城镇平面图。他写道："我检查了我的文档，找到了以下城镇的平面图——法兰克福、卡尔斯鲁厄、阿姆斯特丹、施特拉斯堡、巴黎、奥尔良、波尔多、里昂、蒙彼利埃、马赛、都灵以及米兰。我已通过邮政包裹寄出。它们的尺寸很大且精准，是我亲自在这些城镇采购的。"[11]

11　JEFFERSON, Thomas. *Thomas Jefferson Writings*. n.d., 975.

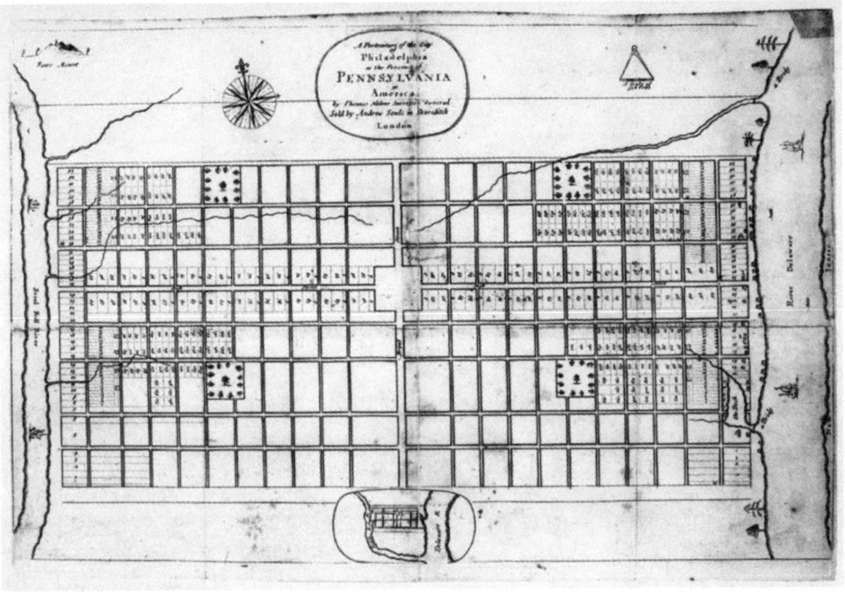

· 图 5.8　费城地图
Thomas Holme 绘制，1683 年

现在人们已经很难判断，这些作为参考案例的欧洲城镇，对首都规划到底产生了怎样的影响。比如说杰斐逊提到一份由 P. F. Tardieu 刻印、出版于 1787 年的巴黎地图（Plan de la ville de Paris），虽说这份地图描绘了杰斐逊所熟知的巴黎，但是也很难见到与华盛顿特区规划草图的关联。

比起欧洲的城镇，杰斐逊的草图与他熟悉且亲近的殖民地重镇费城（图 5.8）有着更为惊人的相似之处。杰斐逊曾经形容伦敦比巴黎“俊俏些”，但“又不及费城俊俏”。这个关于“俊俏”（handsome）的描述应该是指整体的城市规划。

纽约和费城都是当时美国的大城市，但是在杰斐逊眼里却是如此天差地别。除去各种人事、感情因素的掺杂，或许是费城的矩形格栅街道网络给杰斐逊带来了“美，秩序，以及便利”的感受。

鉴于杰斐逊认为总统对于新城的设想比较“模糊”，他便以书面的形式诠释了这些想法。实际上是杰斐逊就华盛顿特区城镇规划提出了设计的第一步。在他的提案中，他对整个社区都有细致的规划，房屋的设计将受规范和土地采购的控制，类似于他在里士满为弗吉尼亚州首府最初提议的三所分离的大楼和一个类似“棋盘格”的街道布局，政府机构的 3 个分支（即行政、立法、司法）都将以各自的建筑视觉形式在不同的位置被表达出来。对比杰斐逊对里士满或者威廉姆斯堡提出过的规划类型，这一次他走得更远。在新的联邦城，杰斐逊关心的不仅仅是“街道的布局”，也包括对于建筑设计的控制和一套房屋规范的设立。他写道：“它将以地块和街道的形式被排布开来。我提议这些（街道）都成直角，如同在费城一样。没有街道窄于 30 米，它们含有 4.5 米的人行道。在一条街道比较长且平的时候，它可以有 36 米宽。对于广场，我会倾向于至少有 182 米见方，即每个约 33000 平方米……我非常怀疑向街道退让一定距离而建设住宅的做法是否有助于街道的美。它导致的是恶心的单一；所有的人都在向费城控诉这事儿。”[12]

很难断定杰斐逊和郎方之间到底有过多少探讨，对于他和郎方的讨论，杰斐逊非常注意保持让总统知情的状态。他写信给华盛顿，列出寄送的平面图，

12 GIORDANO, Ralph G. *The Architectural Ideology of Thomas Jefferson*. (Jefferson, North Carolina: McFarland & Company, Inc., 2012.), 121.

并且总结和郎方的通信。杰斐逊也尽量注意不和总统直接传达给郎方的指示产生冲突。他告诉郎方："我很高兴总统把城镇规划的事情交给了这么能干的人，也不怀疑你会把它做到让大众满意……在总统出发以前，我把这些想到的关于城市的大致想法和他有过沟通。我从不怀疑，在他向你就这个话题做解释的时候，他已将自己的想法和我的部分想法渗入了其中。为了避免提及另外的想法，也因为相信他的思路更加中肯，我将避免干涉他已可能直接向你交代的事宜。"

1791 年 6 月，郎方完成了城镇规划的第一版草案。从图上不难看出，其布局的重要特色是以两处地点为规划中心向外辐射排布街道，一处是总统府邸（时称 President's House，有时也被郎方称作总统宫殿），另一处是美国国会（时称 Congress House）。而在南北轴线和东西轴线的交汇处，郎方则提议了设置一座华盛顿总统的骑像，在平面图上被标记为 A，可谓是中心的中心。杰斐逊不完全同意他的想法，在整个过程中，杰斐逊不断强调一个矩形格栅形式的城市设计。可以说，在此 100 多年前就布下了这样街道格栅的费城是那个时代很多美国人的灵感。杰斐逊本人在 1785 年位于今天俄亥俄州的西北区域土地划分中就曾经采用过一个矩形格栅的设计。当然，城市规划和区域土地规划毕竟不是在同一个尺度上。

郎方为华盛顿特区提出的是一个宏大的巴洛克式平面，和杰斐逊设想的矩形格栅式的街道布局有着强烈的冲突。为了更好地理解郎方的方案，必须提到他的出身。如前所述，他是法国人，但他更是凡尔赛宫中人的孩子。当时的法国正处于大革命来临之际，但仍是皇权统治，皇宫坐落于距巴黎不远的凡尔赛小镇上（图 5.9）。朗方对华盛顿特区的规划很大程度上参考了凡尔赛宫的这种范式。没有什么比宏大的巴洛克式设计更能反映这种权力的集中。相比之下，杰斐逊所提倡的这种只以数字和字母命名的矩形格栅式街道布局更能体现一种民主的、平等的思想。

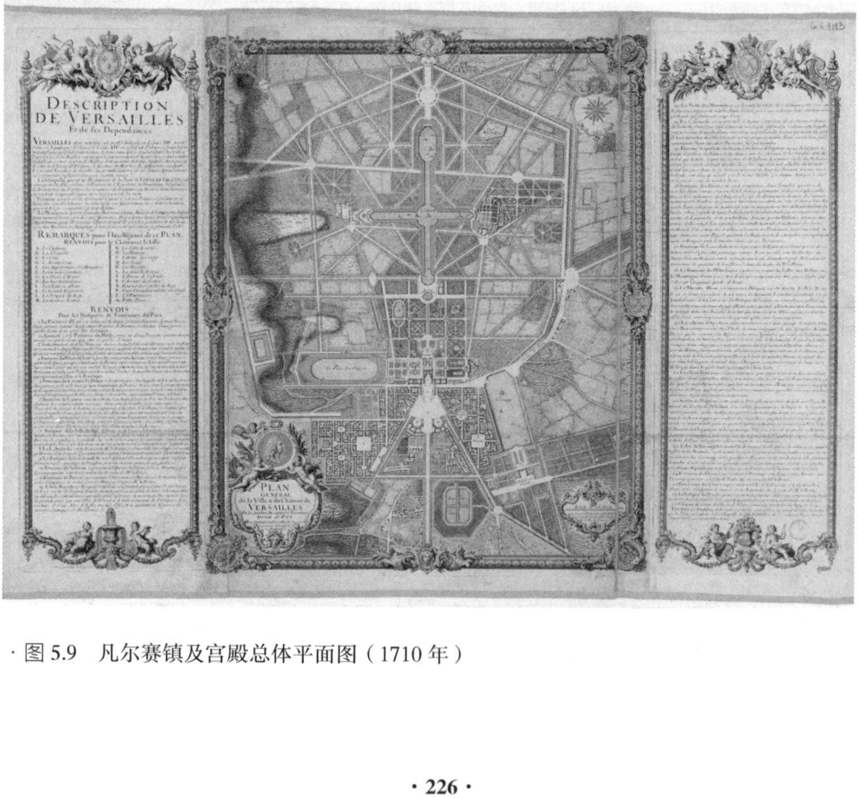

· 图 5.9　凡尔赛镇及宫殿总体平面图（1710 年）

在郎方的总结中，为了不彻底向矩形平面屈服，他提出了一个折中方案。他提议在矩形格栅的基础上叠加一个辐射状平面。正如建筑史学家弗瑞斯克·金波（Fiske Kimball）所指出的，在深入郎方方案的同时，“保留了杰斐逊所建议的主要元素的总体布局”。郎方是这样向杰斐逊描述这个新设想的：“它不是那种通常的、方块中的住宅和由此围合成的街道组合，这样的组合只在非常平整的平原可行。而且它的平面一切都平行且划一，当周遭没有有趣事物的时候，就会没有特色。实际上，引导街道开口的朝向是非常必要的。通常的（方块）平面不过是一种不切实际的幻想或者劣质发明，它希冀一种真实的宏大和美感，而这只有在当自然贡献出艺术并将事物多样化后才能达成。”[13]

在麦迪逊的协助下，杰斐逊于同年9月同监工委员会的委员们安排了一次会议，来审议郎方的提案。根据杰斐逊的记录，方案被“全票通过”，华盛顿总统的正式批文也在之后的一个月下来了。

纵观杰斐逊的一生，他的建筑设计有着一个统一的目标，即不建议住户生活在大城市这样人口稠密的环境之下。他了解美洲殖民地的居民们居住在拥挤城市中的问题。在一个卫生条件（如给排水系统）远没有成熟的时代，人口过度拥挤会导致黄热病、天花、结核病、流感等疾病的快速传播。他认为一个格栅平面（或者用他自己的话来说是“棋盘格平面”）能通过间隔建设的

13 GIORDANO, Ralph G. *The Architectural Ideology of Thomas Jefferson*. (Jefferson, North Carolina: McFarland & Company, Inc., 2012.), 122.

方式帮助控制过度拥挤的城市空间。

然而华盛顿特区这座联邦城市将有一个宏大的尺度，这倒不仅仅是为了真正生活在城里的居民，而是为了容纳纪念性的建筑。这座城市不仅仅是为了在此定居的居民，更是为了展现自由和民主的理念。

平面布局辐射的中心坐落于国会大楼的议案基址上。因此，规划建立起这样一个系统，即将整个特区划分成 4 个区块，以国会为起始点分别形成东北区，东南区，西南区以及西北区。在每个区块内，自美国国会向外，布置杰斐逊提议的格栅街道。格栅街道南北轴方向的道路将以连续数字命名，随着离首都的距离增大，数字也将增大。东西向的大道将以字母表顺序命名，“A”大道离首都最近。这样的安排会导致一种情形，比如，21 街和 D 大道的交叉口会每隔几千米出现在多个区块中。

郎方在这个格栅网络的基础上，大胆地用“大斜切大道”（Grand Traverse Avenue）打破矩形格栅式的街道网络。这些大道约 49 米宽，带有人行道和行道树，并留有宽约 24 米供马匹和马车行驶的街道。

在这个城市规划出炉之际，杰斐逊为总统府邸和国会大楼选定了基址，两者都在郎方最终的方案中被采纳。

1791 年 9 月，杰斐逊建议为主要政府大楼举办一个建筑设计竞赛。然而，华盛顿总统和监工委员会的委员们决定跳过竞赛，而直接让郎方来承担这份工作。几个月过去了，郎方却没能提交任何实质性的图纸或草图。结果，在1792年2月，监工委员会解除了郎方的所有职责。

同年5月的一天，杰斐逊也离开了他辛勤工作的费城，抛下政治的喧嚣，北上度假去了，至此华盛顿特区的规划告一段落。杰斐逊和郎方这两位主人公都以各自的方式暂时谢幕。之后，历史将以层叠的方式继续塑造美国的首都规划，但是杰斐逊和郎方为后人留下的遗产将永远铭刻在这座城市的每一条街道里。1943年，在杰斐逊诞辰200周年之际，南端轴线的结点——杰斐逊纪念堂落成。这标志着继麦克米伦方案中的西端轴线节点林肯纪念堂之后，东西、南北两条轴线全部竣工。杰斐逊或许永远无法想象他理想的殖民地小镇居住模式会变成一个宏伟的纪念核心区，郎方或许也无法预测巴洛克式的宏伟除了可以昭示凡尔赛宫里法王的威严，也可以用于纪念民主与自由。宽阔的街道可以是独裁者和威权政府陈兵列队的武场，也可以是人民集会、游行、呐喊的聚所。

本章内容由胡迪[14]编写。

14　胡迪，生长于杭州，辗转负笈求学于中美间若干城市，现与妻旅居纽约。其参与出版的作品包括译文《可持续之美，外观的性能——宣言三部曲》（《中国园林》）、译著《建筑细部》（江苏凤凰科学技术出版社）、译著《五宅十详》（中国建筑工业出版社）、译著《为生活而设计——罗伯特·斯特恩建筑师事务所住宅作品》（*The Monacelli Press*）。现执业于马修/尼尔森景观建筑师事务所（Mathews Nielsen Landscape Architects），于2012年获弗吉尼亚大学景观建筑硕士学位。

第六章

杰斐逊和中国风的世界

1901 年，英国学者高斯华司 · 狄金逊[1]以第一人称视角描述了令他神往的中国："世世代代，我们的（中国的）诗人和文人都教育他们的后代，不要沉溺于财富、权力或是庸碌琐事，而要领会并锤炼生命中最简单和普遍的联系，从中寻觅美好……月光下花园里的一株玫瑰，草地上婆娑的树影，杏花，松香，酒杯和吉他；这些和生死的悲怆，深深地拥抱，徒然地挽留，流逝的瞬间，载着音乐和晨光驶入逝去时光的阴影和静默中；所有我们拥有的，所有我们错过的，展翅的一只鸟，风中消散的一抹香……"[2]

大多数中国人读完不免会心生疑窦，因为狄金逊笔下的中国虽然美好，但却不真切得让人错愕。他写的似乎是古代中国，可是那时没有吉他，人们也不会拥抱。更不用说主流的文人还是希望通过科举来实现他们匡时救世的功名理想。文中描绘的这种诗意淡然的人生观通常是文人们入世理想受挫之后的无奈选择。

狄金逊从没有去过中国，他的描述一部分是建立在 19 世纪中后期欧洲知识分子对中国一知半解或是全然误解的基础上，但更多的是来自于此前数个世

1　狄金逊 (Goldsworthy Dickinson, 1862—1932) 是英国政治家和哲学家。他一生大部分时光都在剑桥任教做研究。20 世纪 20 年代，他在剑桥主讲政治学和国际关系，经林徽因的父亲林长民介绍认识了徐志摩。在他的推荐下，徐志摩开始在剑桥攻读政治学博士学位。

2　DICKINSON, Goldworthy Lowes. *Letters from a Chinese official: Being an Eastern View of Western Civilization* (New York: McClure Phillips, 1907): 38-39. 这本书中，狄金逊批判了西方险恶的政治制度，推崇中国以德治国的智慧。文中的所有翻译，除非另外说明，都是出自作者。

纪以来整个欧洲世界对这个神秘国度戏剧性的渲染和想象，今天我们把它称为中国风（Chinoiserie）。

中国风是一个贯穿欧洲数个世纪的艺术风格、审美倾向或者说是文化现象。它在18世纪达到顶峰，并在西方哲学、艺术以及建筑园林等方面都产生了广泛的影响。中国风不是关于中国的学术研究。事实上，直到19世纪初，欧洲学者们才有机会获得关于中国的风土人情、社会生活较为准确的描述。在此之前，欧洲人对中国的真实情况知之甚少。欧洲作家们笔下的中国来源于对少量中国游记的极大想象，而艺术家们从这些文字获得灵感，再融合个人幻想雕琢创造出“中国风”的艺术品。在这个再创造的过程中，真实的中国形象被一再稀释，变得越来越单薄。所谓“中国风”，与其说是欧洲人眼中的中国，不如说是欧洲人脑海中一个新奇而又诗意的彼大陆。遥远而又神秘的中国成为了这个想象世界的载体。

托马斯·杰斐逊所生活的18世纪，正是中国风在欧美反响最热烈，流传最广泛的时代。他在法国出任大使的期间，见识到了欧洲各国对中国风的多样化解读；他的藏书中囊括了当时关于中国风建筑、园林、家具设计最重要的文献；1894年美国开始和中国直接贸易之后，他见证了中国的茶叶和瓷器等商品席卷美国社会各个阶层。在此期间，来自中国的艺术品和商品，以及本地生产的仿制品，融合了有关中国的传说和欧洲人的想象编织出了一张中国风的大网，牵引着欧美中产阶级日常生活的多个方面。杰斐逊濡染其中。

或许是潜移默化的熏陶，或许出于衷心的欣赏，他将许多中国风的元素融合到了自己的建筑和园林设计当中。

- 关于中国的传说：游记和文献 -

在近代以前，对于欧洲人来说，中国是真正的远方。几个世纪以来，屈指可数的欧洲人到过这里，带回去新奇的故事——有一些是真的，一些半真半假，还有一些则完全是异想天开，但这些极具传奇色彩的游记吸引了大量听众。他们睁大眼睛好奇地听着，心中涌起对这个遥远国度的无限向往。

在关于中国的见闻当中，威尼斯商人马可 · 波罗（Marco Polo）的东方游记大概算是记述最全面、流传最广的文献之一。马可 · 波罗的个人经历带有浓厚的传奇色彩。在 13 世纪末年，他游历亚洲超过 20 年，去过元大都，还成为忽必烈的座上宾。他熟练掌握至少 4 种亚洲语言，但是在母语意大利语方面却几乎是个文盲。他的家乡威尼斯在 13 世纪晚期是欧洲最欣欣向荣的城市之一，但在马可 · 波罗的叙述中，元大都远比威尼斯更为富裕宏伟。他的游记在强调东方无与伦比的财富之余，还描述了许多奇花异草，例如类似于

“梨”的巨大水果，重约 4.5 千克，雪白的果肉芳香馥郁；还有珍禽异兽，如秃鹫大小的蝙蝠和犹如凤凰化身的金色孔雀。相对于感官的丰富细腻程度，语言描述显得多么贫乏！阅读马可 · 波罗游记的欧洲人不得不发挥他们的想象，在脑海中补全这些奇妙景象。不仅如此，马可 · 波罗曾受邀参加了元朝的庆典，他记述了可汗政府开明高效的管理和优雅繁复的礼节。在战事纷争、饥寒交迫的中世纪欧洲，这些都无异于天方夜谭。欧洲人还需要等待数世纪之久，直到文艺复兴时代的来临，才开始懂得欣赏这些文明的品质。

在马可 · 波罗回到威尼斯不久后，14 世纪初，意大利修士鄂多立克（Odoric）造访元大都，并在那儿生活了 3 年。回到意大利后，他口述了他在中国的经历，由他的朋友用拉丁文笔录成书。他的经历被抄录翻译成法语、意大利语等多个版本广为流传[3]。他的所见所闻印证了马可 · 波罗对中国充满传奇色彩的描绘，并增补了许多民间风土人情的细节，例如，他提到过中国女人裹小脚的传统和船夫利用鸬鹚捕鱼的独特操作。如果说马可 · 波罗的记叙着重于表现东方国度的富丽宏伟，鄂多立克的版本则更侧重于渲染在欧洲人看来古怪的民俗。二者的游记提供了一个东方世界的形象框架，而欧洲人用自己的想象填补了框架中的空白，从而创建出更丰富多彩的“中国风”的中国。

3 《鄂多立克东游记》已经翻译成中文，2002 年由中华书局出版。

中国风的奇幻之处在《约翰·曼德维尔爵士旅行记》（*The Travels of Sir John Mandeville*）一书中达到顶峰。从现存的手稿数量来看，《约翰·曼德维尔爵士旅行记》毫无疑问算得上是中世纪的“畅销作品”[4]。它比马可·波罗或是鄂多立克的游记流传得更广。今天的考证已经表明约翰·曼德维尔爵士是个虚构人物，他的作者身份成谜，而他在中国的所闻所见则纯属编造。可是，自从1499年该书首次出版以来，它便在英国以至整个欧洲流传开来。它的叙述以零碎的事实为起点，结合了大量神话传说和猜测幻想。它的荒唐内容几乎无法提供任何关于彼时中国的可信信息，但是它进一步推动了当时欧洲世界对中国的迷思和毫无边际的想象。例如书中写道，可汗的皇宫大厅由24根纯金的柱子支撑，所有的墙面都附上了一层红豹的兽皮，这些兽皮像血一样红，在阳光下闪耀到晃眼，它散发出来的甜蜜芬芳弥漫着整个大厅，等等。

当《约翰·曼德维尔爵士旅行记》在欧洲广泛流行的同时，中国进入了全面海禁锁国的明朝，此后近两个世纪鲜有欧洲人访问中国，这更给这个东方国度蒙上了一层神秘面纱。不管在今天看来多么令人难以置信，曼德维尔爵士的荒谬故事却在其出版后的200年以来被视为关于东方最具权威性的论著。即使在这200年之后，它也作为经典儿童读物，在欧洲各国的孩童心中留下了关于中国难以磨灭的谬误印象。

4 POLLARD, A.W., "Bibliographical Note "in *The Travels of SIR John Mandeville, the version of the Cotton Manuscript*. (London: Macmillan, 1900): n/a.

到了 17—18 世纪，得益于航海技术的日臻成熟，并伴随着清朝稍微放松的对外政策，越来越多的欧洲传教士或是商人来到中国。他们为欧洲人带回了对中国政治制度和社会生活更为确切的描述。荷兰旅行家约翰·尼霍夫（Joan Nieuhof）是其中最早的一批人。尼霍夫一行人代表荷兰政府访华，希望和清政府建立贸易关系。虽然这个商业愿望没有达成，但整个使团在顺治皇帝的宫廷里受到了类似于属国的礼遇。回国后，尼霍夫记述了他的远航游历，他的叙述很快被翻译成了法语和英文传播开来，并调整了欧洲人脑海中的中国形象[5]。书中尼霍夫大加赞赏中国政府结构的高效有序，他也被中国建筑深深吸引，认为它们舒适又精巧。在他的笔下，当初描述的镀金装饰换成了中式漆器，二者在当时的欧洲价值相当，但是后者更优雅实用。他介绍了中国社会从皇亲国戚到普通大众的饮茶文化，这无疑也促进了茶叶饮品在欧洲的流行。这份文献最难能可贵的地方在于它提供了 149 张图片，它们全部由尼霍夫在旅途中绘制，再转交给专业的制图师傅雕刻加工完成。尼霍夫对所见所闻的描述也比此前马可·波罗和鄂多立克修士的记述更加翔实具体。而这将近 150 张插图也成了许多中国风产品的样本，或是灵感来源。

随着对这片东方土地有了更真切的认识，其形象上的传奇色彩渐渐褪去。随着儒家学说和其他中国政治、哲学和文化思想被介绍到了西方，中国逐渐成为时尚沙龙或是知识分子聚会上一个热切讨论的话题。中国社会成了这些哲

5 该书题为“Legatio batavica ad magnum Tartariæ chamum Sungteium, modernum Sinæ imperatorem,”（东印度公司出使各省），用拉丁文撰写，1665 年在阿姆斯特丹出版。

学家、政治家心中一个开明盛世，道德高尚，制度严明，阶级有序，文化发达，换言之，是一个“乌托邦”的代表。

进入 19 世纪，当更多欧洲人踏上中国的土地，他们发现真实的中国和他们心中“中国风”的世界大相径庭。当苏格兰植物学家罗伯特 · 福琼（Robert Fortune）首次在船上看到中国南部海岸光秃秃的山坡时，他心中涌起难以言喻的失望，无法将眼前的景象和他心中遍布着杜鹃、山茶花和蔷薇的东方国度对应起来[6]。其他欧洲来访者不免经历类似的场景。他们发现，只有在皇宫或是贵族庭院才能找到些许 “中国风”的影子。而这仅仅是一个开始，不管此后他们在这片土地上发现多么迷人的风景，多么精巧的手艺，或是多么淳朴的人民，欧洲的来访者难逃幻想破灭的怅然。因为他们终于意识到，即便身在中国，中国风的世界依然是遥不可及。

6 罗伯特 · 福琼（Robert Fortune, 1812–1880），苏格兰植物学家。随着 1842 年《南京条约》的签署，他来到中国研究和收集植物。他受雇于英国东印度公司，并于 1848 年在违反当时中国禁令的情况下，把茶树从中国运到印度大吉岭，从而结束了中国对西方茶叶市场数百年的垄断地位。在中国的旅程中，他将大量东方草木花卉引入西方世界，例如树生牡丹、杜鹃和菊花。

– 欧洲的中国风建筑 –

让我们回到18世纪的欧洲，因为这是中国风最为盛行的世纪，也是托马斯·杰斐逊主要生活的世纪。对于18世纪的欧洲世界来说，最著名的中国建筑大概是位于南京大报恩寺里的琉璃塔[7]。尼霍夫的游记中提供了一幅瓷塔的插图，他在游记中详细描述道，这座塔一共有9层，每层采光和视野都很好，并且每层装饰有画廊。塔的外墙上覆盖着一层白瓷，上面装饰了回纹图案。内墙上铺设了多彩的大理石，这些大理石平滑得像镜子一样，映照四方。塔身的每一个转角上都悬挂了一个铜制风铃，全塔共计152个风铃，每当微风吹过，便发出悠扬的叮当声。

这座塔听起来新奇又有趣。1670年，法国国王路易十四的宫廷建筑师路易·勒·沃（Louis Le Vau）受到琉璃塔的启发，在凡尔赛园林中设计了特列安农瓷殿（Trianon de Porcelaine），特列安农瓷殿是一间巴洛克茶室。尽管它在建筑形式上和塔高耸的样子截然不同，但是它采用了青花瓷的花纹装饰和蓝白配色，从而被认为是一座中国风的庭阁[8]。琉璃塔的插图也感染了奥地利巴洛克建筑师费雪·冯·埃拉赫（Johann Bernahrd Fischer von Erlach），在他编写的《历史建筑设计》（*Entwurff Einer Historischen Architectur*）一书中，

7 大报恩寺是明朝永乐帝为纪念其生母而修建，据说琉璃塔上的铃声可辟邪招福。报恩寺建筑群完全按照当时皇宫的标准来营建。19世纪中期，在太平天国的内乱争执中，北王韦昌辉由于担心翼王石达开的部队把琉璃塔用作炮楼，而下令将其炸毁。

8 特列安农瓷殿由于维护费用高昂，难以为继，于1687年被拆除。MORENA, Francesco. *Chinoiserie, The Evolution of the Oriental Style in Italy from the 14th to the 19th century*, trans. by Eve Leckey (Florence: Alpi Lito, 2009):65.

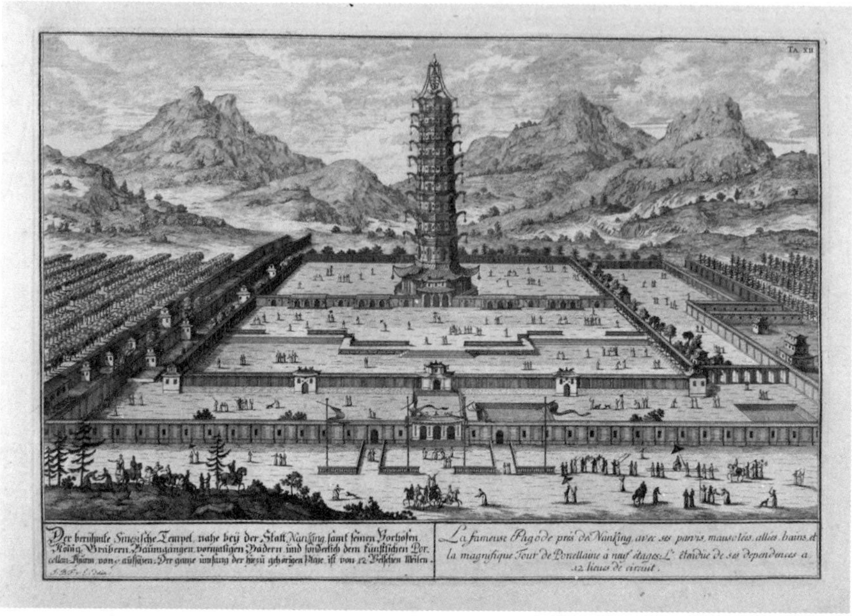

· 图 6.1　费雪 · 冯 · 埃拉赫在其《历史建筑设计》一书中所绘的南京大报恩寺琉璃塔的插图

他把琉璃塔、上海豫园的假山和北京的皇宫列为中国建筑的代表，并且他还重新绘制了琉璃塔的插图（图 6.1）。这本书于 1721 年出版，成为对比研究世界各地建筑最早并且最流行的专著之一，传播极为广泛。

随着琉璃塔渐渐成为欧洲人心中中国建筑的典型，1758 年，英国建筑师威廉 · 钱伯斯（William Chambers, 1723—1796）参照琉璃塔的造型，为位于伦敦西南的皇家园林——邱园设计建造了中国塔（图 6.2）。这座塔一共有 10 层，每一层面积向上递减，屋顶上的瓦片在阳光下闪闪发亮，每一层的转角处都点缀着夺目的龙形装饰。从外形来看，钱伯斯的设计极大可能参考了南京的琉璃塔。但是，邱园中国塔一共有 10 层，而琉璃塔只有 9 层（事实上，

· 图 6.2　威廉 · 钱伯斯，邱园中的中国塔
William Marlow 绘制，1758 年

几乎所有中国塔的层数都为阳数，即单数）。钱伯斯的这个失误应该源于尼霍夫的插图——他所绘制的琉璃塔多了一层。

中国塔原属于邱园中异域花园的景点，旁边的仿土耳其清真寺建筑现在已被拆除。这座塔由灰砖砌成，整栋塔楼高达 50 米。在没有摩天大楼的时代，这是一个可敬的高度。它宏伟的体量也使其成为邱园的地标性建筑之一。

中国塔的概念对于 18 世纪饱读诗书的欧洲人来说并不陌生，因为大量中国风的瓷器、布料、墙纸和家具的装饰图案中经常会出现塔楼的形象。但是对于绝大多数欧洲人来说，他们是第一次见到如此巍峨又装饰如此精美的中国塔楼。邱园的中国塔一经建成就成为了文化人在沙龙茶会上热烈讨论的话题。它的形象出现在大量绘画中，甚至被转化为花纹样式印在中国风的棉布上[9]。不仅如此，随着1763年英国皇家邱园的画册集《邱园花园建筑平面、立面、剖面和透视》（*Plans, Elevations, Sections, and Perspective Views of the Garden and Buildings at Kew*）的出版，邱园中国塔的形象传遍欧洲大陆，也成为欧洲最具代表性也最令人向往的中国风建筑之一。它在欧洲引起的轰动也令它的建筑师钱伯斯声名鹊起。

和大多数创造中国风作品的欧洲人不同，钱伯斯到访过中国2次。带着学习经商的意图，1740年4月，他首次随着瑞典的东印度公司起航绕行好望角抵达印度，这2年半的航行让钱伯斯对建筑产生了兴趣。在1743年第二次东游的航行中，他对沿途的建筑形式都格外关注。这次航行同样历时2年半，终点是中国广州。在广州的数月里，钱伯斯在帮助公司做生意的同时，留心观察当地的建筑。1748年1月，钱伯斯第三次出海，也是最终抵达了广州，在广州停留了不到3个月后，钱伯斯就随着船队返航，并在1749年7月回到了英国。这是他最后一次随商队航海，也是他最后一次来到中国。

这三次旅行不仅让钱伯斯开阔了视野，也为他积累了学习建筑的财富资本。他随船带回大量中国的产品到英国贩卖，获得的巨大利润支持他到当时最负盛名的法国美术学院（École des Beaux-Arts）学习建筑。他在那儿结识了一批日后欧洲新古典主义的建筑师们。离校后，他游历西方古典主义的起源

9 JACOBSON, Dawn. *Chinoiserie* (London: Phaidon Press, 1993): 162–163.

· 图 6.3　威廉 · 钱伯斯《中国建筑、家具、衣物、机械和器皿的设计》中的插图 II

地意大利，并在那儿生活了 6 年。多年的游学让钱伯斯花光了通过航行贸易所积累下来的财富，回到英国后，他的经济状况变得拮据。所以，1756 年，在朋友的鼓励下，钱伯斯开始撰写一本关于中国建筑的专著，即《中国建筑、家具、衣物、机械和器皿的设计》（*Designs of Chinese Buildings, Furniture, Dresses, Machines, and Utensils*）。此书出版后获得了巨大的成功（图 6.3）。它在当时中国风的追随者中引起了轰动，为钱伯斯赢得了"中国建筑专家"的声望。而且，更重要的是，这本书的成功给钱伯斯带来了在皇家邱园建造中国塔的委托项目。

从今天的视角来看，钱伯斯的专著满载对中国建筑和文化的误解和偏见，实在算不上是一部严谨的学术作品。例如在前言里，钱伯斯就写道："他们（中国）政府的管理形式、语言、特色、服装以及他们所特有的一切都持续了数千年没有变化。”[10]钱伯斯的这番言论无疑暴露了一个外行的偏见。通常来说，受过严格学术训练的专家能快速识别研究对象之间的细微差别，而外行们却常常会对相同对象的巨大变化视而不见。当1756年钱伯斯开始撰写《中国建筑、家具、衣物、机械和器皿的设计》时，离他最后一次造访中国已经过去了8年，他的写作主要依靠的是日益模糊的记忆。此外，钱伯斯2次来中国都只在广州停留数月，在没有对比中国其他城市的情况下，他断定“广州是亚洲最显赫（considerable）的城市之一，它在许多方面在中国都是首屈一指”[11]。基于他在广州的所见，他表明：“中国的房屋规模不大，材料也不丰富……我把它们看成建筑中的玩具。”[12]在没有看过任何中国古典宫殿或是任何大型佛教和道教建筑的前提下，仅凭钱伯斯对广州小范围房屋建筑的印象评价整个中国建筑，显然是严重地以偏概全。

无论这本书是多么失之偏颇，它在当时的欧洲却获得了巨大的成功——被卖到脱销。在法国，这本书甚至被视为是中国风建筑的第一手材料，从而被中国风的追随者们仔细研读。当时欧洲人无法分辨出这本书的谬误之处，毕竟他们当中太少人到过中国。值得一提的是，这本专著里提供的大量中国建筑和家具的图纸，也给欧洲中国风产品的创作者们提供了参考样式和范本素材（图6.4），这或许是此书广泛流行的另一个原因。

10~12 CHAMBERS, William. *Designs of Chinese Buildings, Furniture, Dresses, Machines, and Utensils*, reprinted (New York: Benjamin Blom, 1968): In.

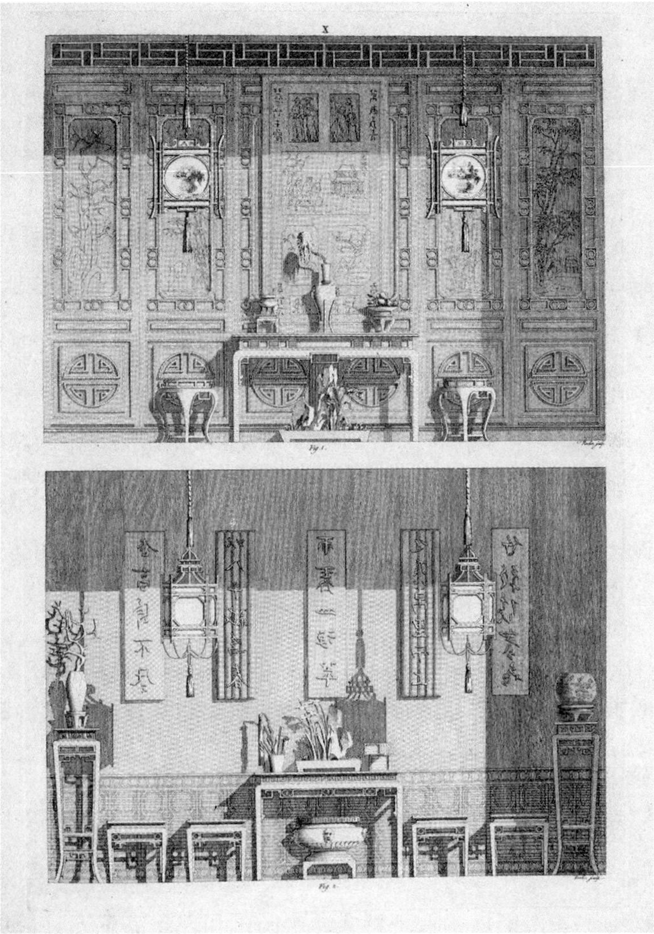

· 图 6.4　威廉 · 钱伯斯《中国建筑、家具、衣物、机械和器皿的设计》中的插图 X

除了钱伯斯的《中国建筑、家具、衣物、机械和器皿的设计》，18 世纪还出现了一系列类似的出版物，进一步推动了中国风的装饰艺术在欧洲各地的流行。例如，由玛西亚斯 · 达利（Marthias Darly）在 1751 年出版的《中国式、哥特式和现代椅子的新样式》（*A New Book of Chinese, Gothic and Modern Chairs*）、1754 年他和乔治 · 爱德华（George Edwards）共同出版的《为提高现行品位量身打造的中国式设计》（*A New Book of Chinese Designs Calculated to Improve the Present Taste*）以及 1752 年马赛厄斯 · 洛克（Matthias Lock）和亨利 · 科普兰（Henry Copland）出版的《中国品位装饰的新样式》（*New Book of Ornaments in the Chinese Taste*）。这些出版物都提供了中国风设计的家具图纸、花瓶和托台的设计样式，以及风景和装饰图片等图样，方便油漆工、瓷器设计师或是刺绣工人们参考模仿。

欧洲的中国风产品的最大特色之一在于它高度的灵活性和兼容性。在欧洲人眼中，中式风格不是一套严谨的设计语言，它不像西方古典主义风格一样具有系统的逻辑和规范。因此，他们十分随意地将中国风和各种风格搭配融合。例如，1754 年托马斯 · 齐彭代尔（ Thomas Chippendale ）出版了《绅士和木匠指南：哥特式、中国式和现代品位家具最优雅实用的设计集锦》（*The Gentleman and Cabinet-maker's Director: being a large collection of the elegant and useful designs of household furniture in the Gothic, Chinese and modern taste*），里面包含了 160 套桌椅、橱柜、衣橱、梳妆台等常见家具的图纸（图 6.5）。这些家具设计通常融合了洛可可、中国风、哥特风还有新古典主义风格的样式，清楚地展现了各种风格的设计特点和细节处理。160 套设计图纸唾手可得，顾客可以按照书中的样式向木匠师傅们提出要求，而木匠师傅们也很容易从书中获得灵感，进行各风格的再融合。该书一经

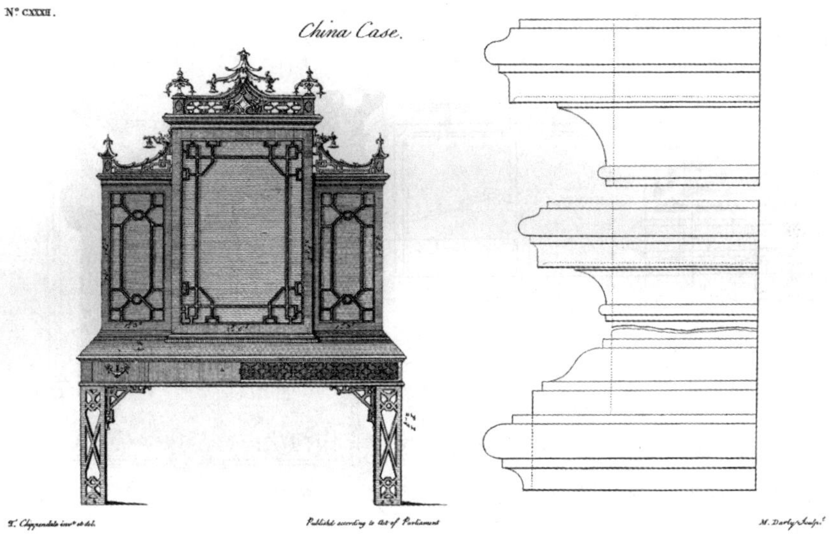

· 图 6.5　托马斯 · 齐彭代尔《绅士和木匠指南：哥特式、中国式和现代品位家具最优雅实用的设计集锦》中的中国家具

出版便风靡英国和欧洲大陆，并传播到了大洋彼岸的美洲大陆。托马斯 · 杰斐逊也拥有一本。一时间，在西方世界的主要城市都能找到大量标明生产"齐彭代尔"特征家具的木工作坊。[13]

13　"齐彭代尔"家具特指 18 世纪后半叶受《绅士和木匠指南》一书影响融合了哥特式，洛可可风格（书中称"现代"）和中国风设计的家具。其形式特征包括尖拱和"S"造型、镂空的椅背和中国风的雕花装饰。

中国风的设计，从建筑园林到室内装饰再到日常用品，在18世纪的欧洲像旋风一般铺展开来。学者们对于其深层的历史原因尚未达成一致定论[14]，但可以确定的是，这是一股从上而下的风潮。因为，中国风的产品与其他舶来物（例如咖啡、茶和巧克力等）都一样，无论是进口还是高级仿制，最初都十分昂贵，只会出现在奢侈品的市场。它的推广流行经历了从宫廷到贵族再到市井的传播，是一个品位层层渗透的过程。17世纪末，法国国王路易十四开始大量收集东方艺术品，并将宫内的银制家具换成中式漆器。在路易十四统领下的凡尔赛宫引导着整个欧洲贵族的时尚品位，并为欧洲的流行风潮定下基调。在这儿，中国风深受赏识，它作为法国宫廷风格传到德国，又从德国传向斯堪的纳维亚、俄国和整个欧洲。中国风瓷器的盛行则有赖于英国王室。17世纪晚期，英国玛丽皇后二世的青花瓷收藏闻名于世。到18世纪30年代，任何一个体面入流的英国乡间别墅里都会配有至少一间以中国

14 对“中国风”盛行的最普遍解释是它当时的“浪漫主义”思潮在日常生活上的展现，在审美上追求新奇、变化和趣味。中国风的审美具有极大灵活性和主观性，从另一方面来讲也是在挑战欧洲古典主义的严苛规则。此外，中国在大多数欧洲人眼中兼具了新旧两重角色，因为中国代表了古老的文明，但是却在18世纪被欧洲重新认识。这种新旧兼具的特性受欧洲新兴资产阶级的格外青睐，这是中国风在众多的异域风里盛行的原因之一（通常在18世纪的英国，阶级流动性不高，一个中产阶级家庭要得到贵族阶级的认可大约需要5代人持续的努力。所以，“中国风”的赏玩也是新兴阶级与贵族阶级古典主义品位在文化上抗衡的一个标志）。研究18世纪文化的学者大卫·波特（David Porter）提出中国风的盛行是基于性别的选择而不是阶级的选择，因为中国风的主要受众是女性消费人群，对瓷器的赏玩也主要发生在女士们的下午茶场合里，所以中国风的兴起也可以说是女性贵族阶级对长期统治文化商品圈的男性特权阶级审美的反抗。请见 PORTER, David. “Monstrous Beauty: Eighteenth-Century Fashion and the Aesthetics of the Chinese Taste”, *Eighteenth-Century Studies 35*, (Spring, 2002): 395-411.

风为装饰主题的会客厅，里面展示着弥勒佛、中国风花瓶和大量青花瓷的餐具和杯盏。后来，在普通中产阶级家庭也能看到荷兰仿制的中国风餐具和灯台。这个层层渗透过程也印证了文化时尚品的消费具有盲从性，较低阶级会仿照较高阶级来采买时尚商品，以展示自己贴近后者的文化格调。

中国风在欧洲的风行当然也引起了大洋彼岸北美殖民地的时髦商人和农场主的注意。作为新兴的富裕人群，他们带着打入欧洲上流社交圈的雄心，在吃喝用度的方方面面追随着那里的时尚。

- 中国风在美国：以查尔斯顿 (Charleston) 为例 -

18 世纪中叶，中国风在美国几个主要城市的上层阶级当中流行了起来。我们将以南卡罗莱纳州的查尔斯顿［当时名为查尔斯镇（Charlestown）］为例来一探中国风在美国的流行情况。查尔斯顿是英国在美国南方殖民地的中心城市。它在 18 世纪中晚期成为大西洋沿岸仅次于波士顿、纽约、费城的第四大港。查尔斯顿的商人和农场主，通过买卖黑奴、货运、出口烟草、稻米和鹿皮，积累了大量财富。作为新近致富的美国人，他们希望以更优雅的方式展示他们的财富，并期盼以此进一步获得文化地位上的认可。从而，这些殖民地的绅士们密切追踪着欧洲尤其是他们母国——英国的时尚。在 18 世纪中叶，查尔斯顿人乐于把自己设想成身处伦敦时髦的郊区，并在生活的方方面面都追赶着那里上流社会的讲究和排场。

1753 年，威尔士公主在邱宫（Kew Palace）接见来自殖民地查尔斯顿的平克尼(Pinckney)家族。平克尼太太在给朋友的信中巨细无遗地描绘了整个过程。她格外关注公主府邸的陈设装饰，她写道："有一间房里面摆放着 2 大柜子的瓷器，公主起身拿起其中的一个人像逗哈利欧特（Harriott, 平克尼家族成员）……你可以想象这对于一个美国人来说是多么特别。"[15] 离开公主府邸的时候，平克尼一家参观了邱园。邱园这时正在翻修，试图从几何形的古典园林转向更自然画意（picturesque）的花园风格。钱伯斯的中国塔此时也正筹备修建。平克尼太太告诉她在英国的朋友，她感到自己在查尔斯顿的花园已经落伍了，回去得参照新的时尚整修一番。

平克尼家族的旅行给查尔斯顿的富商乡绅们提供了关于英国流行时尚的第一手资料。除此之外，查尔斯顿的当地人，通过商人的清单和当时欧洲流行的样式书，能够清楚地了解到，要处在时尚的前端意味着拥有一整套来自于亚

15 RAVENEL, Harriot Horry. Eliza Lucas Pinckney (New York, 1896) 148-49. 引用于 LEATH, Robert. "'After the Chinese Taste': Chinese Export Porcelain and Chinoiserie Design in Eighteen-Century Charleston," *Historical Archaeology 33*, 1999 (3): 59.

洲的奢侈商品，并且在家庭装修和日常用品中追随中国风的品位。从而，到18世纪中期，查尔斯顿引入了大量亚洲出口的奢侈商品，包括中国的瓷器、棉布、丝绸、漆器、硬木家具、绘画等。

瓷器可能算是最早流入查尔斯顿的中国风商品之一。早在17世纪晚期，当英国玛丽皇后掀起收集中国瓷器风潮的时候，瓷器就已经出现在查尔斯顿富商的财产清单当中了。到了1730年，从中国进口的瓷器在南卡罗莱纳州虽然算是很常见的商品，但仍然处于供不应求的状态。查尔斯顿商人罗伯特·普林格（Robert Pringle）定期写信给他在伦敦、波士顿、纽波特（Newport）的商人朋友们寻求稳定的瓷器货源。到了1740年，南卡罗莱纳州的报纸上都会定期刊登新的瓷器到货的广告。尽管在查尔斯顿考古发现的瓷器大多是较为便宜的青花瓷制成的餐具和茶具，但也不乏高档昂贵的陶瓷精品，其中包括产于日本伊万里的上釉的瓷器，还有产于中国的彩釉瓷器。这种彩釉制品非常昂贵，瓷器上的图案独一无二，全部由手工绘制。平克尼家的太太拥有一套精美的彩釉茶具，底色为淡青色，上面绘有中国古典仕女和花卉，这大概是平克尼家族从英国参观完公主的瓷器收藏后特别采买的。在平克尼家族的府邸（Miles Brewton House）里保存着一尊产于福建德化的白瓷观音像。此外，从查尔斯顿的种植园主和律师皮特·曼尼高特（Peter Manigault）的1774年财产目录上，我们得以一窥这位富裕的殖民地消费者收藏瓷器的雄心壮志——他的府邸拥有3套蓝白瓷餐具、6套茶具（3套蓝白瓷和3套彩釉）、

15 个汤碗、8 个洗手盆……总计 620 件瓷器[16]。

为了打造一个当时流行的“中国风”格调的室内，除了瓷器，查尔斯顿商人还大量进口中国的织物（丝绸、棉布）用作窗帘或是缝在椅子靠背上。进口商品还包括墙纸和绘画，甚至还有来自中国的硬木家具。随着“中国风”的盛行，许多本地的手艺人遵照着样式书里的介绍，纷纷制造出符合“中国风”审美的物件。例如，查尔斯顿的彼得 · 赫尔（Peter Hall）家具店供应现成的或是特制的中式桌子，并特地标明这些都是时下伦敦最受推崇的款式。此外，查尔斯顿最著名的木匠师傅托马斯 · 埃尔夫（Thomas Elfe）的账目本也表明，1768—1775 年，他店里销售的大约一半的书桌、书柜和 1/3 的茶几都采用的是中式风格。此外，埃尔夫还接受许多特制家具的委托，例如中国回纹茶几或是镶嵌了金饰的中国风书桌、书柜等。

通过追随由欧洲王室所带领的中国风品位，查尔斯顿的精英们希望摆脱殖民地公民受人轻视的身份，而展现出一个世故、见多识广的文化消费者的形象。18 世纪查尔斯顿人们对中国风商品的消费是整个北美殖民地大城市的缩影。事实上，在“中国风”家居产品在美国流行起来以前，中国的茶叶就已经成为这里最主流的饮品之一。波士顿、纽约、费城等大都市里的居民从英国殖民者那里沿袭了喝茶的习惯，共饮下午茶也是一个凝聚家庭成员的核心活动

16 LEATH, Robert A. *After the Chinese Taste:* 52.

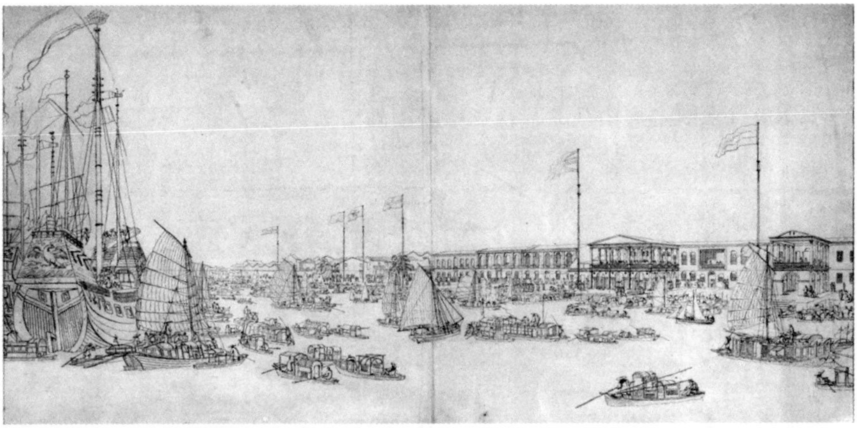

· 图 6.6　威廉 · 丹尼尔 1785 年绘制的广州十三洋行的草图
注：十三洋行特指的是明清广州贸易特区内的十三家中间商。清乾隆二十二年（1757 年）下令锁国，仅保留广州为中国唯一对外通商港口。

之一。只不过在更显赫的家庭，下午茶被盛放在精美的、从中国进口的细瓷里，并摆放在讲究的齐彭代尔茶几上。而在普通人家，用粗陶容器喝着热茶也是其乐融融。

1783 年，美国赢得了独立战争的胜利，成为了拥有自主权的国家。次年，美国商人们就立刻派出了“中国皇后号”（Empress of China）商船来到广州，和中国直接贸易（图 6.6）。去的时候船上装载着大量的铅、木材、毛皮和花旗参，归来的时候为美国带来 700 箱武夷茶、100 箱熙春茶以及大量丝绸、棉布还有瓷器。此后美国和中国的贸易量逐年增加，到了 18 世纪晚期，这种频繁的贸易使得便宜的“中国风”青花瓷茶具在美国东海岸的中产家庭广泛流行。这些青花瓷当中，有一部分是来自英国瓷器制造商的仿制品，还有一部分来自于中国。便宜的青花瓷在装箱的时候，通常包裹在更珍贵的瓷器外面，用来缓冲在运输过程中后者所受到的震荡。在中美直接贸易之后，青花瓷迅速地渗入到美国的平常人家，以至于到 18 世纪晚期，英国旅行家克劳德 · 罗宾（Claude Robin）在他的美国之旅中观察到，“这儿没有一个人不用中式茶杯和茶托喝茶”[17]。

1784 年 2 月 22 日，“中国皇后号”商船从纽约出发驶向广州。同年的 7 月，托马斯 · 杰斐逊踏上了去巴黎担任美国驻法国大使的旅程。当他离开的时候，美国只有像他这样的上层阶级欣赏中国风的设计，并且有能力收藏中国瓷器。而当 1789 年他最终回到美国时，中国风的青花瓷已遍布寻常百姓之家。

- 托马斯 · 杰斐逊和“中国风”的世界 -

托马斯 · 杰斐逊生活在这样一个“中国风”盛行的世纪里。在美国独立之前，他和本杰明 · 富兰克林、乔治 · 华盛顿一样，都十分欣赏中国瓷器。富兰克林在自传中记叙了拥有第一件中国瓷器的那一刻：“一天早饭时，我发

17 DAVIS, Nancy Ellen. *The American China Trade, 1784-1884: Products for the Middle Class*, Dissertation (Washington. D.C.: George Washington University, 1987): 114.

现一件瓷碗和一个银汤匙。我太太背着我花了一大笔钱——320 先令[18]买了它们……这是我们家拥有的第一件瓷器。数年后随着我们财富的增长，我们的瓷器收藏也逐渐增加到了几百磅的价值。”

乔治 · 华盛顿偏爱青花瓷，在美国和中国直接贸易以前，他从伦敦还有英国港口城市布里斯托尔（Bristol）订购中国瓷器。独立战争胜利后，华盛顿从报纸上获知美国商船帕拉斯（Pallas）将从中国归来并贩售船载货物。他立刻托朋友帮他购买了一整套青花瓷餐具和一打青花瓷碗，以及上好的熙春茶和棉布。除了自用和收藏，他还把中国瓷器作为珍贵的礼物馈赠给朋友和宾客。

在美国独立之前，所有的中国产品都需要从欧洲进口。即使在美国独立之后，欧洲市场上贩售的中国产品，相较于美国，品种更丰富，样式更齐全。杰斐逊利用他在法国当外交官的便利，亲自选购了大量瓷器。事实上，他一到巴黎上任，就立刻为他的临时住宅选购了中国瓷器，包括咖啡杯、茶杯、杯托等。当 1789 年杰斐逊离开巴黎的时候，他也购买了大量的中国瓷器带回美国。为了能完好地运输这些宝贵的瓷器，他买了些产于英国的便宜陶器作为中国瓷器在运输过程中的保护层[19]。回国后，他订购了更多中国瓷器送到他在纽约的府邸。这些瓷器，再加上他此前在巴黎订购的那些，形成了数量非常可观的瓷器收藏，包括 120 件餐盘、58 个杯子、39 个杯托等[20]。他在纽约和费

18 先令是当时英国的货币单位，1 先令相当于 0.05 英镑。

19、20 WANG, Dave. “Chinese Civilization and the United States: Tea, Ginseng, Porcelain Ware and Silk in Colonial America” Virginia Review of Asian Studies (2011):124.

城的府邸里使用这些瓷器，并最终把它们全部运回了他在弗吉尼亚的家——蒙蒂塞洛庄园。

杰斐逊担任驻法国大使期间，多次被邀请到皇宫参加社交活动。沉浸在巴黎悠久的历史氛围中，他乐于体验这里最先进的文化娱乐，包括艺术、音乐、戏剧、美食和美酒等。他偏好西方古典主义的建筑，并收藏巴黎的建筑绘画，包括卢浮宫的立面和苏夫洛（Jacques-Germain Soufflot）所绘制的先贤祠的图纸。这表明他欣赏理性、纯粹的古典主义审美。与此同时，身在巴黎的杰斐逊不可能错过大量中国风的元素，因为那时的巴黎，无论是建筑园林、室内装饰或是日常物件，中国风的影响无处不在。例如，路易十五就格外喜欢融合中国风和洛可可风格的设计，他的尚蒂伊城堡（Château de Chantilly）里就有一间中国风主题的会客厅（La Grande Singerie）。这间会客厅融合了金碧辉煌洛可可风的背景和多彩的中国风的装饰主题（图 6.7）。杰斐逊有可能在参加皇室社交活动的过程中，看到了这里的布置。此外，他也参观了当时著名的私人乡间庄园“丽兹沙漠”（Desert de Retz），大面积的花园中点缀着多样的景观建筑——潘神庙、方尖碑、圆柱遗迹，还有一栋中国风的房子。杰斐逊十分喜欢“丽兹沙漠”，认为这里的景观小品处处美不胜收。此外，在去巴黎朋友家中做客的时候，他也不可能忽略掉当时最广泛流行的齐彭代尔式中国风的家具。

在法国担任大使期间，杰斐逊曾游历欧洲各国，欣赏旧世界的建筑景观。

· 图 6.7　尚蒂伊城堡里的中国风主题会客厅
Mel22 拍摄，Creative Commons, Share Alkike 3.0 License

1786 年的 3 月和 4 月，杰斐逊访问英国。他不欣赏伦敦的单体建筑，但是赞赏整座城市清晰、理性的规划思路。当然，他最感兴趣的还是英国的花园，不仅参观了许多著名的公园和私人庄园，还特别记录下来他的观赏体验，并分析各处的景观设计策略。从杰斐逊的笔记上我们知道，他参观过邱园。笔记上详细记录了邱园中使用的、把水从低处传送到高处的阿基米德式螺旋抽水机（Archimedes' s Screw），并绘制了其工作原理分析图[21]。杰斐逊的笔记没有谈到邱园里的孔夫子庙、中式庭阁塔楼等园林小品，或是任何古典主义庙

21　JEFFERSON, Thomas. Notes of a Tour of English Gardens (April 2-14), 1786, Jefferson Papers, National Archives, Founders Online. https://founders.archives.gov/documents/Jefferson/01-09-02-0328.

宇及其他异域风情的建筑。这很可能是因为在观赏邱园之前，他已经很熟悉这里的景观建筑了。杰斐逊在出使欧洲之前就拥有了《邱园花园建筑平面、立面、剖面和透视图》的画册，其中收录了邱园中所有建筑的平面和立面图纸。杰斐逊在创建弗吉尼亚大学的时候，把这本书列入了图书馆购买清单，或许他认为，通过研习这本画册里的图纸，建筑学者们可以足不出户就能初步了解世界各国园林建筑。

杰斐逊同样十分重视威廉·钱伯斯的《中国建筑、家具、衣物、机械和器皿的设计》一书。他早在 1771 年就拥有了这本书，后来他为弗吉尼亚大学的图书馆也订购了一本[22]。这本书以图样的方式展现了中国式的建筑园林设计，而杰斐逊在欧洲的所见所闻也加深了他对中国建筑装饰元素的喜爱。他参照钱伯斯专著中的插图Ⅱ和Ⅺ所展示的中式栏杆，设计了蒙蒂塞洛庄园里的屋顶和走道的栏杆，以及弗吉尼亚大学教工别墅的栏杆（图 6.8）。他为蒙蒂塞洛庄园的花园所设计的长椅靠背拼接了两种中式栏杆图案（图 6.9）一种是他曾多次使用过的斜纹栏杆，另一种则和邱园中中国塔的栏杆非常相近。它的图样也出现在了钱伯斯专著中的插图Ⅲ、Ⅹ和Ⅺ中。

此外，杰斐逊也拥有齐彭代尔的《绅士和木匠指南：哥特式、中国式和现代

22 O’NEAL, William Bainter. *Jefferson's Fine Arts Library: His Selections for the University of Virginia Together with His Own Architectural Books*. (Charlottesville, Virginia: University Press of Virginia, 1976): 55.

· 图 6.8　托马斯 · 杰斐逊，弗吉尼亚大学学术村 2 号教工别墅

品位家具最优雅实用的设计集锦》（后简称《绅士和木匠指南》）的第二版（出版于 1755 年）。这本书涵盖了大量带有中国风设计的家具装饰，其中中国风、哥特式还有古典风格的自由组合应该也令杰斐逊耳目一新。但是，到 18 世纪末，伴随着庞贝古城的重新发现和启蒙主义思潮的影响，欧洲的文化世界重新燃起对古典主义审美的青睐，《绅士和木匠指南》一书中所采取的折衷主义的设计策略渐渐不再流行。或许是出于这个原因，杰斐逊为弗吉尼亚大

· 图 6.9　托马斯 · 杰斐逊，蒙蒂塞洛庄园室外长椅

学拟定购书单的时候省略了《绅士和木匠指南》。

在中国风盛行的环境下，即使杰斐逊没有去过中国，他的建筑设计中也映射出来自中国的影响。除了建筑装饰，杰斐逊也喜欢中国风的花园小品。1771年，他获得了钱伯斯的《中国建筑、家具、衣物、机械和器皿的设计》，那时他还没有到过欧洲，也没有亲眼看过那里的中国风建筑。但是，或许是受这本书的启发，这一年他在记事本上写道，他想在花园里建造一个方形中式的庙宇和一对中式的塔楼。只可惜当时他没有将这个愿望付诸实践。多年后，他念念不忘在花园中增添各样建筑小品。1804年，他在备忘录上写道希望在花园里添加多种庭阁庙宇，一种类似于罗马万神庙，一种采用哥特式，一种模仿长方形的尼姆方殿（Maison Carree），还有一个类似于邱园的中国亭[23]。杰斐逊最终没有实现这些构想。而今天的我们，只能在想象中构建蒙蒂塞洛庄园里的中国庭阁，就如同数百年前，中世纪的欧洲人凭着文字想象着远处东方国度的一切。

23 WANG, Dave. "Thomas Jefferson' s Incorporating Positive Elements from Chinese Civilization" *Virginia Review of Asian Studies* (2012):148.

第七章

传承与重塑：从弗吉尼亚大学学术村到清华大礼堂

在考虑现代建筑和传统的关系的时候，意大利建筑师厄那斯托·罗杰斯（Ernesto Rogers）提醒我们："不根植于传统的建筑不可能现代，而古老的建筑，如果不能以我们今天的方式重塑，则没有意义。"[1] 罗杰斯的话阐述了时间的相对性。所谓现代，不过是连接过去和未来的时间节点，要成为不被时间淘汰的"现代"建筑，不仅要重塑传统，还需要具备再传承的价值和再重塑的弹性。本章将检视 3 个经典的学校建筑——托马斯·杰斐逊的弗吉尼亚大学学术村、纽约的哥伦比亚大学和北京的清华大礼堂，并分析它们是如何在继承传统形式的同时，因地制宜、因时制宜地创造出了新的传统。

- 非同寻常的学术村 -

19 世纪初，当杰斐逊构思弗吉尼亚大学的时候，他没有参考当时美国其他大学的设置。那时，美国的大学校园多少都有些类似。哈佛大学（1636）、

1 厄那斯托·罗杰斯 (1909—1969) 是意大利建筑师和理论家，也是建筑师理查德·罗杰斯 (Richard Rogers) 的堂兄。1953—1965 年，他担任意大利最重要的建筑杂志《美丽住宅》(Casabella) 的主编，主张历史语境是建筑创作的决定性因素之一；他的理论对阿尔多·罗西的建筑思想和实践产生了影响，并在二战后意大利建筑思想转型中起到关键作用。文中所有翻译，除非另外说明，都出自文章作者。

· 图 7.1　牛津大学墨顿学院，建于 13 世纪。从墨顿塔楼看向莫泊合院
拍摄者 DWR，摄于 2006 年

威廉与玛丽学院（1693）、耶鲁大学（1701）和新泽西学院（1746，即日后的普林斯顿大学）最初都只有一栋大楼，教学、住宿、办公、一日三餐都集中在此。只有当学校的发展超过了这一栋楼负荷的时候，才会再筹建一栋类似的大楼。许多学校都是这样由一栋大楼渐渐发展成具有一定规模的院落。杰斐逊认为独栋大楼的学校“又丑又不方便，易遭火灾，助长疾病的传播”，于是在规划弗吉尼亚大学校园的时候直接排除了这类做法[2]。

欧洲的大学也不是合适的范本。欧洲大陆的学校通常位于城市中心，只担负教学功能，既不提供住宿也不配备食堂。而建于中世纪的英国剑桥大学和牛津大学则是以修道院为建筑原型，教堂、图书馆、食堂和住宿等功能都围绕着中心的四方庭院布置（图 7.1）。这种内向的规划营造出一股隐修的氛围，

2　托马斯 · 杰斐逊档案，手稿馆藏，弗吉尼亚大学图书馆，夏洛茨维尔，弗吉尼亚。转引自 WOOD, Mary. “Thomas Jefferson and the University of Virginia: Planning the Academic Village” . Journal of Society of Architectural Historians 44 (October, 1985): 267.

以便让学生们心无旁骛地追求学问。不过，这样的安排让人感觉有些局促，也不利于日后校园的扩建。

于是，杰斐逊只能按自己心中理想的师生关系和教育模式来规划新的大学校园。他欣赏《方法论百科全书》（*Encyclopédie Méthodique*）中描述的古希腊时期哲学家学派的传承模式——学子们在导师住宅周围的花园里搭建简易的棚屋并居住在这里，以便于师生间密切探讨哲学问题[3]。不仅如此，百科全书中表达出学生需要远离道德败坏的城市的观点，这也十分契合杰斐逊的心意。1805 年，在写给朋友的信中，他吐露了对大学田园牧歌般的设想：“最好能给每个教授建造一座教学和居住的朴素小楼，再把它们和学生宿舍用廊道连接起来……事实上，一所大学不应该是一栋房子而是一座村庄。”[4]

另一方面，杰斐逊认为逼仄拥挤的空间容易积累负面情绪、激发争端，而开阔的自然空间则会缓解矛盾，促进文明的举止[5]。此时，学生暴力对于所

3 杰斐逊自称是《方法论百科全书》的早期读者，他甚至考虑过成为该丛书在美国的代理人。

4 托马斯 · 杰斐逊档案，手稿馆藏，弗吉尼亚大学图书馆，夏洛茨维尔，弗吉尼亚。转引自 Woods,“Thomas Jefferson and the University of Virginia”: 269. 路易·格林鲍姆(Louis S. Greenbaum) 从另一个角度来解读学术村规划形式的灵感来源：杰斐逊出任驻法大使的时候，见证了法国医院建筑的改革——出于防治疾病传染的考虑，将医院由一座大楼分散成几栋小型的阁楼。格林鲍姆认为这可能是启发杰斐逊为学术村所做的规划设计。参见 GREENBAUM, Louis S. “Thomas Jefferson, the Paris Hospitals, and the University of Virginia” . *Eighteenth Century Studies 26*(Summer, 1993):607-626.

5 在 1810 年 5 月 6 日这封信中， 杰斐逊写道：“大量的观察和反思让我确信把年轻人困在巨大且拥挤的房屋里不利于健康、学习、举止、道德和纪律。”杰斐逊档案，国会图书馆。

有美国大学来说，都是一个棘手的问题。绝大多数的学生是男性，年龄从13~30岁不等，他们莽撞又冲动，经常一言不合就发生打架、骚乱、枪战、纵火，甚至谋杀等恶行[6]。在规划弗吉尼亚大学校园时，或许出于规范学生行为的考虑，杰斐逊将学生宿舍和食堂分散设置在教授住宅的旁边，希望教授们能够及时提醒并阻拦学生们出格的行为[7]。同时，他将学生宿舍设置于碧草绿树之中，朝南远眺绵延的蓝岭山脉，或许是希望开阔的自然景观能够平息暴力冲动。

此后的几年里，杰斐逊反复思索如何避免现有大学设计中的缺陷，他的校园规划设想也随之越来越具体。1810年，在给友人的信中，他清楚地描绘了弗吉尼亚大学规划的蓝图："我感觉在我国……所使用的常见的（校园）规划，也就是建造规模浩大、昂贵的单体建筑是个不幸的错误。更好的办法是为每个教授建造一座独立的小楼，楼下是教室，楼上是二居室。教授楼和学生宿舍由廊道连接起来，让教授和学生们雨天也可以在此讨论。所有建筑都围绕着开阔的草地和树丛建造，这使得学校成为……学术村落，而不是一座又吵、又脏、又臭的大型公共场所。它（学术村落）将提供学习所需的宁静氛围，并且减少火灾、疾病传染和骚乱的危险。"[8]

6 19世纪初，美国只有很少从事高等教育的学校招收女性学生。哈佛、耶鲁、普林斯顿大学都不在此列。

7 事实上，通过让师生共同生活而加强二者之间联系的做法收效甚微。当1825年学校开始招生的时候，学生们经常喝醉酒闹事，如毁坏公物或打架。杰斐逊从欧洲聘请来的教授觉得住在隔壁的学生们又吵又无知，很快就辞了职。

8 1810年5月6日信件，杰斐逊档案，国会图书馆。

在这封信中，杰斐逊已经描绘出弗吉尼亚大学校园规划的核心概念——一个以学术为中心的世外桃源，隔绝城市的喧嚣和浮华。学校的功能分散到独立的小楼中，这些小楼围绕着中心绿地布置（图 7.2）。学生和老师或漫步在花园里，或在草地上席地而坐，优雅地交谈，机智地对话，在这个过程中教学相长。从 19 世纪初开始策划到 1820 年间建成，弗吉尼亚大学的设计一直贯彻着这个概念。

在确定分散学校功能的规划思路之后，杰斐逊开始为学术村创造统一的建筑形象。他的好友拉特罗布提议用一栋圆顶建筑统领整个校园[9]（图 7.3）。基于对古典建筑的深厚了解，杰斐逊选定以罗马万神庙为原型来设计学术村的中心建筑——圆厅图书馆。他选择了用裸露红砖为建筑的底色，其他的构成元素（如穹顶、古希腊神庙形式的门廊、窗框和线脚）都是白色。这也为学术村建筑群奠定了统一的风格基调。

为了把古典的建筑形式妥帖地转化成迎合当代审美的图书馆，杰斐逊对万神庙原型做出了调整（图 7.4），首先，他将图书馆入口抬高，加强了图书馆对四周建筑的统领地位；他还减小了三角楣饰（Pediment）的相对比例，使

9 Benjamin Henry Latrobe to Thomas Jefferson, 24 July 1817, Founders Online, National Archives, last modified February 1, 2018, http://founders.archives.gov/documents/Jefferson/03-11-02-0467.（Original source: The Papers of Thomas Jefferson, Retirement Series, vol. 11, 19 January to 31 August 1817, ed. J. Jefferson Looney. Princeton: Princeton University Press, 2014, pp. 563 - 565.）

· 图 7.2　弗吉尼亚大学学术村 6 号教工别墅的后花园及其蜿蜒的围墙

· 图 7.3　弗吉尼亚大学学术村，看向北面的圆厅图书馆

· 图 7.4　罗马万神庙
作者 James Anderson, 摄于 19 世纪中

得门廊和建筑主体的关系更和谐宜人（相较而言，万神庙的门廊过于突出，而削弱了穹顶对建筑的主导）；此外，他听从拉特罗布的建议，采用六柱门廊，相较于万神庙稍显拥挤的八柱门廊，塑造出一个更明快的建筑形象。杰斐逊在建筑主体上以一圈装饰线脚连接门廊的檐部，使其纳入建筑的整体构成。

以神庙为原型设计大学图书馆，寓意着把对神的敬畏转移到对学问的尊崇上。古希腊神庙式的门廊给圆厅图书馆带来了高贵庄重的氛围，从这里进入宽敞的门厅，经过环形的楼梯到达穹顶下宏伟的圆形空间——这里设置了藏书阁和阅览室。天窗透下的光线洒满了整个穹顶，整个空间显得空灵而神圣，让人心生崇敬（图 7.5）。在这种宏大的空间背景下，日常的烦恼琐事显得渺小而轻浮，追求真理在此刻成为了唯一有价值的事。

学术村以圆顶图书馆为轴线顶点，向南延伸出 U 形的建筑群——两翼各是 5

· 图 7.5　托马斯·杰斐逊弗吉尼亚大学圆厅图书馆

· 图 7.6　圆厅图书馆二楼室内

座独立的教授楼，教授楼之间是学生宿舍和餐厅。10 座教授楼都采用古典主义风格，但设计却各不相同，以便为学生们提供更丰富的建筑实例。由北向南，教授楼的入口平台随着斜坡的地势下沉，每栋楼之间的距离渐增，这形成了视觉上前缩透视的效果，加强了景深感（图 7.6）。从而，站在学术村的南端向北望去，仿佛圆顶图书馆所处位置更高更远，感觉更宏伟。

以图书馆统领校园建筑群是杰斐逊的首创。在此时美国其他大学里，图书馆不是单体建筑，而仅仅是大楼里一间比较大的房间。在当时，从书本中获取知识被认为是奢侈的特权。在殖民地时期，北美的书本大都是进口而来，不仅昂贵而且颇费周折。学校将图书收藏看成是宝贵资产，从而十分谨慎地管理图书。例如，早期的哈佛大学图书馆一天之中开放 2 个小时，并且只允许高年级的学生借阅图书。直到 19 世纪 40 年代，密歇根大学图书馆一周只开放 1 天，而大多数的新英格兰地区的大学图书馆一周仅开放不到 3 个小时[10]。和这些学校相比，圆厅图书馆在校园建筑中的中心地位标志着图书馆在弗吉尼亚校园生活里的核心作用。其宏大的藏书空间和阅览室烘托出了通过阅读追求学问的崇高感。

杰斐逊的学术村为大学校园规划开创了一个新的范式，对此后大学校园的布局产生了深远的影响。但是，这影响来得并不及时，将近一个世纪之后，北美的大学里才再次出现这样开放的校园和如此规模的图书馆建筑。

10 GYURE, Dale Allen. "The Heart of the University: A History of the Library as an Architectural Symbol of American Higher Education" *Winterthur Portfolio* 42 (Summer/Autumn, 2008).

- 从田园到都市：从学术村到哥伦比亚大学 -

学术村建成将近 1 个世纪后，美国大学职能发生了质的变化——其核心从传播知识变为探索新知，这意味着学习目的和方法的巨大转变。在此以前，高等教育强调训练脑力和记忆能力，当时最流行的教育理论认为人脑就像肌肉一样，可以通过不断的锻炼而加强，而锻炼人脑的最佳方法是背诵。这也部分解释了为什么当时大学图书馆并不常向学生开放的原因，大多数学校认为熟读教科书和背诵知识点就可以满足脑力训练的需要，而通过阅读建立广博的知识背景则是没有必要的。不仅如此，智力的求索始终限制在神学的框架之中，学术和求知的终极目标是印证和强化基督教的世界观。

19 世纪末，查尔斯 · 莱尔（Charles Lyell）的《地质学原理》和查尔斯 · 达尔文（Charles Darwin）的进化论思想传入美国，动摇了这里学术界的神学框架。《地质学原理》有力地支持了均变论（Uniformaitarianism），即认为地球从古自今遵循着缓慢的、规律性的地质变化。均变论挑战了当时广泛接受的地质突变理论。地质突变理论和圣经中诺亚方舟的故事逻辑相容，均变论则与之相左。达尔文的进化论则直接挑战了基督教的世界观里上帝造人的说法。尽管二者的学说在当时的知识界仍存在争议，但却展现了一种全新的思考世界的方式。在美国的学术界，探索真理的方式越来越依赖于因果推理和实验研究，而和宗教体验的关系逐渐疏远。许多美国学者开始相信积累知识和探索世界本身的意义，不再认为它们仅仅是映射了神的旨意。例如 1891 年，哈佛大学查尔斯 · 艾略特（Charles William Eliot）宣布“真理”（Veritas，拉丁文）为哈佛校训，并确定寻求真理是学校的核心要务之一。而仅在 7 年前，哈佛大学官方校训的核心是“基督和教堂”（Christo et Ecclesiae）。大学职能的巨大转变不仅影响日常的教学，也改变了学校的规划和建筑设计——随着探索新知成为大学的核心任务，大学的中心从教堂变为了图书馆。

改变美国校园规划的另一主导因素是此时在美国大城市中兴起的城市美化运动（City Beautiful Movement）。这项改革运动旨在通过修建宏伟气派的公共建筑而达到美化城市生活环境的目的。1893 年在芝加哥举行的哥伦布纪念博览会（the world’s Columbian Exposition）成为了城市美化运动的主要推手，也为之后的城市规划和文化建筑设计提供了范本。这场博览会为纪念哥伦布发现美洲新大陆 400 周年而筹办，并雄心壮志地在 2 年内修建了近 200 多座会馆[11]。这些气派的会馆沿着运河和潟湖而建，几乎都采用法国布扎体系的建筑样式，或者说是法式新古典主义风格——强调轴线布局、宏伟的形体、和谐的比例关系以及华丽的装饰细节（图 7.7）。

这次博览会取得了空前的成果，也改变了城市在美国人民心中的形象。在此前，人们广泛认为大城市不仅又脏又乱，而且道德败坏，而博览会则展示了现代城市在通过缜密规划之后，能呈现出一幅怎样辉煌、文明的图景。它为正萌芽的城市美化运动提供了强有力的推动作用。在这股风潮之下，许多建筑师将校园看成是城市缩影，并将城市美化运动的理念渗透到了他们的学校

11　大多数都是临时建筑，在博览会结束后被拆除。

· 图 7.7　哥伦布纪念博览会，光荣之庭

规划当中。这种影响率先反映在了麦金 - 米德 - 怀特建筑事务所在 1894 年所主持设计的哥伦比亚大学中。这个项目将新古典主义建筑风格和杰斐逊式的校园规划重新带回了美国大学设计当中[12]。

12　麦金 - 米德 - 怀特建筑事务所是当时美国最显赫的建筑师事务所。该事务所十分擅长使用新古典主义建筑语言设计出雄伟的公共文化机构，除了哥伦比亚大学主校区，著名作品包括位于曼哈顿的维拉德公馆 (Villard Houses, 1890)、哥伦布纪念博览会上的农业大楼 (the Agricultural Building at the World Columbian Exposition, 1893)、波士顿公共图书馆 (Boston Public Library,1895) 和宾夕法尼亚火车站 (Penn Station, 1910)。该事务所还负责了 1895 年弗吉尼亚大学圆厅图书馆大火后的重建和学术村的南面扩建项目，该项目的负责人是合伙人斯坦福 · 怀特 (Stanford White)，参见 YETTER, George Humphrey. "Stanford White at the University of Virginia: Some New Light on an Old Question" *Journal of the Society of Architectural Historians* 40 (Dec., 1981) 320~325.

这时的美国大学校园大都采用两种布局，一种类似于英国牛津大学和剑桥大学的规划方式——以多个小型院落来组织学校各部，这种规划通常配合哥特式的建筑风格，营造出中世纪修道院里深居简出、潜心求知的学习氛围；第二种则类似于巴黎索邦大学系统（Sorbonne），学校坐落于繁华的都市，只提供教学办公场所，并用连续的高楼将学校庭院和凌乱的城市隔绝开来。校园建筑通常采用古典主义形式（新古典主义、布扎建筑体系、文艺复兴式等），沿着城市用地边沿布置，围合出中心长方形的大庭院。

然而，事务所提交的哥伦比亚大学学校规划方案却和二者大相径庭（项目的负责人为查尔斯 · 麦金，同时也是事务所合伙人）。1892 年，哥伦比亚学院计划从曼哈顿中城（midtown）搬到上西区（Upper West Side）的晨边高地[13]（Morningside Heights）。搬迁之前，学校局限在一个城市街区之内，校园小，招生少。新的学校用地包括 4 个城市街区，南北向处在 116~120 街之间，东西向位于百老汇大道（Broadway Boulevard）和阿姆斯特丹大街（Amsterdam Avenue）之间。

麦金的方案为哥伦比亚大学创造了一个宏大开放的建筑形象（图 7.8）。学校的中心是罗氏纪念图书馆[14]（Low Memorial Library）（图 7.9），它位于南北

13 当时仍为哥伦比亚学院，1896 年转型成为哥伦比亚大学。

14 1895 年哥伦比亚大学校长赛斯 · 罗 (Seth Low) 为图书馆修建捐赠了 100 万美元（传言是他全部资产的 1/3），以纪念他前年去世的父亲。从而图书馆命名为罗氏纪念图书馆。

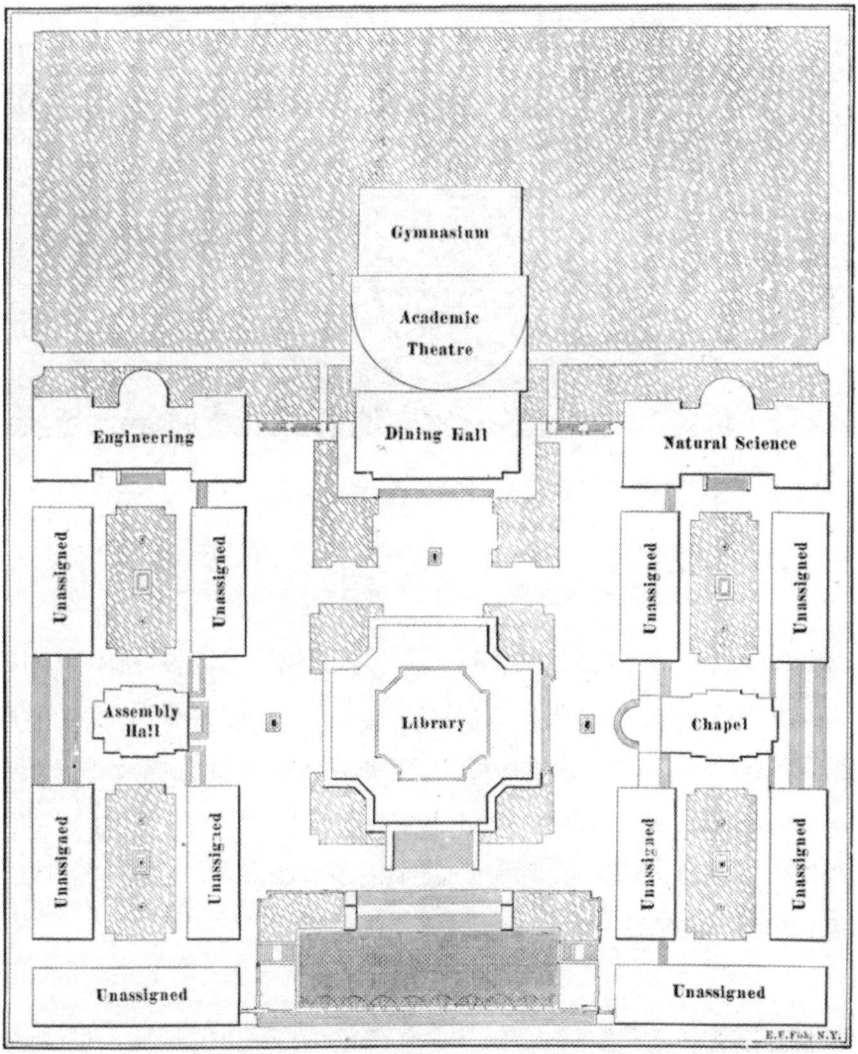

GENERAL PLAN OF GROUNDS AND BUILDINGS OF THE NEW COLUMBIA COLLEGE.

· 图 7.8　哥伦比亚大学总规划（1894 年）

· 图 7.9　从 116 街看向哥伦比亚大学（1902—1905 年）

轴线和东西轴线的交叉点。和杰斐逊一样，麦金选择了罗马万神庙作为罗氏纪念图书馆的建筑原型。图书馆坐落在高台之上，门前大楼梯为学生提供了休憩社交的场所。爱奥尼柱式的宽阔门廊和带线脚的穹顶无疑都是千锤百炼的古典主义建筑语言，而帆拱和八边形的鼓座延续了拜占庭建筑传统。宏伟的体量和简练的建筑语言为图书馆创造了壮观庄重的形象，也为整个校园建筑群定下了风格基调。

图书馆朝南面向宽阔的绿地广场，广场延续到 116 街边沿，向城市开放。麦金将此广场视为整个校园的“前厅”，如同卢浮宫或是罗马圣彼得大教堂的门前广场一样。图书馆两侧的教学楼和办公楼，松散地按照庭院式布置。不同于其他城市里的大学用连续的高楼筑起一圈密不透风的墙，将校园隔绝在内，哥伦比亚大学沿街的教学楼并不连续。学校朝向道路的一面设有多处入口，以促进校园和城市街区的融合。相对于完全由石灰石筑成的罗氏图书馆，这些楼群全部由红砖筑成，并配有石灰石的镶边装饰，它们与图书馆风格相容而不尽相同，凸显出后者的核心地位[15]。它们配有不同寻常的大窗户，不仅满足教室和办公室的采光通风需求，也给予楼群更宏伟的尺度感[16]。

对于当时哥伦比亚大学校长赛斯·罗（Seth Low）来说，保持学校和城市生活的紧密联系至关重要。罗出生于商业家族，有着成功的政治背景[17]。在担任校长以前，他是布鲁克林市市长，卸任校长之后他被选为了纽约市市长。在担任校长期间，他立志把哥伦比亚大学从一间闭塞的二流学院转型成为一所立足于纽约大都市的重要文化机构，世界级的学者将在这里提供富有见地的咨询，也为纽约市培养商业、工业和政府的领军人物[18]。麦金的规划强调学校和城市的联系，正好契合罗校长对学校的重新定位。于是，他说服了校委会其他成员接受麦金的规划方案。

15、16 麦金为楼群设计提供了 2 个方案：它们要么和图书馆一样全部使用石灰石建造，要么采用红砖配合石灰石的镶边。校委会选择了后者，不仅出于经济上的考虑，也因为他们更青睐红砖带来的亲切感。参见 BERGDOLL, Barry. *Mastering Mckim's Plan: Columbia's First Century on Morningside Heights*. (New York: Columbia University, 1997):50-51.

17 赛斯·罗出生于显赫的商人家族，其父亲阿比·罗（Abiel Low）是当时从事中美贸易最重要的商人之一。

18 在 19 世纪七八十年代，哥伦比亚大学被认为是一座小型的二流学院，既保守又闭塞。参见 BERGDOLL, Barry. *Mastering Mckim's Plan: Columbia's First Century on Morningside Heights*. (New York: Columbia University, 1997):30, 55.

此外，麦金提议的新古典主义风格也符合罗校长的校园构想。罗校长曾参观哥伦布纪念博览会，并认为它“美丽非凡”（surpassing beauty），或许在那一刻他就已经把古典主义认定为未来哥伦比亚大学的建筑风格。校委会也赞同新古典主义风格，一方面是为了和采用哥特式风格的对手（例如刚成立的芝加哥大学）区分开来，另一方面，他们认为克制的新古典主义更展现出精英文化阶级的品位倾向[19]。

麦金规划设计的哥伦比亚大学延续了杰斐逊学术村的校园规划传统，古典主义的圆顶图书馆坐落于规划轴线的末端，统领着学校的建筑群，并面向开阔的景观。除了采用相似的布局方式之外，二者也略有不同。在学术村，穹顶象征的是追求学术的尊崇地位；在哥伦比亚大学，穹顶表达的是文化机构在都市中的显赫地位。杰斐逊的新古典主义象征的是他的共和主张，而麦金的新古典主义反映的是当时文化阶级的普遍审美倾向。不仅如此，杰斐逊的圆厅图书馆面向的是宽广的草地和远处开阔的山峦景观，意图创造优美的学习环境并陶冶学生们宽广的心胸。相较而言，麦金的罗氏纪念图书馆面向的是喧嚣的城市景观，门前的广场供师生和纽约市民们共享——它呈现的是现代大学积极投入城市生活的姿态。这样，在将近一个世纪之后，杰斐逊式的校园规划被应用到了大都市纽约的重要文化机构中，演化出了崭新的含义。

19 DOLKART, Andrew. *Morningside Heights: A History of Its Architecture and Development* (New York: Columbia University Press, 1998):124.

哥伦比亚大学迁址的消息受到纽约文化阶级的广泛关注，并给予了厚望。例如，代表进步左派知识分子的《哈珀斯杂志》（*Harper's Magazin*e）、宗教刊物《基督教联盟》（*Christian Union*）和《房地产实录》（*Real Estate Record*），都在报道中表达出期待哥伦比亚大学的新校区修建得高贵气派，并以此衬出大都会纽约的文化追求的愿望。

而麦金的规划方案也因此获得了赞誉。大量的新闻报刊和全国性的杂志刊登了他的方案，有些还详细地解释了他的方案细节。例如，1894 年 11 月 3 日的《哈珀斯杂志》（*Harper's Magazine*）就发表了校园规划的平面图，并用图书馆的透视图作为封面（图 7.10）。《哈珀斯杂志》是当时美国富有影响力的文化杂志，在当时富裕的中产家庭中几乎人手一本，这极大地提升了哥伦比亚大学的新校区方案在知识阶层的知名度。不仅如此，《建筑实录》（*Architectural Record*）在 1895 年 5 月也发表了该方案，这也让建筑圈对该方案有了更专业的了解和评价。也正是这一年，18 岁的亨利 · 墨菲（Henry Murphy）从霍普金斯学院（Hopkins School）毕业，进入耶鲁大学学习建筑。他毕业后，到纽约从业。作为建筑师的积累，他多半参观了建成了的哥伦比亚大学校园。1906 年，他和理查德 · 丹纳（Richard Dana）共同成立了立足于纽约的墨菲和丹纳建筑事务所（Murphy & Dana Architects）。1904 年，丹纳在哥伦比亚大学获得建筑学学士学位，他或许和墨菲聊到过母校校园的扩建。在日常繁忙往来中，墨菲会有很多机会经过哥伦比亚大学校园，并亲身感受麦金方案

· 图 7.10 《哈珀斯杂志》以罗氏纪念图书馆作为封面（1894 年 11 月 3 日）

的建成成果[20]。这些体验影响到了他日后主持的校园项目，包括清华大学扩建方案中大礼堂的设计。

1914 年清华学校的扩建和哥伦比亚大学的迁址多少有些相似。二者相隔 20 年，但都是学校的重新定位促成了校园的扩建和规划。清华学堂建于 1909—1911 年，是一座留学培训学校，学制 8 年[21]（分为中等科和高等科各 4 年）。其主要目标是培养中国学生和美国大学教育接轨，使得他们能够直接进入美国大学的二、三年级学习并适应那里的生活。1913 年 8 月，周诒春正式受任成为第二任清华校长。周校长 1909 年毕业于耶鲁大学。上任后，他计划将清华学校转化为一所“完全美国式的”、学科门类齐全的综合性大学[22]。学校要兴建图书馆、科学馆、体育馆和大礼堂，以匹配当时一流美国大学的办学设施。于是，1914 年 6 月间，他邀请同为耶鲁大学校友的墨菲来校会谈清华大学的扩建规划。

---

20 丹纳 1904 年毕业于哥伦比亚大学，他很可能和墨菲聊到过哥伦比亚大学校园的建筑发展。墨菲非常熟悉哥伦比亚大学的校园。1918 年 6 月 2 日，在给丹纳的信中，他描绘了建成的清华体育馆。他对游泳馆特别满意，认为它比哥伦比亚大学的游泳馆好多了。原文为“No one who could see this lively, light pool, with the sun streaming in and flooding all with out-of-doors, would ever again be satisfied with the usual dark basement pool like that at Columbia.” Murphy to Dana, June 2nd, 1918.

21 清华学堂又名“游美肄业馆”，是用美国退还的一部分庚子赔款创办的学校，1912 年改名为清华学校。1927 年北伐胜利后，清华归属南京国民政府教育部管辖，1929 年改名为“国立清华大学”。 1949 年中华人民共和国成立后，去掉“国立”二字，最终变为“清华大学”。

22 刘亦师 . 墨菲档案之清华早期建设史料汇论 [J] 建筑史 34(2014):166-167.

这次见面为日后墨菲的方案定下了基调。其间，周校长和墨菲反复探讨斟酌新建的校园应该采用中式还是西式的建筑风格。此时，墨菲已经完成了长沙雅礼学校的设计规划，其中的建筑采用了中国古典建筑中常见的大屋顶，格局也参考了中国传统建筑中以轴线组织院落群的布局方式。但这样的形象好像不太符合周诒春校长对未来清华校园的展望。周校长认为，尽管中式传统建筑的形式和清华园的风格相称，对中华学子们也很有教育意义，但其严格的布局形式限制了学校的功能设置。此外，用现代的材料技术再造中国传统的建筑形式通常也会花费更多。权衡再三，周校长和墨菲决定，新建筑的外观和空间布局采用西式，但在场地环境设计上融入中国传统元素。此外，新的大学部将总体遵循美国大学的规划方式（在当时的语境下，指的应该是杰斐逊式分散、开放的校园模式），而不会采用英式独立小型院落的布局形式[23]。

1909 年，清华学堂初建于北京西郊的清华园。清华园由工字厅、怡春院和古月堂三组建筑构成。1911 年在此基础上发展出的清华学校，只有三座主要的大楼，分别用作办公楼、高等科讲堂和中等科讲堂。在现有清华学校的基础上，墨菲 1914 年的规划方案主要在东西两向扩展校园——在东面新建大学部（未建成），在西面新建高等科教学区。

23 CODY, Jeffrey W. Cody. *Building in China: Henry K. Murphhy's "Adaptive Architecture,"* 1914–1935.(Hong Kong: the Chinese University Press, 2001):46.

· 图 7.11　清华大学俯瞰图，显示大礼堂和二校门的关系

高等科教学区采取了杰斐逊式的校园规划——沿着南北轴线布置舒展的长形草坪。轴线尽端以宏伟的新古典主义风格的大礼堂收束，沿着草坪布置其他教学建筑。大礼堂以其宏伟的体量、焦点的位置和别致的穹顶统领教学区的其他建筑群（图 7.11）。

同样是在规划轴线的尽端安置校园的中心建筑，圆厅图书馆朝向壮阔的山峦，罗氏图书馆朝向喧闹的城市，清华大礼堂则面对葱葱郁郁的古木。在清华大学，大草坪的另一端是古典主义风格的二校门，可是出人意料的是，二校门

· 图 7.12　清华二校门
拍摄者 Yaoleilei，摄于 2003 年 10 月

却并不在轴线上（图 7.12）。校门不远处生长着高大优美的白杨树，树叶掩映中依稀能见到学校的红砖建筑。如果追求校门和大礼堂之间工整的轴线对应，则需要改造地形并移除古木，或是拆除部分工字厅建筑群。于是，墨菲放弃了校门和礼堂之间工整的对称效果，允许校门偏向一侧，这样的修改更符合中国传统园林空间中半遮半掩、步移景换的意趣，也符合他和周校长在会谈中确立的在场地环境设计中遵循中国传统的立意。

相较于学术村或是哥伦比亚大学的图书馆，墨菲对清华大礼堂区域的规划或许更符合中国人含蓄的审美，而悉心保留古木的举措，则包含着对光阴的珍重和深情。自然掩映中的清华校园，在某种程度上，实现了杰斐逊心中以学术为中心的世外桃源的理想。正如梁实秋初入清华所描述的那样：“我们跨进校门的头一步，举目一望，但见：一条马路，两旁树着葱碧的矮松；马路歧处，一片平坦的草地，在冬天像一块骆驼绒，在夏天像一块绿茵褥，草地尽处便是庞然隆大圆顶红砖的大礼堂……才跨进校门的人，陡然看见绿葱葱的松，浅茸茸的草，和隆然高起的红砖的建筑，不能不有深入世外桃源的感觉。再听听里面阒无声响的寂静，真足令人疑非凡境。”[24]

墨菲同样选择了罗马万神庙作为清华大礼堂的建筑原型（图 7.13）。裸露的红砖为建筑的底色，穹顶为青铜色，其他的构成元素——凯旋门形式的门廊、三角楣饰的线脚和立面上的点缀装饰都是白色。它为整个教学区建筑群奠定了素雅的色彩基调。

大礼堂坐落在高台之上，强化了它对四周建筑的统领地位。爱奥尼柱式的宽敞门廊和带线脚的穹顶遵循的是古典主义建筑语言。类似于麦金罗氏图书馆的设计，墨菲用帆拱（pendentive）和八边形的鼓座（drum）连接了圆形的穹顶和方形的平面。礼堂四面都设有突出的三角山花，从而在各面都展现出古

24　选自梁实秋《雅舍遗珠：人生贵适意》一书。

· 图 7.13　清华大学大礼堂
拍摄者冯成，摄于 2008 年 11 月

罗马万神庙正立面的形象。除了大礼堂南面主入口，其他的三角楣饰下设有半圆窗，为礼堂室内引入充足的阳光。凯旋门式的入口、宏伟的体量和简练的建筑语言为大礼堂创造出壮观庄重的形象。在大礼堂刚建成的时候，清华学生把它比作西塞罗（Cicero）发表演讲的古罗马会场（forum），认为礼堂的建成为训练学生的演讲口才提供了好机会[25]。

清华大礼堂采用正方形中心布局，在建筑平面和立面的设计上采用了一致的数学关系，比如礼堂内部柱距和入口门廊面宽相等，亦和穹顶球形直径相

25　西塞罗是罗马共和国晚期哲学家、作家和律师，被广泛认为是古罗马时期最雄辩的演说家之一。

等[26]。虽然观者并不能从建筑本身的观看体验中获知其准确的数学关系，但却能感受其所带来的和谐比例关系，从而获得美的体验。这种隽永的美感伴随着这里莘莘学子的青春年华，即使时光流逝，也让人难以忘怀，而终化成了心底一腔温暖的乡愁。毕业于清华历史系的何炳棣，70 年后深情地回忆在那里的时光："如果我今生曾进过'天堂'，那'天堂'只可能是 1934—1937 年间的清华园……当 1934 年 9 月以一年级新生的身份走进清华校园的大门（现校墙已拆除，这南门已不通行），空旷草坪的背面屹立着罗马万神庙（Pantheon）式的大礼堂。无论是它那古希腊爱奥尼式的四大石柱，古罗马式青铜铸成的圆顶，建筑整体和各部分的几何形式、线条、相叠和突出的层面、三角、拱门等的设计，以及雪白大理石和淡红色砖瓦的配合，无一不给人以庄严、肃穆、简单、对称、色调和谐的多维美感。"[27]

即使在细细观赏过弗吉尼亚大学的学术村之后，何炳棣还是觉得清华大礼堂更美。在他看来，杰斐逊圆厅图书馆的构成关系"失之过'繁'"，而且三面都是建筑，有些"囿限"之感[28]。相比之下，"清华的大礼堂，因有南面无限的阳光和开阔草坪的'扶持'，显得格外'洵美且都'"[29]。

26 李倩怡和刘畅两位学者，对清华大礼堂的测绘结果做了详细的比例分析，令人信服地验证了墨菲在设计大礼堂各部分之间和谐的数学关系。

27 何炳棣 . 读史阅世六十年 [M]. 香港：商务印书馆，2004.

28 此时，学术村的南面建造了由斯坦福 · 怀特设计的卡贝尔厅（Cabell Hall），从而改变了杰斐逊所设想的南面开放的三合院格局。

29 何炳棣 . 读史阅世六十年 [M] . 香港：商务印书馆，2004:91.

1805 年，当杰斐逊开始策划一座新的大学的时候，他考虑的是创造古希腊式的、融洽的师生关系。他担忧青年学生的健康问题和暴力隐患。于是，他将学校功能分散，并围绕中心草坪布置。他将圆厅图书馆设为学校建筑群的焦点，将“追求真理”确立为学术村的核心价值。以此，他希望创造出一个一心追求学问的乌托邦。大约 1 个世纪后，麦金在大都市纽约规划哥伦比亚大学中重用了这样的方式，并成功地把它重塑成了大学校园融合城市生活的典范，从而使它在美国大学校园规划中推广开来。杰斐逊不会想到他的校园规划方式能够适用到和他的初衷如此冲突的环境中。他又何曾料想到，这样的规划方式，能够漂洋过海，来到中国北京，影响了那里的校园、那里的学子。

这 3 个经典学校设计的案例也让我们重新思考传承和创新的关系。杰斐逊继承了古希腊哲学学派的教学模式，参考了当时医院建筑的形式传统，并把它们重塑到大学校园规划中，以圆厅图书馆统领建筑群，这是他的创新。在哥伦比亚大学，麦金摒弃了学术村规划方式内向隔绝的设定，而将其批判性重塑成向城市开放的校园模式。而墨菲则在继承学术村和哥伦比亚大学规划传统的基础上，偏折了中心轴线，创造出符合东方审美情趣步移景换的体验。他们三人通过创造性的重塑，让传统在新的时代和新的环境里绽放生命。在熟悉各类建筑传统的人眼中，几乎没有设计是无来由地横空出世，而绝大多数的设计，就像本文讨论的这 3 个案例一样，有迹可循。而所谓设计，即是建筑师们思考此生至今所有的所见、所读、所想，从中融会贯通出一个适宜于此时此地的方案。参考经验、借鉴传统是这个过程不可或缺的程序。

从杰斐逊的学术村到麦金的哥伦比亚大学，再到墨菲的清华大礼堂，反映了一脉相承的校园规划的演化。这种跨越时空的发展，反映出成功的学校设计是教育观念变迁、学校策划定位、审美倾向、经济等因素相互作用的结果。杰斐逊式的布局范式，在截然不同的环境当中能够应对自如，有赖于几代建筑师们创造性的重塑。正是这不断地借鉴和发展，赋予了该范式全新的活力和意义。

·参考文献·

[1] FOUCAULT, Michel. What is Enlightenment?[M] // RABINOW, Paul. The Foucault reader. New York: Pantheon Books, 1984:32-50.

[2] MEACHAM, Jon. Thomas Jefferson: The Art of Power[M]. New York: Random House TradePaperbacks, 2013.

[3] JEFFERSON, Thomas. Autobiography[M]//The Works of Thomas Jefferson, vol. 1.New York: G.P. Putnam's Sons, 1904: 3-162.

[4] JEFFERSON, Thomas. Thomas Jefferson to John Sanderson, August 31, 1820. [A/OL] The Thomas Jefferson Papers at the Library of Congress, Series 1: General Correspondence,1651-1827. https://www.loc.gov/item/mtjbib023876/

[5] JEFFERSON, Thomas. Notes on Virginia [M]//The Works of Thomas Jefferson,vol. 4.New York: G.P. Putnam's Sons, 1904: 3-36.

[6] American Institute of Architect (AIA). AIA Memo[Z].1991 (10):18.

[7] BECKER, W.G. Neue Garten-und Landschafts-Gebäude, Vol. 2[M]. Voss, 1798.

[8] BROWN, C. Allan. Thomas Jefferson's Poplar Forest: The mathematics of an ideal villa [J]. TheJournal of Garden History10, 1990 (2): 117-139.

[9] COLES, Isaac. Isaac A. Cole to John Hartwell Cocke, 23 February 1816[A].Cocke Family Papers, The Alderman Library of the University of Virginia.

[10] Da VINCI, Leonardo, Le proporzioni del corpo umano secondo Vitruvio (The proportions of the human body according to Vitruvius), 1490[Z]. Pen and ink with wash over metal point on paper. 34.6 cm × 25.5 cm. Gallerie dell' Accademia, Venice.

[11] FIELDS, Wayne. Jefferson’s Second Home [J/OL]. American Heritage Magazine, April 1993 (4). http://www.americanheritage.com/articles/magazine/ah/1993/2/1993_2_104.shtml:2.

[12] FLETCHER, Banister. A History of Architecture for theStudent, Craftsman, and Amateur: Being a Comparative View of the Historical Styles from the Earliest Period[M]. BT Batsford, 1896.

[13] GIORDANO, Ralph G. The architectural ideology of Thomas Jefferson[M]. California: McFarland, 2012:80-81, 117-122, 146-183, 199-204, 214.

[14] JEFFERSON, Thomas. Notes on the State of Virginia. 1785 [M] // JEFFERSON Thomas. The Writings of Thomas Jefferson, 10. New York: GP Putnam's Sons, 1892-99.

[15] JEFFERSON, Thomas. Jefferson to Madame de Tessé, March 20, 1787 [M] // JEFFERSON

Thomas and others, The Papers of Thomas Jefferson, vol.11. BOYD Julian P. Princeton: Princeton University Press, 1950: 226-227.

[16] JEFFERSON, Thomas. Letter to James Madison, September 20, 1785 [M]. // JEFFERSON Thomas. The Writings of Thomas Jefferson, 10. New York: GP Putnam's Sons, 1892-99:829-830.

[17] JEFFERSON, Thomas. Letter to William Buchanan and James Hay, Paris. January 26,1786 [M]. // JEFFERSON Thomas. The Writings of Thomas Jefferson, 10.New York: GP Putnam's Sons, 1892-99.

[18] JEFFERSON, Thomas. An Account of the Capitol in Virginia, 1785 [M] // KIMBALL Fiske, KUKLA Jon, VICK Martha C, DRIGGS Sarah Shields ed. The Capitol of Virginia. Richmond: Library of Virginia, 2002: 7.

[19] JEFFERSON, Thomas. Jefferson to John Wayles Eppes, 18 September 1812[Z]. The Henry E. Huntington Library and Art Gallery, San Marino, California.

[20] JEFFERSON, Thomas. JEFFERSON to Benjamin Rush, 17 August 1811[A/OL] The Thomas Jefferson Papers at the Library of Congress. https://www.loc.gov/item/mtjbib020671/

[21] JEFFERSON, Thomas. Jefferson to William Short, 31 October 1819[A/OL] The Thomas Jefferson Papers at the Library of Congress.https://www.loc.gov/resource/mtj1.045_0489_0490/?st=gallery

[22] JEFFERSON, Thomas. Plan for Bedford (1804)[A].Massachusetts Historical Society.

[23] JEFFERSON, Thomas, and KIMBALL, Fiske. Thomas Jefferson, Architect:Original Designs in the Coolidge Collection of the Massachusetts Historical Society. Vol.5. [M]. Plenm Publishing Corporation, 1968: 71, 133, 134.

[24] JEFFERSON, Thomas. The Papers of Thomas Jefferson, Vol. 9 [M]. Princeton: Princeton University Press, 1954.

[25] JEFFERSON Thomas. Thomas Jefferson: Writings: Autobiography/Notes on the State ofVirginia/Public and Private Papers/Addresses[M]. PETERSON Merrill D. New York: Library ofAmerica. 1984: 77.

[26] JONES, Cranston. Pride and Prejudices of the Master [N]. Life,1959-4-27: 56.

[27] KIMBALL, Fiske, and JEFFERSON Thomas. Architect: Original Designs inthe Collection of Thomas Jefferson Coolidge, Junior [M]. Boston: Printedfor private distribution at the Riverside Press, Cambridge, 1916.

[28] KIMBALL, Fiske. Jefferson's Development as an Architect [M] // JEFFERSON Thomas. Thomas Jefferson, Architect: Original Designs in the Collection of Thomas Jefferson Coolidge, Junior. KIMBALL Fiske. Boston: Printed for private distribution at the Riverside

Press, Cambridge, 1916.

[29] KIMBALL, Fiske. Jefferson's Development as an Architect. [EB/OL]. University of Virginia.[2018-04-01]. http://www2.iath.virginia.edu/wilson/TJA/tja.home.html.

[30] LANCASTER, Clay. Jefferson's Architectural Indebtedness to Robert Morris[J] Journal of the Society of ArchitecturalHistorians 10, 1951(1): 3-10.

[31] LATROBE, Benjamin Henry, FAZIO Michael W, SNADON Patrick A. The Domestic Architecture of Benjamin Henry Latrobe [M]. Baltimore: Johns Hopkins University Press,2006: 192.

[32] Library of Virginia Exhibition. Beyond Jefferson: Changes to Virginia's State Capitol [EB/OL]. [2018-04-01]. http://www.lva.virginia.gov/exhibits/capitol/beyond/.

[33] LATOUR, Bruno. We Have Never Been Modern[M]. Harvard university press, 2012.

[34] MALONE, Dumas. Jefferson the Virginian[M]. Boston: Little, Brown, 1948:161-163, 442.

[35] McDONALD, Travis C. Constructing Optimism: Thomas Jefferson's Poplar Forest[J]. Perspectives in Vernacular Architecture 8 (2000): 176-200.

[36] McDONALD Jr, Travis C. Poplar Forest: Synthesis of a Lifetime[J]. Notes on the State of Poplar Forest 2 (1994):1-7.

[37] MUMFORD, Lewis, WILSON Richard Guy. Thomas Jefferson, Architect [EB/OL]. [2018-03-26].

[38] NICHOLS, Frederick Doveton, Thomas Jefferson's Architectural Drawings, 3rd edition [M]. Boston: Massachusetts Historical Society, 1961.

[39] PALLADIO, Andrea. Four Books of Architecture, WARE Isaac trans.[M]. NewYork: Dover Publications, 1965: 81.

[40] PETERSON, Merrill. Thomas Jefferson: A Reference Biography [M/OL]. New York: Scribner BookCompany, 1986. http://www.arch.virginia.edu/architectural-history/tj:xi.

[41] PIERSON Jr, William H. American Buildings and Their Architects [M]. New York: GardenCity, 1986.

[42] REINHOLD, Meyer. The Classical World[M]// PETERSON, Merrill D ed. Thomas Jefferson:A Reference Biography. New York: Charles Scribner's Sons, 1986: 155.

[43] RETRARCA, Francesco. Letter to Dionigi di Borgo San Sepolcro (26 April 1336) [M]// ROBINSON James Harvey trans. Petrarch; the First ModernScholar and Man of Letters, New York: Putnam: 1898.

[44] RISJORD, Norman K. Jefferson's America, 1760-1815,2nd ed. [M]. New York: Rowman& Littlefield, 2002: 301.

[45] ROWE, Colin, The Mathematics of the Ideal Villa, and Other Essays[M]. Cambridge, Mass.: MITPress, 1976: 15.

[46] SMITH, Margaret Bayard. A Winter in Washington II [M]. New York: E. Bliss & E.

White,1824: 261.

[47] United States and JEFFERSON, T., 1970. The declaration of independence[Z]. Achille J. St. Onge.

[48] WILLS, Chuck. Thomas Jefferson Architect: The Interactive Portfolio [M]. Philadelphia: Running Press, 2008: 48.

[49] WILSON, Richard Guy. Thomas Jefferson and the creation of the American architectural image [M] // SHUFFELTON Frank, The Cambridge Companion to Thomas Jefferson. Cambridge, UK, New York: Cambridge University Press, 2009:114-126.

[50] WITTKOWER, Rudolf. Architectural Principles in the Age of Humanism [M]. New York:WW Norton & Company, 1971: 29.

[51] 莎士比亚，哈姆雷特 [M]. 朱生豪，元升译 . 武汉 : 湖北教育出版社 , 1998.

[52] 阿尔多 , 罗西 , 黄士钧 . 城市建筑学 [M]. 北京 : 中国建筑工业出版社 , 2006.

[53] ADAMS, William Howard. Jefferson’s Monticello[M]. New York: Abbeville Press, 1988.

[54] BOWMAN R. Origin of the Name"Monticello"[EB/OL]. (1996-05) [2018-04-06]. https://www.monticello.org/site/research-andcollections/origin-name-monticello#footnote1_dg83ri7.

[56] HOWARD, Hugh. Thomas Jefferson: Architect: The Built Legacy of Our Third President[M]. New York: Rizzoli International Publications,2015.

[57] JEFFERSON, Thomas, and Edwin Morris Betts. Thomas Jefferson's Garden Book, 1766-1824: With Relevant Extracts from His Other Writings[M/OL]. Philadelphia: The American Philosophical Society,1944. http://www.masshist.org/thomasjeffersonpapers/garden/index.html.

[58] Library of Congress. Jefferson’s Library [EB/OL]. [2018-04-06]. https://www.loc.gov/exhibits/jefferson/jefflib.html.

[59] Thomas Jefferson Foundation. The Monticello Explorer [A/OL]. https://www.monticello.org.

[60] Thomas Jefferson Foundation. First Monticello [EB/OL]. [2018-04-06]. https://www.monticello.org/site/house-and-gardens/first-monticello

[61] Thomas Jefferson Foundation. I Rise with the Sun [EB/OL]. [2018-04-06]. https://www.monticello.org/site/jefferson/i-rise-sun

[62] Thomas Jefferson Foundation. Design and Decor - The Modern Office [EB/OL]. [2018-04-06].https://www.monticello.org/site/jefferson/design-and-decor-modern-office.

[63] VERELL N. Poplar Forest [EB/OL]. (2016-03-01)[2018-04-06]. https://www.monticello.org/site/research-and-collections/poplar-forest.

[65] BERNHARD, Karl, Duke of Saxe-Weimar-Eisenach.Travis through North America duringthe years1825 and 1826, American edition[M]. Philadelphia; Carey, Lea, and Carey,

1828: 196-201.

[66] Best College Reviews, THE 100 MOST BEAUTIFUL COLLEGE CAMPUSES INAMERICA[EB/OL], Dec 8 2018.https://www.bestcollegereviews.org/features/most-beautiful-college-campuses/.

[67] COCOLA, Jim. The Ideological Spaces of the Academical Village: A Reading of the CentralGrounds at the University of Virginia[EB/OL].http://faculty.virginia.edu/villagespaces/essay/: 11.

[68] CORKS and CURLS. Yearbook: 1888[Z]. Charlottesville, VA:University of Virginia Library: 22.

[69] HAWKS, Francis Lister.Narrative of events connected with the rise and progress of the ProtestantEpiscopal Church in Virginia[M]. New York: Harper,1836: 21.

[70] HITCHCOCK, Henry-Russell. Architecture: Nineteenth and Twentieth Centuries[M]. Baltimore:Penguin, 1969: 598.

[71] HOGAN, Pendleton. The lawn: a guide to Jefferson's university[M]. Charlottesville: UniversityPress of Virginia, 1987: 23.

[72] HOWARD, James Murray. The Academical Village Today[M]//WILSON, Richard Guy ed. Thomas Jefferson'sAcademical Village: The Creation of an Architectural Masterpiece. Charlottesville: Bayly Art Museum of the University of Virginia, 1993: 75-83.

[73] HUBARD, Edward. Edmund Wilcox Hubard to Robert Hubard, June16, 1826[A]. HubardPapers, Southern Historical Collection, University of North Carolina Library,ChapelHill.

[74] JEFFERSON, Thomas. Thomas Jefferson to William Roscoe.27 December 1820[A/OL]. Founders Oline, National Archives. https://founders.archives.gov/documents/Jefferson/98-01-02-1712

[75] JEFFERSON, Thomas. Jefferson to Cosway, October 24, 1822[M] // BULLOCK, HelenDuprey. My Head and My Heart: A Little History of Thomas Jefferson and Maria Cosway. NewYork; G. P. Putnam's Sons, 1945: 182.

[76] JEFFERSON, Thomas. Jefferson to George Wythe, August 13,1786[M]// BOYD, Julian P. ed. The Papers of Thomas Jefferson, Princeton: PrincetonUniversity Press, 1950.

[77] JEFFERSON, Thomas. State of the Union Address[R]. December 2, 1806.

[78] JEFFERSON, Thomas. Query XIV Education (1782)[M]// PETERSON, Merrill D. ed. ThomasJefferson: Writings,New York: The Library of America,1984: 287.

[79] JEFFERSON, Thomas. The Papers of Thomas Jefferson, ed. Julian P. Boyd, vol 2[M] Princeton: Princeton University Press, 1950: 527.

[80] JEFFERSON, Thomas. Jefferson to Ticknor, November 25,1817[A]. Jefferson Papers,

Library of Congress, Washington,D.C.

[81] JEFFERSON, Thomas, SHERWOOD, Patricia C., and WILSON, Richard Guy. ThomasJefferson's academical village: the creation of an architectural masterpiece[M]. Charlottesville:Published for the Bayly Art Museum of the University of Virginia:29,47-83.

[82] JEFFERSON, Thomas, BOYD, Julian P., BRYAN, Mina R.The papers of Thomas Jefferson[M]. Princeton: Princeton University Press, 1950: 320.

[83] JEFFERSON, Thomas. Jefferson to L.W. Tazewell, January 5, 1805[A]. Thomas JeffersonPapers, Special Collections, University of Virginia Library.

[84] JEFFERSON, Thomas. Letter to Trustees of East Tennessee College, 1810[M]// HECK, MarleneElizabeth, with photographs by SHOFIFNER, Charles. Thomas Jefferson's University.Charlottesville: Thomasson-Grant, 1987: 14-15.

[85] JEFFERSON, Thomas. Jefferson to Caspar Wistar, 21June 1807[M]// FORD, Paul Leicester. The Writings of Thomas Jefferson, Volume 9. New York: Putnam, 1892: 78.

[86] JEFFERSON, Thomas. Jefferson to Thornton, May 9,1817[A]. Jefferson Papers, Library of Congress, Washington D.C.

[87] JEFFERSON, Thomas. Jefferson to Latrobe, August 3,1817[A]. Jefferson Papers, Library of Congress, Washington D.C.

[88] JEFFERSON, Thomas. Letter to Senator L. W. Tazewell and Representative William Cabell Rives, 25 November 1825[A]. Jefferson Papers, Library of Congress, Washington D.C.

[89] JEFFERSON. Letter to James Madison, September 20, 1785, Letter to Senator L. W. Tazewell and Representative William Cabell Rives,25 November 1825[A]. Jefferson Papers, Library of Congress, Washington D.C.

[90] JEFFERSON, Thomas. Query XV: Notes on the State of Virginia (1782)[M] // PETERSON, Merrill D.ED. Thomas Jefferson: Writings, New York: The Library of America, 1984: 264.

[92] LATROBE, Benjamin. Latrobe to Jefferson, July 24,1817[M]//LATROBE, Benjamin. TheCorrespondence and Miscellaneous Papers of Benjamin Henry Latrobe: Vol 3,1811-1820,HORNE, John C. Van ed. New Haven: Yale University Press, 1988: 914-916.

[93] LATROBE, Benjamin. Latrobe to Jefferson, June 7 1817[A]. Benjamin H. Latrobe Papers,Maryland Historical Society.

[94] MUMFORD, Lewis. The South in Architecture[M]. New York: Harcourt, Brace & Co., 1941: 70-76.

[95] NORTON, Paul. Latrobe, Jefferson, and the Capitol. 1952[D]. Princeton University, University, 1975, Microfilms: 174-175.

[96] NORTON, Paul. Latrobe's Ceiling for the Hall of Representatives[J]. Journal of the society of architecturalhistorians10, 1951(2): 5-10.

[97] PADOVER, Saul K. Jefferson — A Great Americans Life and Ideas[M]. New York: Harcourt, Brace& World,1952: 171.

[98] Report of the Faculty to the Rector and Board of Visitors, October 31,1895[M]//BRUCE, Philip Alexander, History of the University of Virginia Vol.4. New York: MacMillan, 1920: 267-270.

[99] PIERSON Jr, William H. American Buildings and Their Architects: The Colonial and Neoclassical Styles[M]. Garden City, N.Y: Anchor Press, 1980.

[100] SHERWOOD, Patricia C., and LASALA, Joseph Michael. Education and Architecture: The Evolution of the University of Virginia's Academical Village[M]//Thomas Jefferson's Academical Village: The Creation of an Architectural Masterpiece, Richard Guy Wilson, ed. Charlottesville: Bayly Art Museum of the University of Virginia,1993: 9-46.

[101] SEMMES, John E. H.B. Latrobe and His Times, 1803-189[M].Baltimore:Norman, Remington Co., 1917: 246.

[102] SIMMONS, Edward.From Seven to Seventy[M]. New York: Harper, 1922: 241.

[103] THORNTON, William. Thornton to Jefferson, June 9,1817[A]. Jefferson Papers, Library of Congress, Washington D.C.

[104] TUCKER, George. George Tucker to Joseph C. Cabell, March 18,1835[A]. Cabell Family Papers,University of Virginia Library.

[105] WILSON, Richard Guy. Jefferson's Lawn: Perceptions, Interpretations, Meanings[M]// ThomasJefferson's Academical Village: The Creation of an Architectural Masterpiece, 1993:47-74.

[106] WILSON, Richard Guy. The Lawn: Mixed Reviews of a Masterpiece[J].University of VirginiaAlumni News82, 1993(7): 7-11.

[107] WHITE, Stanford.Notes on the University of Virginia (1896)[A]. The New YorkHistorical Society.

[108] WHITE, Stanford. The Buildings of the Universityof Virginia[Z].Corks and Curls Yearbook: 1889. Charlottesville, VA: University of VirginiaLibrary:127-130.

[109] WHITE, Stanford. White to W.M. Thornton [Faculty President], February26,1896[A]. Buildingsand Grounds Collection, University of VirginiaLibrary.

[111] 威廉•米德（William Meade）在 1829 年 5 月 24 日在弗吉尼亚大学大礼堂所作的布道 [R]. Charlottesville: F. Carr& Co., 1829.

[112] 燕海鸣 . 寻找杰斐逊：弗吉尼亚大学修复之路 [J]. 世界遗产 , 2016 (3).

[113] Board of Commissioners of the Central Park, Minutes of Proceedings of Board of Commissioners of the Central Park, for the Year Ending April 30, 1867 [M] New York: W.C. Bryant &Co., 1867.

[114] BURKE, E. A Philosophical Inquiry into the Origin of Our Ideas of the Sublime and the Beautiful(1757) [M]. London: N.Hailes, 1824.

[115] BURNS, R (Director) New York: the Country and the City (1609-1825) [R]. 1999.(影像资料)

[116] GIORDAN, Ralph G. The Architectural Ideology of Thomas Jefferson[M]. North Carolina: McFarland & Company Inc, 2012.

[117] JEFFERSON, Thomas. Thomas Jefferson Writings[M]. New York, N.Y.: Viking Press, 1984.

[118] KIMBALL, Fiske, and JEFFERSON Thomas. Thomas Jefferson, Architect: Original Designs in the Collection of Thomas Jefferson Coolidge, Junior [M]// KIMBAL Fiske ed. Boston: Printed for private distribution at the Riverside Press, Cambridge, 1916.

[119] ROGERS, E.B. Landscape Design: A Cultural and Architectural History[M]. New York: Harry Abrams, 2001.

[120] SHERALD, J. Elms of the Monumental Core: History and Management Plan[M]. Washington D.C.: National Park Service, Center for Urban Ecology, 2009.

[122] BANHAM, Joanna, ed. Encyclopedia of Interior Design, ed. Joanna Banham[M]. Chicago: Fitzroy Dearborn Publisher, 1997.

[123] CHAMBERS, William. Designs of Chinese Buildings, Furniture, Dresses, Machines, and Utensils(1757) [M], reprinted. New York: Benjamin Blom, 1968.

[124] CHAMBERS, William. Plans, Elevations, Sections and Perspective Views of the Gardens and Buildings at Kew in Surrey (1763)[M], reprinted. Farnborough, Hants., England: Gregg Press, 1966.

[125] CHIPPENDALE, Thomas. The Gentleman and Cabinet-Maker's Director. Being a Large Collection of the Most Elegant and Useful Design of Household Furniture in the Gothic, Chinese, and Modern Taste, reprintedversion[M]. London: J. Tiranti, 1939.

[126] CONNER, Patrick. Chinese Themes in 18th Century Garden[M] // David Beevers ed. Chinese Whispers: Chinoiserie in Britain 1650-1930. UK: Royal Pavilion & Museums, 2008:55-64.

[127] DAVIS, Nancy Ellen. The American China Trade, 1784-1884: Products for the Middle Class[D]. Washington, D.C.: George Washington University, 1987.

[128] DICKINSON, Goldworthy Lowes. Letters from a Chinese official: Being an Eastern View of Western Civilization[M]. New York: McClure Phillips, 1907.

[130] HADDAD, John Rogers. The Romance of China: Excursions to China in US Culture, 1776-1876[M]. New York: Columbia University Press, 2008.

[131] HONOUR, Hugh. Chinoiserie: The Vision of Cathay[M]. New York: Dutton, 1962.

[132] JACOBSON, Dawn. Chinoiserie[M]. London: Phaidon Press, 1993.

[133] JEFFERSON, Thomas. Note of a Tour of English Gardens, April 2-14, 1786[A/OL]. Founders Online, National Archives.https://founders.archives.gov/documents/Jefferson/01-09-02-0328

[134] LEATH, Robert A. "After the Chinese Taste": Chinese Export Porcelain and Chinoiserie Design in Eighteen-Century Charleston[J]. Historical Archaeology 33, 1999(3):48-61.

[135] MANDEVILLE, John. The Travels of SIR John Mandeville, the version of the Cotton Manuscript[M]. London: Macmillan, 1900.

[136] MORENA, Francesco. Chinoiserie, The Evolution of the Oriental Style in Italy from the 14th to the 19thCentury [M], trans. by Eve Leckey. Florence: Alpi Lito, 2009.

[137] NICHOLS, Frederick Doveton, ed. Thomas Jefferson's Architectural Drawings, Compiled and with Commentary and a Check List [M]. Charlottesville: The University Press of Virginia, 1978.

[138] NIEUHOF, Joan. An Embassy from the East-India Company, Voyanges & Travels to the East Indies 1653-1670[M], 1669 English version. Scotland: John Ogiby, 1669.

[139] O'NEAL, William Bainter. Jefferson's Fine Arts Library: His Selections for the University of Virginia Together with His Own Architectural Books[M]. Charlottesville, University Press of Virginia, 1976.

[140] PORTER, David. Monstrous Beauty: Eighteenth-Century Fashion and the Aesthetics of the Chinese Taste[J] // Eighteenth-Century Studies 35, 2002(3): 395-411.

[141] RICE, Howard. Thomas Jefferson's Paris [M]. Princeton: Princeton University Press, 1991.

[142] WANG, Dave. Chinese Civilization and the United States: Tea, Ginseng, Porcelain Ware and Silk in Colonial America[J]. Virginia Review of Asian Studies (2011):113-131.

[143] WANG, Dave. Thomas Jefferson's Incorporating Positive Elements from Chinese Civilization [J]. Virginia Review of Asian Studies (2012):143-157.

[144] ARNOLD, C D and H D Higinbotham. Official Views of the World's Columbian Exposition [M] Chicago: Press Chicago Photo-gravure Co., 1893.

[145] BERGDOLL, Barry. Mastering Mckim's Plan: Columbia's First Century on Morningside Heights[M]. New York: Columbia University, 1997.

[146] CHAO, Hsueh-hai. Tsing Hua New Buildings[J]. Tsing Hua Journal 3, 1918(June): 34-46

[147] CODY, Jeffrey W. Building in China: Henry K. Murphhy's "Adaptive Architecture" 1914-1935[M].Hong Kong: the Chinese University Press, 2001.

[148] DOLKART, Andrew. Morningside Heights: A History of Its Architecture and Development[M]. New York: Columbia University Press, 1998.

[149] GREENBAUM, Louis S. Thomas Jefferson, the Paris Hospitals, and the University of

Virginia [J]. Eighteenth Century Studies 26(Summer, 1993):607-626.

[150] GYURE, Dale Allen. The Heart of the University: A History of the Library as an Architectural Symbol of American Higher Education [J]. Winterthur Portfolio 42, 2008 (Summer/Autumn): 107-132.

[151] HAFERTEPE, Kenneth. An Inquiry into Thomas Jefferson's Ideas of Beauty [J]. Journal of the Society of Architectural Historians 59, 2000(June): 216-231.

[152] HINES, Thomas. The Imperial Mall: the City Beautiful Movement and the Washington Plan of 1901-02[J] Studies in the History of Art 30, 1991: 78-99

[153] JEFFERSON, Thomas.Thomas Jefferson to the Trustee of the Lottery for East Tennessee College, 6 May 1810[M]//LOONEY, Jefferson ed. The Papers of Thomas Jefferson, Retirement Series, Vol. 2. Princeton: Princeton University Press, 2014: 365-366

[154] LATROBE, Benjamin Henry. Benjamin Henry Latrobe to Thomas Jefferson, 24 July 1817 [A/OL]. Founders Online, National Archives. https://founders.archives.gov/documents/Jefferson/03-11-02-0467

[155] MCGRATH, Brian and Thomas Navin. Architecture as Conciliator: Toward a Unifying Principle in Architectural Education [J]. Journal of Architectural Education 45, 1992 (May): 171-181

[156] PASSANTI, Francesco. The Design of Columbia in the 1890s, Mckim and His Client[J]. Journal of the Society of Architectural Historians 36, 1977 (June): 69-84.

[159] WOODS, Mary. Thomas Jefferson and the University of Virginia: Planning the Academic Village[J]. Journal of Society of Architectural Historians 44, 1985 (October): 266-283.

[160] WOODS, Mary. Exhibition Review, Mastering McKim's Plan: Columbia University's First Century on Morningside Heights in the City of New York (8 October 1997-17 January 1998)[J] Journal of the Society of Architectural Historians 57, 1998 (December): 457-460.

[161] YETTER, George Humphrey. Stanford White at the University of Virginia: Some New Light on an Old Question[J]. Journal of the Society of Architectural Historians 40, 1981 (Dec): 320-325.

[162] 方雪 . 墨菲在近代中国的建筑活动 [D]. 北京：清华大学建筑学院，2010.

[163] 何炳棣 . 读史阅世六十年 [M]. 香港：商务印书馆，2004.

[164] 李倩怡，刘畅 . 墨菲的辅助线：清华大礼堂设计的比例与法式研究 [J]. 建筑史 28, 2012（1）:156-166.

[165] 梁实秋 . 雅舍遗珠：人生贵适意 [M]. 武汉：武汉出版社 , 2013.

[166] 刘亦师 . 墨菲档案之清华早期建设史料汇论 [J]. 建筑史 34（2014）: 164-186.

[167] 罗森 . 清华大学校园建筑规划沿革（1911-1981）[J]. 新建筑 04(1984):2-14.

后记

初次听黄运昇教授提到这本书出版计划的时候，我们曾和读者可能会有的反应一样，担心托马斯·杰斐逊和他的建筑对很多人来说已是故纸堆里的老古董。但几年的工作已让我们再无疑虑，杰斐逊的建筑思想和作品，在建筑学飞速发展的今天仍具有非凡价值，而把这份价值传递给中国读者，正是本书所有参与者的“堂吉诃德式的理想”。

加上黄教授两年的前期准备工作，本书编写共经历了五年时光。最初，我们希望完成一本编译性质的小书，但最后决定在参考文献的基础上融入自己的研究写作。我们曾在弗吉尼亚大学求学，生活在杰斐逊所建造的校园，受到他的建筑思想熏陶；我们期望不光做引介的工作，而能用母语写出自己在这里经历过的体验、教育、思考，作为曾在异乡求知的学人，在今天中美的大局势里，做一点促进互相理解的小小贡献。本书得以完成，全得力于黄教授和其他各位写作者与参与者，以及段建姣编辑的无私奉献，谢谢他们。也再次感谢弗吉尼亚大学建筑学院威尔逊（Richard G.Wilson）教授的指导和图片资料上的支持。

在七章的行文中，我们试图展现一个生动多元的建筑师杰斐逊。开篇第一章“杰斐逊时代”由田阳撰写，提纲挈领地介绍了杰斐逊的生平经历和政治贡献。第二章“社会性和自主性的交织：杰斐逊的建筑思想”由董哲负责，追溯了杰斐逊的建筑师成长之路，并讨论他在启蒙思潮影响下的建筑思想。第三章“蒙蒂塞洛：杰斐逊的乐园”和第五章“国务卿先生与首都华盛顿特区的规划”的作者分别是张丁和胡迪，他们各自从建筑师和景观规划师的视角带我们游历了杰斐逊的自宅和他理想中的首都规划。董哲和黄辰颖写作了第四章“‘堂吉诃德式的理想’：杰斐逊的‘学术村’”，从历史和社会的角度追溯了杰斐逊创办弗吉尼亚大学的教学理念和设计范式。最终第七章“传承与重塑：从弗吉尼亚大学学术村到清华大礼堂”的作者熊庠楠则关注这个范式是如何在一个世纪之后重现在纽约哥伦比亚大学新校区的设计中，并漂洋过海对我国清华大学中心校区的设计产生一定的影响。在第六章“杰斐逊和中国风的世界”里，熊庠楠重构了18世纪欧美世界崇尚的“中国风”艺术审美的文化现象，以及在这种风潮影响下，杰斐逊的建筑语言如何融入“中式设计”之风。

在保证学术质量的基础上，我们尽可能用平实的材料和亲切的语言让更多人走近杰斐逊的建筑遗产。除蒙蒂塞洛、白杨林庄园、弗吉尼亚大学、弗吉尼亚州议会大楼几处专题之外，各章均把杰斐逊的建筑贡献放在更广的维度里去考察，有时或许会从多个角度讨论同一对象，冗余之处请读者见谅。书中引用了大量英文的参考文献，我们的翻译以意译为主，同时尽量提供原文对照。编著者学力有限，书中若有错误或遗漏之处，还请读者指正。

董哲　熊庠楠

2019年8月